台灣憲法學會　編

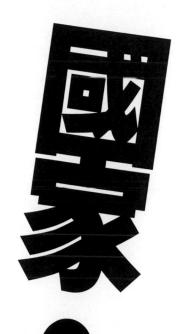

國家‧憲法‧人權

堅持理念又能行動
——我所認識的許慶雄教授

李永熾
臺灣大學歷史系退休教授

　　兩年前，在一個喜宴上遇見許慶雄教授，他很有禮貌地跟我找招呼，跟我說，他已離開淡大；我說私立大學，不是70歲才退休，怎麼這麼早就提請退休？他說是校方要他退休，我十分訝異，這麼優秀的憲法學教授、人權論者，竟然失去了發揮所長的場域，我真為他惋惜，也為淡大的作為感到不解。後來聽說，民視成立台灣學堂，許教授受聘為副校長，不禁為民視喜，也為許教授高興，他又有場地可發揮他的所長，而且是向廣潤的社會展開他的憲法論述與人權關懷。

　　跟許慶雄教授認識，大概在1990年代初期。1991年，民進黨和社運界、學界共同推動人民制憲會議，我被分派在總綱組，總綱組會議由張忠棟教授主持，討論憲法草案的總題時，我認為既是制憲，就應該為台灣人民說出總方向，乃提議以「台灣共和國憲法草案」為名，在場的民進黨美麗島系成員大都反對。張忠棟教授技巧地把台灣共和國移到第一條，把台灣共和國憲法草案改為「台灣憲法草案」，才在總綱組通過；在制憲大會上，依然難以通過，記得當時許慶雄教授義正辭嚴地指出，既稱制憲，為何不敢用台灣共和國一辭？最後終於把台灣共和國列入第一條。當時，許教授給我極深刻的印象。

　　台灣教授協會成立時，林玉体教授被選為會長，許教授為執行委員兼法政組召集人，我任執委兼人文組召集人，廖宜恩教授為執行委員；1990年代初期，正是台灣脫戒嚴後，走向自由化的重要時刻，即使教授也非走上街頭不可，不為個人利益，只為台灣自由與民主，即使有刑法一百條等著你進牢獄，也非有所作為不可。當時台灣教授協會，林玉体會長、許慶雄和廖宜恩兩執委，最具行動力，無論上街頭或靜坐，他們無役不與，我是最沒戰鬥力的一員。當年，台灣教授協會為台灣獨立與自由化盡了最大的心力。

　　新台灣重建委員會成立制憲列車，支援民進黨候選人選舉；許教授可

以說是制憲列車法政部門憲法的軍師。建國會成立時，他和我都是成員之
一；建國黨成立時，許多成員都希望他能加入，他在評估加入建國黨或在
黨外發言，何者對建國黨有利。他曾問我，何者較好？我說，我信任他，
他選擇什麼，我都相信他；最後，他選擇在黨外為建國黨，還為建國黨寫
了有關台灣獨立的小冊子。

　　事實上，1990年代，我們都是台灣獨立運動的尖兵。我們不支持修
憲，認為修憲是繼續讓中華民國占領台灣合理化，並弱化台灣獨立的意
志力，只有制訂合乎台灣領域的憲法，才能保障台灣合法又合理的人權與
統治權；所以制憲含有去中華民國占領合理法化的意旨。當時，即使是台
派的人，也有人認為中華民國經過若干次的選舉，經過台灣人民的選擇，
中華民國已可合法統治台灣；甚至在某制憲座談會中，有學者主張去領域
化，也就是不必把主權所及的領域寫在憲法中，我認為去領域化的憲法，
不合乎台灣人民的要求，因為中華民國非法統治台灣，為去中華民國化，
中華民國事實統治台灣的說法已不可取。事實統治隨時可以成為合法統
治，中華民國的領域現階段（在李登輝時代）是事實統治，有一天可能又
可能及於中國大陸，而台灣又被包含在中華民國的領土內，成為中國合法
統治的一部分；好像我當初已預感馬英九的舉措了。所以在新憲法列入領
土範圍非常重要。記得許慶雄教授曾說過，中華民國真正可以合法統治的
領域只有金門馬祖，台灣及其附屬島嶼在國際法上屬於台灣人民；中國大
陸在國際法上屬於中華人共和國合法統治的領域。許教授的論述在當時是
極少見的說法，確是國際法上的真知灼見，於今依然適用。

　　不只國際法上，他有堅強的理論依據，在人權論上，他也比別人早先
走上社會權論述，至少比我早得多。這也難怪。我是學歷史的，歷史上顯
示脫封建化，才能走入自由化的世界。我研究福澤諭吉，喜歡丸山真男，
脫封建建立獨立自尊的自由人，是近代國家必經的道路；韋伯的除魅論也
是自由化的表徵。盧梭的和洛克的民約論都是以自由人為論述基礎。盧梭
以自由人為基礎；自由人相互依存，形成共和國，再組成政府，管理自由
人委託的公共事務（RES PUBLICA）。洛克尊重人格平等的自由人，而
人格平等必須脫封建理，以建構近代的自由國度。他跟盧梭最大的不
同，他沒有推翻帝國建立共和國的觀點，主要在於論述議會組成的政府。

　　這些除魅或脫封建後的自由人被投擲在沒有保護網的社會上，必然
再度被奴隸化。麥考萊的自由競爭論或卡爾.施密特的中立國家說，都認

為這時候的國家只扮演競技場的仲裁角色。而新型資產階級已自覺為一個階級，為階級利益必然團結繼續剝削被拋擲在競技場上一盤散沙式的自由人。1830年代興起的英國普選運動一再失敗，已證明政府掌握在資產階級手中，所以1850年代後的約翰彌爾也逐漸從自由論傾向社會論，馬克思呼籲勞工階級要自覺是一個階級，以便以階級對抗階級，並進而掌控國家（政府）的主導權。換言之，國家以前是資產階級的工具，現在要讓它變成勞工階級的工具。在此，自由人依然是被工具化的個體，沒有主體性。另外一種論述逐漸興起，認為一個國家猶如一個企業体，這個企業体是由資本家、管理階層和勞工階層共同努力建造起來的，利益應該共享。所以各階層都要自覺，國家利益或共和國公共事務都應該合理分配，不能由某階級獨占。所以，勞工階層要有團結權，爭取工作權，以達到國家利益或企業利益的合理分配。這種論述大抵是第二代人權的社會權論，跟馬克思的社會主義全面奪取國家控制權，使之工具化、階級化不十分相同。

　　1990年代，許慶雄教授一方面跟我們這些主張自由化民主化的台獨論者一起為脫威權、去中華民國殖民化而奮鬥，一方面積極展開他的社會權論。我猜想他不願意獨立後的台灣像19世紀脫封建後的自由人那樣讓自覺為一個階級的資（中）產階級繼續剝削下去，而要勞工及其他大眾自覺，省悟自己的權利所在，共同營建一個新社會、一個台灣人共有的新國家（共和國）。

　　很可惜，21世紀的台灣不僅沒有去中華民國化，甚至承認中華民國是自己的國家，更有很多人把台灣變成中華民國和中華人民共和國共有的一部分。許慶雄教授曾依英文把中華人民共和國譯為人民的中華民國，如實地道出了台灣的可悲局面。

　　1990年代，我們這一代的奮鬥有一個明確的目標：去中華民國化的台獨目標；21世紀，這個目標似已模糊化，中華民國似已成為台灣人的國家，許多台獨人士似乎也有這樣的想法。所謂「天然獨」，很多人持美麗的幻想，以為台灣的前途十分樂觀，如果天然獨沒有理念為後盾，隨時都可能轉換為「天然統」。理念的建立依我所認識，似乎是許教授一向所努力的目標。看到他許多朋友學生為他七秩古稀華誕撰寫論文，必會繼承他或和他一起為建立建國理念繼續努力。

以建國制憲為志業的學者
──賀許慶雄教授七秩華誕

廖宜恩

中興大學資訊工程學系教授、台灣憲法學會祕書長

　　我和許慶雄教授的相識，開始於1990年的秋天，當時我們一些台派的學者，想要成立主張台灣主權獨立的台灣教授協會。籌備期間，在討論組織章程時，有人對於要將台灣主權獨立放入協會的宗旨有些疑慮，畢竟當時是由軍事強人郝柏村擔任行政院長，且懲治叛亂條例與刑法第100條這兩個人權殺手的惡法尚在，但是許慶雄教授就發言表示：他是因為追求台灣主權獨立才要來參加的，如果不納入的話，成立台灣教授協會就沒有意義了。最後，大家同意將「認同台灣主權獨立」列入章程，使得台灣教授協會成為繼1987年許曹德、蔡有全組織「台灣政治受難者聯誼總會」將「台灣應該獨立」列入組織章程之後的另一社團。由於許教授是憲法與國際法的專家，他所講的建國理論也很有說服力，因此，1990年12月9日台灣教授協會成立時，許慶雄教授被選為法政組召集人，會長為林玉体教授，副會長為張昭鼎教授，我則擔任祕書長。自此而後，許教授對我而言，可說是亦師亦友，我們也因此成為長期的獨立建國運動戰友。

　　台灣教授協會成立後，就由許慶雄教授執筆，撰寫「台灣前途答客問」小冊子，以問答方式，從人權、憲法、國際法等方面，說明為什麼台灣應該獨立。其中，我覺得最特別的是，許教授提出了社會基本權，以及超越憲法的人權─抵抗權。抵抗權的理論提供了受壓迫人民起來革命的正當性基礎，讓台灣教授協會得以在創會初期以各種方式去衝撞體制，鬆動中國國民黨的統治。當時許多擲地有聲的抗爭行動聲明，都是出自許教授之手。台灣教授協會在1991年發動或參與許多運動，如「台灣學生教授制憲聯盟」、「獨立台灣會案抗爭」、「人民制憲會議」、「結社自由行動聯盟」、「100行動聯盟」等，其中，「獨立台灣會案抗爭」促成「懲治叛亂條例」廢除，「100行動聯盟」則促成刑法第100條修改，成功廢除和平內亂罪，這兩個抗爭運動可說是抵抗權在台灣行使的成功典範。

　　1996年10月6日建國黨成立，由李鎮源院士擔任黨主席，林山田教授

擔任副主席。許慶雄教授雖然沒有加入建國黨，卻是建國黨重要的智囊。當時許教授建議，藉由1997年7月1日香港回歸中國的事件，發動「台灣共和國申請加入聯合國」的運動，喚醒台灣人民追求獨立建國的意志，以免台灣淪為「第二個香港」。於是在建國黨的支持下，我們於1997年5月25日，成立了「台灣共和國申請加入聯合國運動聯盟」，由許慶雄教授擔任召集人，我擔任總幹事，舉行了在總統府前的3天靜坐與遊行活動，同時也出版了「聯合國與台灣共和國」、「加入聯合國手冊」等書籍，宣揚建立台灣共和國，並申請加入聯合國的重要性。

　　1999年7月，許慶雄教授又出版「台灣建國的理論基礎」，並將此書「獻給所有追求獨立建國的台灣人民」。許教授在此書中，從國際法的理論出發，論述「台灣的國際法地位與現狀」、「中華民國不是一個國家」、「台灣尚未成為獨立國家」、「台灣建國的手段與條件」、「人民自決、制憲、公民投票與建國的關係」等。他的觀點顛覆了許多大家習以為常或是獨派學者的觀念，確實為台灣的獨立建國提供理論基礎。可惜當時的民進黨與傳統的獨派，已因台灣的國會改選、總統直選等民主化進程，轉而認為「台灣已經獨立，國號叫中華民國」，以致許教授的觀點猶如曠野之聲，難有迴響！

　　陳水扁於2000年5月開始執政後，勝選的喜悅，讓民進黨更進一步淪為中華民國體制的捍衛者！許慶雄教授為了破除「台灣已經獨立，國號叫中華民國」的迷思，再接再厲，於2001年出版「中華民國如何成為國家」，2004年隨著時勢變化，再將此書增修後出版增訂版，他的目的就是希望告訴那些捍衛中華民國體制的人，了解如何讓中華民國成為國家。可見許教授對台灣獨立建國的執著，猶如唐吉軻德，做一個不可能的夢，挑戰一個不可能打敗的風車！台灣的學術界很難得找到像他這樣的學者，明知不可為而為，只為了堅持知識分子的良知！

　　陳水扁執政的八年期間，台灣的獨立建國運動奄奄一息，人民普遍瀰漫在「台灣已經獨立」、「中華民國是主權獨立的國家」的氛圍中，許慶雄教授也感到無力可回天，從此消沉了十幾年，轉而專心撰寫憲法與國際法的學術著作，陸續出版了「國際法概論」（與李明峻合著）、「憲法概論」、「憲法之基本原理」、「人權之基本原理」等書。

　　2014年下半年，許慶雄教授有感於台灣缺少一個以台灣為名的憲法學術團體，於是邀請他的學生李明峻教授、胡慶山教授、李仁淼教授等籌組

「台灣憲法學會」。「台灣憲法學會」於2014年10月25日舉行成立大會，選出許慶雄教授擔任理事長，當天我也是以來賓身分前往祝賀，沒想到他卻提名我擔任秘書長，我以擔任學校行政職務且非法政專長一再推辭，可是許教授執意甚堅，我只好答應，以對他幾十年來深情追求台灣獨立建國的精神，表達最深的敬意。

　　2016年，我的好友郭倍宏擔任民視董事長，我安排了台灣憲法學會、台灣教授協會、台灣社等各社團與郭倍宏見面，剛好郭倍宏也覺得媒體在知識與思想啟蒙方面應該扮演更積極的角色。因此，隨後民視新聞台開始了「台灣學堂」節目的製播，聘請杜正勝院士擔任校長，許慶雄教授擔任副校長，並選在2017年2月28日，228事件70周年這一天進行首播。許教授同時也主講「台灣建國學」與「台灣憲法學」，將他的知識透過大眾媒體傳播。節目播出後，一些追求台灣獨立的前輩，如黃華先生與剛過世不久的戴振耀先生，都表示非常認同許教授的理論，促成黃華先生以80歲高齡，還站出來領軍推動「台灣人民自決獨立建國發動會」。

　　今年欣逢許慶雄教授七秩古稀華誕，雖然他已經為台灣的獨立建國運動奉獻幾十年了，但是在我看來，他永遠像「國王的新衣」中那位純真的小孩，說出「中華民國不是國家」、「台灣尚未獨立」的事實！祝福他永保青春活力，早日促成台灣獨立建國成功！

許慶雄教授致謝文

　　近年來自己常在想，如果有回顧過去歲月的機會，不知道有什麼感想可以和諸位分享。

　　自從1986年執教於大學，三十年來一直擔任憲法、國際法課程，在教學之餘各式樣的論述、著作，內容都以國家主權、憲法人權、社會基本權為主。始終如一致力於推動台灣獨立建國、制定台灣憲法、建立福利國家體制，在參與改革運動時，也一再強調國家主權、制憲、社會權是台灣人民應該努力以赴追求的目標。很遺憾，今天在此必須向各位報告，台灣維持目前的現狀，個人一直努力追求的目標尚未實現。

　　然而三十多年來，這些目標對我而言，才是真正有意義、值得懷念的人生道路。很多前輩也都一起走過這條道路，充分體會到這是一條坎坷並不好走的道路，也都同樣受到許多不公平的打壓。儘管如此，人生如果可以回頭重新選擇，我依然會無怨無悔，繼續走獨立建國這一條路。

　　過去有朋友常告訴我：「你何苦如此，何必說中華民國是非法體制，何必對抗國民黨政權。如果你不如此，可以輕易擁有事業、權力、各種身分地位，享受榮華富貴……」。但是，今天我想再說一次，人生應該要為理想，堂堂正正走應該走的路、說應該說的話、做應該做的事，這樣才是最實在的人生。若非如此，即使得到榮華富貴又有何意義。所以，我覺得自己選擇走這條路是正確的、有意義的，人生沒有白走一趟。

　　有時候想起過去大家所熟悉的諸多前輩，他們都沒親眼看到台灣完成獨立建國就離開我們，心中百般不捨。因此，至今我還是堅持獨立建國這條道路，也期望台灣人民必須繼續走下去，絕對不可以放棄。

　　台灣要成為國家，必需一再宣布獨立、制定台灣憲法、申請加入聯合國！

　　人生七十才開始，我一向認為是為台灣打拚的老兵，老兵在戰場上一定要站在第一線不能退，也沒有退休的時刻。只有在台灣完成獨立建國的那一天，我們才能真正感受人生完美的句點。

　　關於本論文集之出版，一直希望內容能對台灣建國與憲法之展望有所貢獻，展現關心臺灣前途學者，對台灣前途的願景與意志。

　　最後，諸位前輩、學者惠賜論文，使本論文集得以順利出版，在此深

致謝意。

　　　　　　　　　　　　　　　　　　許慶雄　2018年3月31日

作者介紹

（依姓氏筆畫排列）

江世雄
中央警察大學外事警察學系專任副教授

辛年豐
逢甲大學土地管理學系副教授；國立台灣大學法學博士

李仁淼
中正大學法律學系教授

李孝悌
輔仁大學法學博士；國立高雄科技大學通識教育中心助理教授

李明峻
新台灣國策智庫研發長

周宗憲
國立勤益科技大學基礎通識教育中心副教授兼通識教育學院日本研究中心
主任

林彥宏
國立中正大學戰略暨國際事務研究所助理教授

施正鋒
東華大學民族事務暨發展學系教授

胡慶山
台灣憲法學會理事兼財務長；淡江大學國際研究學院日本政經研究所專任
教授兼日本研究中心主任

曾建元
國立台灣大學國家發展研究所法學博士；中華大學行政管理學系副教授；
凱達格蘭基金會新台灣國策智庫諮詢委員兼兩岸關係組召集人

鄭明政
國立勤益科技大學基礎通識教育中心專任助理教授；逢甲大學土地管理學
系兼任助理教授；日本北海道大學法學研究科法學博士

廖福特
英國牛津大學法學博士；中央研究院法律學研究所研究員

蔡育岱
中正大學戰略暨國際事務研究所教授

羅承宗
南臺科技大學財經法律研究所副教授

目次

設立兒童權利機制
——國際準則、比較經驗、台灣展望

廖福特

英國牛津大學法學博士；中央研究院法律學研究所研究員

「兒童權利委員會」（Committee on the Rights of the Child）期待各國設立獨立之國內監督機制，同時形成國際與國內監督機制之連結與合作。本文關注設立兒童權利機制之國際準則、比較經驗、台灣展望。本文第壹部分討論國際及台灣之相關規範及審查意見；第貳部分分析各國設立兒童權利機制之不同模式；第參部分論述在台灣設立兒童權利機制之展望；本文於第肆部分做總結。

壹、規範與意見
一、國際規範與意見
（一）兒童權利公約之規範

其實聯合國有關兒童權利之文件，相當早即提倡兒童獨立權利機制。例如聯合國早在1990年通過Guidelines for the Prevention of Juvenile Delinquency（Riyadh Guidelines）時即提到，各國應該考慮設立監察使或類似獨立機制，以確保少年之權利及利益，同時此監察使或類似獨立機制可以做為監督實踐Riyadh Guidelines及其他國際相關文件之機制。[1]此想法與各個條約監督機制不同的是，其將「監察使或類似獨立機制」此理念帶入兒童權利保障之途徑中，而且所稱之「監察使或類似獨立機制」可能是與國家人權機構不同之機制。

聯合國大會於1989年11月20日通過《兒童權利公約》（Convention on the Rights of the Child, CRC），[2]其於1990年9月2日生效，因而有「兒童權

---

[1] UN Guidelines for the Prevention of Juvenile Delinquency (Riyadh Guidelines), adopted on 14 December 1990, paragraph 57.

[2] 有關《兒童權利公約》之起草過程，請參閱Sharon Detrick, *A Commentary on the United Nations Convention on the Rights of the Child* (Martinus Nijhoff Publishers, 1999), pp. 13-20.

利委員會」之設立，不過通過《兒童權利公約》時只建立國家報告（state report）制度。聯合國也於2011年12月19日通過《關於設定申訴程序之兒童權利公約任擇議定書》（Optional Protocol to the Convention on the Rights of the Child on a communications procedure），此議定書於2014年4月生效，其建立國家訴訟（inter-State communication）、個人申訴（individual communication）、調查程序（inquiry procedure）等制度。

　　《兒童權利公約》一方面設立「兒童權利委員會」作為監督公約之機制，然而《兒童權利公約》並沒有直接提及國家人權機構或是兒童獨立權利機制，雖然《兒童權利公約》第4條要求締約國「採取一切適當的立法、行政和其他措施以實現本公約所確認的權利。」但是其中並未具體提到締約國必須設立兒童權利機制作為國內實踐公約之機制。

（二）兒童權利委員會之意見

　　雖然《兒童權利公約》並沒有提及國家人權機構或是兒童獨立權利機制，然而「兒童權利委員會」逐步提倡兒童獨立權利機制，「兒童權利委員會」期待各國設立獨立之國內監督機制，同時形成國際與國內監督機制之連結與合作。「兒童權利委員會」認為，每個國家都需要有一個負責促進及保護兒童權利的獨立人權機構。

　　「兒童權利委員會」認為，獨立的國家人權機構是促進及確保執行《兒童權利公約》的重要機制，其在2002年第2號一般性意見對於各締約國應該如何設立國內監督機制有比較完整之見解。「兒童權利委員會」認為，每個國家都需要有一個負責促進及保護兒童權利的獨立人權機構。委員會關注的主要問題是，這種機構不論其形式為何，均應能夠獨立有效地監督、增進及保護兒童權利。對兒童權利的促進及保護必須是此機制之主要職權，同時各國現有的所有人權機構必須為此密切合作。[3]「兒童權利委員會」強調「雖然成年人和兒童都需要獨立的國家人權機構保護他們的人權，但還有一些原因說明對兒童的人權必須給予特別注意。這些原因包括兒童處於成長時期，他們的人權特別容易遭到侵犯，他們的意見仍然很少得到考慮；大多數兒童沒有投票權，在決定政府對人權的反應的政治進

---

[3] Committee on the Rights of the Child, *General Comment No. 2(2002): The Role of Independent National Human Rights Institutions in the Promotion and Protection of the Rights of the Child*, ¶ 7, 15 November 2002, CRC/GC/2002/2.

程中不能發揮有意義的作用；在利用司法制度保護他們的權利或者爭取對侵犯他們權利的行為作補救時，兒童遇到嚴重的問題；兒童訴諸可以保護他們權利的組織的權利普遍有限。」[4]

「兒童權利委員會」認為，建立促進及保護兒童權利的獨立人權機構，屬於締約國在批准時所作關於確保執行公約及促進普遍實現兒童權利的承諾的範圍。因而「兒童權利委員會」希望各國建立國家人權機構及兒童監察專員／兒童專員或是類似的獨立機構，以促進和監督締約國對《兒童權利公約》的履行。[5]吾人可以發現「兒童權利委員會」所稱之獨立機構包括國家人權機構、兒童監察專員／兒童專員或是類似的獨立機構等多元可能性，這是與其他人權條約監督機制不同之處，因而也形成多元獨立監督機制模式。

而「兒童權利委員會」認為獨立的兒童權利機制是促進及確保履行《兒童權利公約》的重要機制，是延續聯合國鼓勵各國設立國家人權機構之理念，同時「兒童權利委員會」第2號一般性意見基本上是奠基於《巴黎原則》，進而加入新元素以反映兒童權利之角度，例如兒童最佳利益及兒童參與之重要性。[6]

且讓吾人進一步瞭解「兒童權利委員會」在審查各締約國國家報告時，對於兒童權利機制提出什麼意見。與其他國際人權條約監督機制一樣地，當國家尚未設立國家人權機構時，「兒童權利委員會」也會建議各國依據巴黎原則設立國家人權機構，例如對於土庫曼、[7]智利、[8]科威特、[9]汶萊、[10]等國家都是如此建議。

不過「兒童權利委員會」也強調兒童權利獨立機制，因此應該釐清的是「兒童權利委員會」究竟是要各國設立國家人權機構同時關注兒童權利，還是在國家人權機構之外另設兒童權利獨立機制。

首先，有時候「兒童權利委員會」同時提到國家人權機構及獨立兒童

---

[4] *Ibid.*, ¶ 5.

[5] *Ibid.*, ¶ 1.

[6] UNICEF, *Championing Children's Rights: A Global study of Independent Human Rights Institutions for Children* (UNICEF, 2013), p. 9.

[7] CRC/C/TKM/CO/2-4 (CRC, 2015)

[8] CRC/C/OPAC/CHL/CO/1 (CRC, 2008).

[9] CRC/C/KWT/CO/2 (CRC, 2013).

[10] CRC/C/15/ADD.219 (CRC, 2003).

權利機制，例如在審查聖多美普林西比與埃及的國家報告時，其表示觀切締約國沒有一個根據《兒童權利公約》及巴黎原則設立的國家人權機構或獨立機制來監督兒童權利。因此建議儘快建立一個監督人權的獨立機制，包括一個監督兒童權利的專門機制，能夠以親近兒童的方式接受、調查及處理兒童的申訴，確保被害者的隱私保護，並且進行調查。[11]而在審查白俄羅斯的國家報告時提到，鼓勵締約國設立依據巴黎原則之獨立且有效的國家人權機構，或者為國家人權機構中的一個獨立部門，例如兒童監察使。[12]

其次，有時候「兒童權利委員會」只提到國家人權機構，例如在審查巴哈馬及中國的國家報告時，「兒童權利委員會」也關注巴哈馬及中國沒有設立國家人權機構，然而「兒童權利委員會」只建議依據巴黎原則設立國家人權機構，並沒有提及兒童權利機制。[13]

第三，有時候「兒童權利委員會」直接表示希望締約國設立兒童權利機制，例如「兒童權利委員會」認為，雖然加拿大有八個省設有兒童監察使，但是並非全部的兒童監察使皆符合巴黎原則能夠以完全獨立的國家人權機構之地位行使其職權。因此「兒童權利委員會」建議加拿大在聯邦層級設立兒童監察使。[14]而「兒童權利委員會」會做此建議的原因應是加拿大人權委員會是（Canadian Human Rights Commission）單一職權委員會，只負責反歧視之職權，因而並未專注於兒童權利，因而「兒童權利委員會」尋求另一個方向，希望加拿大往聯邦的兒童權利獨立機制發展，然而這也可以顯示「兒童權利委員會」對於在國家人權機構之外設立兒童權利獨立機制之接受。其次，對於德國，「兒童權利委員會」認為德國政府設有Children's Commission，但是並沒有國家聯邦層級負責兒童權利之機制，因此「兒童權利委員會」建議德國已有依據巴黎原則及一般性意見第二號設立獨立的國家人權機構，該機構之職權應包含受理、調查及有效地處理兒童權利侵害申訴。[15]德國之國家人權機構是德國人權研究所，本來主要為研究中心。而德國政府在2015年也以德國人權研究所作為「兒童權

---

[11] CRC/C/STP/CO/2-4 (CRC, 2013) and CRC/C/EGY/CO/3-4 (CRC, 2011).

[12] CRC/C/15/ADD.180 (CRC, 2002).

[13] CRC/C/15/Add.253 (CRC, 2005) and CRC/C/CHN/CO/2 (CRC, 2005), CRC/C/OPAC/CHN/CO/1 (CRC, 2013).

[14] CRC/C/15/ADD.215 (CRC, 2003).

[15] CRC/C/15/ADD.226 (CRC, 2004).

利公約」所要求之國內實踐公約之機制，其採用傳播「兒童權利公約」、建立檢視實踐「兒童權利公約」之標準、檢視法律及政策、發現困難之處等實踐方式，同樣地德國人權研究所也沒有接受申訴違反「兒童權利公約」個案之職權。因此可以看出德國嘗試依據「兒童權利委員會」之建議而作改善。

　　第四，有時候「兒童權利委員會」在中央層級建議設立國家人權機制，在地方層級設立兒童權利獨立機制。例如美國與加拿大有類似之狀況，「兒童權利委員會」歡迎美國有超過一半的州設立了兒童權利或申訴專員，不過美國沒有建立一個符合《巴黎原則》的獨立國家人權機構。但是「兒童權利委員會」的建議是希望美國在聯邦層級設立國家人權機構，並在州層級鼓勵尚未設立兒童權利或申訴專員的州儘速設立。[16]很顯然的這是一個在聯邦及州層級不同模式之建議，而且此建議也與對加拿大之建議不同。其次，對於中國，因為中國沒有設立國家人權機構，因此「兒童權利委員會」建議中國設立國家人權機構。不過對於香港，因為香港立法會曾經提議設立獨立兒童委員會，因此「兒童權利委員會」建議香港設立兒童委員會。[17]而香港的國家人權機構是Equal Opportunities Commission，其本質與加拿大人權委員會相近，都是負責反歧視的單一職權委員會，而「兒童權利委員會」卻同時建議設立兒童權利機制，理由應該也是與加拿大類似。

　　由上述意見可以看出「兒童權利委員會」並沒有特定模式之堅持，而是依據國家之情狀建議其中一種模式。然而因為國家可能設立國家人權機構同時負責兒童權利之實踐，亦可能分別設立國家人權機構及兒童權利機制，這也促使多元人權監督機制之形成，進而必須考量兩個機制應該如何協調或合作。

　　而如果國家有設立國家人權機構，則「兒童權利委員會」考量的是其職權是否包括兒童權利，同時「兒童權利委員會」也強調在國家人權機構內應有兒童權利專家，[18]或是設有兒童權利的特別部門。[19]例如「兒童權

---

[16] CRC/C/OPSC/USA/CO/2 (CRC, 2013). 「兒童權利委員會」對於瑞士也有類似之意見，參見CRC/C/15/ADD.182 (CRC, 2002).

[17] CRC/C/CHN/CO/3-4 (CRC, 2013).

[18] CRC/C/URY/CO/2 (CRC, 2007).

[19] CRC/C/15/ADD.237 (CRC, 2004).

利委員會」表示對於喀麥隆的國家人權機構沒有專門部門處理兒童權利感到遺憾。[20]「兒童權利委員會」也認為南韓國家人權委員會沒有專門負責兒童權利之部門。[21]

如果國家在國家人權機構之外也設立兒童權利獨立機制的話，「兒童權利委員會」也會對此兒童權利獨立機制提出意見，例如對於南韓，「兒童權利委員會」表示歡迎南韓設立韓國兒童權利監察中心，不過「兒童權利委員會」認為其沒有法律地位，要受衛生福利部的預算限制；缺少關於兒童權利及監察的任務，因而不能積極監督或調查侵犯兒童權利的情況及接受申訴；南韓政府對其業務情況進行年度評估，因而對其獨立性及連續性可能有影響。「兒童權利委員會」也認為南韓國家人權委員會沒有專門負責兒童權利之部門，希望其改善。[22]

甚至如果國家所設之兒童權利機制是地方層級，「兒童權利委員會」也會注意。如前所述，「兒童權利委員會」認為，雖然加拿大有八個省設有兒童監察使，但是並非全部的兒童監察使皆符合巴黎原則能夠以完全獨立的國家人權機構之地位行使其職權。因此「兒童權利委員會」建議加拿大在聯邦層級設立兒童監察使。[23]

另一個與其他條約監督機制有所不同的是，「兒童權利委員會」相當重視申訴制度，如上述表格所示，聯合國兒童基金會認為「兒童權利委員會」第2號一般性意見認為個人申訴制度是強制性的，而「兒童權利委員會」在審查國家報告時也強調此意見，例如在審理賽普勒斯、布吉納法索的國家報告時，「兒童權利委員會」認為雖然賽普勒斯及布吉納法索有設立國家人權機構，但是卻沒有接受申訴之制度，因此建議應該在國家人權機構內設立一個兒童權利專職部門，同時負責處理兒童所提出之申訴。[24]

---

[20] CRC/C/CMR/CO/2 (CRC, 2010).
[21] CRC/C/KOR/CO/3-4 (CRC, 2012).
[22] CRC/C/KOR/CO/3-4 (CRC, 2012).
[23] CRC/C/15/ADD.215 (CRC, 2003).
[24] CRC/C/15/ADD.205 (CRC, 2003), CRC/C/15/ADD.193 (CRC, 2002).

二、台灣規範與意見

（一）兒童權利公約施行法之規定

　　立法院於2014年5月20日通過《兒童權利公約施行法》，總統於同年6月4日公布，依據《兒童權利公約施行法》第10條規定，本法於2014年11月20日施行。立法院於2016年4月審查通過我國加入《兒童權利公約》條約案，馬總統於2016年5月簽署《兒童權利公約》加入書，蔡總統於2017年5月公布《兒童權利公約》。

　　在《兒童權利公約》的四項監督機制中，《兒童權利公約施行法》在第7條提到「政府應建立兒童及少年權利報告制度，於本法施行後二年內提出第一次國家報告，其後每五年提出國家報告，並邀請相關專家學者及民間團體代表審閱，政府應依審閱意見檢討、研擬後續施政。」這是在國內實踐《兒童權利公約》所規定的國家報告制度。而因為《公民與政治權利國際公約》、《經濟社會文化權利國際公約》及《消除對婦女一切形式歧視公約》國內法化之後，已形成比較完整之進行模式，相對而言比較沒有嚴重之問題。

　　不過有關監督機制，「兒童權利委員會」認為，每個國家都需要有一個負責促進及保護兒童權利的獨立人權機構。而《兒童權利公約施行法》第6條第1項規定，「行政院為推動本公約相關工作，應邀集學者專家、民間團體及相關機關代表，成立兒童及少年福利與權益推動小組，定期召開會議，協調、研究、審議、諮詢並辦理下列事項：一、公約之宣導與教育訓練。二、各級政府機關落實公約之督導。三、國內兒童及少年權利現況之研究與調查。四、國家報告之提出。五、接受涉及違反公約之申訴。六、其他與公約相關之事項。」《兒童權利公約施行法》第6條第1項規定的是成立兒童及少年福利與權益推動小組，但是其問題是此小組是否即可被認定為「兒童權利委員會」所稱之兒童權利的獨立人權機構，恐需再作深入之探討。

（二）審查意見

　　如上所述「兒童權利委員會」關注的是國家人權機構及兒童權利機制，因而在思考台灣情況時，亦應著重於這兩個機制。

在台灣陸續將幾個國際人權條約國內法化之後，亦邀請國際獨立專家審查國家報告，並提出結論性意見。例如在審查兩公約國家報告時，獨立專家亦提出有關國家人權機構之問題。例如在《公民與政治權利國際公約》及《經濟社會文化權利國際公約》首次國家報告審查時，獨立專家即提出，「許多國家，包括不少亞太地區國家均體認到在現有憲法架構之外，有成立獨立的國家人權委員會的必要，以符合聯合國大會在1993年所通過關於國家人權機構之地位的《巴黎原則》就獨立性與自主性之要求。此種委員會特別可以在廣泛的公民、文化、經濟、政治與社會等權利方面發揮諮詢、監督與調查的功能，亦應對於《促進與保護人權的國家行動計畫》的制定發揮作用。」[25]同時建議「政府訂出確切時間表，把依照《巴黎原則》成立獨立的國家人權委員會列為優先目標。」[26]這建議是在2013年3月提出的，不過很可惜地直到2017年1月第二次兩公約國家報告審查時尚未設立國家人權機構，因而獨立專家表示，「審查委員會於2013年建議政府把依照《巴黎原則》成立獨立的國家人權委員會列為優先目標，雖然在本次審查的4年期間，中華民國（台灣）提出許多倡議，但卻無法決定是要成立完全獨立的人權機構，或是在總統府或監察院底下設置。委員會建議政府應立即依照《巴黎原則》，成立完全獨立且多元的國家人權機構。」[27]

其實立法院最早通過的國際人權條約是《消除對婦女一切形式歧視公約》，時間是2007年，而因為當時並沒有通過施行法，因而並沒有建構完整的國家報告審查機制，當時第一次審查時，僅有一位審查委員提到「建立一個國家人權機構是另一個國際上流行的現象。」[28]而在第二次審查國家報告時，因為之前已歷經兩公約國家報告審查，因而審查委員會「重申2009年第一次的CEDAW審查和在《公民與政治權利國際公約》及《經濟社會文化權利國際公約》的獨立專家團之建議，根據巴黎原則成立獨立的國家人權機構。審查委員會建議就成立此機構以及發展促進和保護人權的

---

25 對中華民國（台灣）政府落實國際人權公約初次報告之審查國際獨立專家通過的結論性意見與建議，2013年3月1日，第8點。

26 同上註，第9點。

27 對中華民國（台灣）政府落實國際人權公約第二次報告之審查國際審查委員會通過的結論性意見與建議，2017年1月20日，第9點。

28 消除對婦女一切形式歧視公約（CEDAW）國家報告之國外專家建議一覽表https://www.gec.ey.gov.tw/news.aspx?n=D9EB035103686D4C，申蕙秀委員之意見。

國家行動計畫設定具體時程表。」[29]

　　如果我們與諸多人權條約監督機制審查各國國家報告所呈現之意見相對比較的話，可以發現非常相似，而核心內容則是希望國家在具體期限內依據巴黎原則設立獨立的國家人權機構，幾次台灣審查國家報告的獨立專家並不是針對台灣而提出特別的意見。

　　《兒童權利公約》首次國家報告國際審查會議在2017年11月舉行，其結論性意見提到，「委員會樂見行政院、衛福部及地方政府均有設立兒童及少年福利與權益促進小組，負責協調和推動兒童及少年權益保障政策。」[30]不過「委員會注意到且關心中華民國（台灣）尚未成立獨立的國家人權機構」，[31]因此委員會建議「無論是採取成立國家人權機構，內設監督兒童權利的專責單位；或是成立兒童監察使辦公室；或是設置兒童權利委員，都不宜再延遲，以遵循聯合國兒童權利委員會在其第2號一般性（2002）意見中提出的建議。國家人權機構的體制並應依循巴黎原則」。[32]因而獨立專家認為，兒童及少年福利與權益促進小組並不是《兒童權利公約》之兒童權利機制，因而獨立專家建議台灣應該設立兒童權利機制，而獨立專家建議之方式有兩種，一者是成立國家人權機構，內設監督兒童權利的專責單位。另一者是成立兒童監察使辦公室，或是設置兒童權利委員。同時應該符合「兒童權利委員會」第2號一般性（2002）意見及《巴黎原則》等國際規範。

　　如果仔細比較到台灣審查國家報告之獨立專家與「兒童權利委員會」的意見，其實吾人可以發現兩者內涵非常相近，都是希望國家設立獨立人權機制，而可能方案是成立國家人權機構同時負責兒童權利保障，或是成立兒童監察使或是兒童權利委員。

貳、兒童權利機制之設立模式

　　因而應可進　步瞭解比較經驗，以國家人權機構而言，「國家人權

[29] 消除對婦女一切形式歧視公約（CEDAW）中華民國（台灣）第2次國家報告審查委員會總結意見與建議，2014年，第8點。
[30] 兒童權利公約首次國家報告國際審查會議結論性意見，2017年，第12點。
[31] 同上註，第14點。
[32] 同上註，第15點。

機構全球聯盟」（Global Alliance of National Human Rights Institutions, GANHRI）的成員共有146個國家人權機構。[33]而目前為止約有81個國家已經成立兒童權利機制，[34]如果以聯合國193個會員國來看，約有42%的國家已經成立兒童權利機制。

　　如果以設立模式而言，主要有三種模式，第一種是國家人權機構亦是兒童權利機制，主要是以人權監察使或是人權委員會之模式成立國家人權機構之國家，比較會同時將國家人權機構作為兒童權利機制。第二種是在國家人權機構之外設立獨立兒童權利機制，而有的國家是在中央層級，有的國家只有在地方政府設立兒童權利機制。第三種是以監察使作為兒童權利機制，此類型之特質是這些國家並非以人權監察使之模式成立國家人權機構國家，因而以其國家之監察使作為兒童權利機制。

一、國家人權機構亦是兒童權利機制

　　對於諸多國家而言，主要抉擇為是否要將兒童權利機制與國家人權機構合併為一個機制，或是分別設立國家人權機構及兒童權利機制，因而在有設立兒童獨立機制之國家，其實產生不同之模式。有些國家以國家人權機構作為兒童權利機制，有些國家則是在國家人權機構之外再設立兒童權利機制。

　　有些國家設立國家人權機構同時將兒童權利實踐之職權整合於其國家人權機構之中，在81個國家已經成立兒童權利機制之國家中，有44個國家採用此模式，約佔54%。其中有32個國家其國家人權機構是人權監察使，而將兒童權利機制整合於國家人權機構中。另外12個國家其國家人權機構是獨立人權委員會，而將兒童權利機制整合於國家人權機構中。

　　以人權監察使作為國家人權機構之國家，多數沒有另外設立兒童權利機制，而是使得人權監察使之職權包括兒童權利之實踐，這些國家包括西班牙、阿根廷、玻利維亞、哥倫比亞、哥斯大黎加、多明尼加、厄瓜多、薩爾瓦多、瓜地馬拉等國家。

　　以匈牙利為例，其通過2011年第CXI法案（Act CXI of 2011），在

---

[33] 至2017年1月17日為止，「國家人權機構全球聯盟」網頁共列出147個國家人權機構，惟將Tajikistan重複計算，故應為總共146個國家人權機構。

[34] 詳情請參閱本文附錄有關國家人權機構及兒童權利機制之彙整表格。

2012年設立基本權利專員（Commissioner for Fundamental Rights），作為
國家人權機構。其設有一位基本權利專員，兩位基本權利副專員，分別負
責少數民族及兒童權利。基本權利專員由總統提名，由國會選舉產生。[35]
而基本權利副專員原則上由專員負責提名。[36]基本權利專員及副專員都可
以連任一次。[37]

　　根據第CXI法案第1條規定，基本權利專員應特別注意保護兒童權
利、後代的利益、居住在匈牙利國民之權利、最脆弱的社會群體的權利。
而根據同法第2條規定，基本權利專員之相關職權，包括（1）應調查和分
析匈牙利基本權利的情況，並準備與匈牙利侵犯權利的統計資料；（2）
針對與基本權利相關之法律草案提出意見（3）得向憲法法院提起審查法
律是否符合憲法；（4）應根據與其任務和職權有關的國際條約而參與編
寫國家報告，並監督和評估匈牙利管轄下這些條約的執行情況；（5）應
促進基本權利的實踐和保護；（6）履行禁止酷刑公約議定書作為國家防
範機制的任務。

　　而在將兒童權利機制整合於獨立人權委員會模式之國家人權機構者，
可以澳洲為例。澳洲之國家人權機構是採用獨立人權委員會模式，而其將
兒童權利機制整合於其國家人權機構中。澳洲於1986年通過《人權及平等機
會法》（Human Rights and Equal Opportunities Commission Act），並成立人權
及平等機會委員會（Human Rights and Equal Opportunities Commission），[38]其
本來之職權專注於消除種族歧視，後來則擴大至性別、年齡及身心障礙等
因素之歧視，甚至擴大至全面性之人權教育。後來澳洲在2012年修改該法，
增列國家兒童專員（National Children's Commissioner），[39]也將委員會名稱改
為澳洲人權委員會（Australian Human Rights Commission，AHRC）。人權委
員會組成有一名主席，另有七名專員，包括兒童專員、原住民和托雷斯海
峽島民社會正義專員、年齡歧視專員、身心障礙歧視專員、人權專員、種
族歧視專員、性別歧視專員。梅根·米切爾女士於2013年2月25日被任命為首

---

[35] Act CXI of 2011 Section 4 (1).

[36] Act CXI of 2011 Section 7.

[37] Act CXI of 2011 Section 6 (5) and 7 (6).

[38] John von Doussa, "The Protection Role of the Australian Human Rights Commission," in Bertrand G. Ramcharan (ed.), *The Protection Role of National Human Rights Institutions* (Martinus Nijhoff Publishers, 2005), pp. 4-5.

[39] See Australian Human Rights Commission Children's Rights Report 2016.

任國家兒童專員，並於2013年3月25日起任職。[40]

　　國家兒童專員由總督任命，任期依任用法律規定，最長不得超過七年。國家兒童專員不得在未獲得總理的批准下從事其職務以外的有償工作。國家兒童專員由總督任命為全職人員。透過人權委員會賦予國家兒童專員之職權包括：（1）每年向總理提交年度報告；（2）促進與澳洲兒童人權有關事項的討論和認識；（3）促進尊重澳洲兒童的人權進行研究或教育或其他方案；（4）研究現有的和擬議的聯邦成文法律，以確定他們是否承認並保護澳洲兒童的人權，並向總理報告。而由國家兒童專員代人權委員會執行事項包括：（1）提交報告；（2）處理與澳洲兒童享有和行使人權有關的事項，如國家兒童局局長認為適當的;認為適合為確保澳洲兒童享有和行使人權而採取的行動的建議；（3）特別注意處於危險或易受傷害的兒童；（4）為履行職權必要，諮詢兒童、政府、非政府組織、國際組織和機構等。

　　比較特別的是瑞典將平權監察使（Equality Ombudsman）及兒童監察使（Ombudsman for Children）兩者都列為國家人權機構，因此兒童權利機制是國家人權機構之一。兒童監察使的法源依據為1993年瑞典國會通過之Ombudsman for Children Act，兒童監察使任期為6年，由政府任命，首任兒童監察使於1993年7月1日任命。兒童監察使應自行決定其組織及其工作之重心[41]。

　　兒童監察使代表瑞典兒童在《兒童權利公約》下的權利和利益，[42]持續促進及監督《兒童權利公約》之執行，因而兒童監察使應確保法律、法規及其適用符合《兒童權利公約》。[43]而兒童監察使在其職權範圍內，應該遵循聯合國兒童權利委員會對公約之解釋及適用。[44]而兒童監察使在職權範圍內，應就法律的修改或其他措施向政府提案，以符合兒童權利。[45]應向政府提交年度報告，內容包括前一年的活動及兒童監察使認為應該知會政府之關於兒童之相關事項。[46]在兒童監察使的要求下，行政機關、自

---

[40] Ibid.

[41] The Ombudsman for Children Act Section 6.

[42] The Ombudsman for Children Act section 1.

[43] The Ombudsman for Children Act section 2.

[44] The Ombudsman for Children Act section 3.

[45] The Ombudsman for Children Act section 3,

[46] The Ombudsman for Children Act section 4.

治機關及縣議會應向兒童監察使報告依據《兒童權利公約》所採取之關於兒童權利措施之結果。[47]兒童監察使於執行職務時，若發現有兒童被虐或其他被認為應由社會服務委員會（the social services committee）介入以保護兒童之情況，應立即轉知社會服務委員會。[48]兒童監察使應蒐集兒童生活情況之相關知識及數據。[49]兒童監察使應宣傳資訊、提出建議和倡議其他適合的措施。[50]兒童監察使應在公共辯論中代表兒童之權利及利益。[51]不過兒童監察使不能調查個人案件，兒童監察使無權決定行政當局是否違法，結果是這類案件都轉交給瑞典國會監察使處理。[52]

二、分別設立國家人權機構及兒童權利機制

　　目前約有29個國家分別設立國家人權機構及兒童權利機構，在81個國家已經成立兒童權利機制之國家中約占將近36%。而且這些國家採用不同模式設立國家人權機構，即不論以哪一種模式設立國家人權機構，都可能另行設立兒童權利機構。

　　例如在以單一職權委員會之模式設立國家人權機構之國家，比利時設立聯邦平等機會中心（Inter-federal Centre for Equal Opportunities, UNIA），其關注於平等機會政策及反歧視，包括僱用、住宅、教育、福利、文化、公民等事項，不因出身、年齡、身心障礙、性傾向、宗教等原因而受歧視。而比利時亦分兩個語區成立Children's Rights Commissioner（Flemish）及Délégué général aux droits de l'enfant de la communauté française de Belgique兩個機制作為獨立兒童權利機制。

　　有關以獨立人權委員會設立國家人權機構，又另行設立兒童權利機制。例如挪威本來以人權中心作為國家人權機構，後來轉化為獨立人權委員會模式，National Human Rights Institution是挪威的國家人權機構，不過挪威另外設立獨立的Ombudsman for Children作為兒童權利機制。而且

---

[47] The Ombudsman for Children Act section 5.

[48] The Ombudsman for Children Act section 7.

[49] The Ombudsman for Children Act section 3.

[50] The Ombudsman for Children Act section 3.

[51] The Ombudsman for Children Act section 3.

[52] Linda C. Reif，監察與人權—良好治理及國際人權體系（The Ombudsman, Good Governance and the International Human Rights System），監察院國際事務小組編譯，2008年，頁372。

挪威National Human Rights Institution主要改組時間為2015年，挪威並沒有在改組國家人權機構同時將Ombudsman for Children整合其中，不過挪威National Human Rights Institution之評比為B級，未來還有調整之可能性。

挪威透過1981年立法（Act No. 5 Of March 6. 1981 Relating To The Ombudsman For Children）設立兒童監察使，一般認為挪威的Ombudsman for Children是全世界第一個獨立兒童權利機制，其在1982年成立，職責是促進兒童之利益，監督兒童成長環境之改良。然而《兒童權利公約》是在1989年通過，因此挪威Ombudsman for Children的設立應該不是《兒童權利公約》之促動，而是國內環境之演變，可能與北歐設立各種監察使有關。

挪威Ombudsman for Children只有一名，由挪威內閣及國王任命之，[53] 任期六年，不得連任。[54]兒童監察使主要職權有：（1）透過主動查知或聽證方式保護兒童與各方面的規劃和學習相關利益；（2）確保遵守有關保護兒童利益的法律，包括挪威的法律和行政慣例是否符合挪威根據聯合國《兒童權利公約》所承擔的義務；（3）提出依法加強兒童安全的措施；（4）提出可以解決或預防兒童與社會矛盾的措施；確保向公、私部門提供關於兒童權利和措施的足夠資訊；（5）處理兒童申訴問題。[55]

另一個在有獨立人權委員會作為國家人權機構之外又設立兒童權利機制的是愛爾蘭，愛爾蘭於2000年通過《人權委員會法》（Human Rights Commission Act 2000），成立人權委員會，愛爾蘭國家人權委員會是一獨立之機關。後來愛爾蘭進一步整合其平等機制，在2014年通過Human Rights and Equality Commission Act 2014，將原有之人權委員會改組為人權及平等委員會。

而愛爾蘭是在成立國家人權機構之後，還是決定另外成立兒童權利機制。愛爾蘭在2002年通過《兒童監察使法》（Ombudsman for Children Act），設立兒童監察使。兒童監察使由總統提名，國會上議院（Seanad Éireann）、下議院（DáilÉireann）通過任命之。[56]兒童監察使之任期為六年，可再次任命一次，任期二年。[57]首任兒童監察使於2004年就職。

---

[53] Act No. 5 Of March 6. 1981 Relating to the Ombudsman for Children, article 2.

[54] Act No. 5 Of March 6. 1981 Relating to the Ombudsman for Children, article 2.

[55] Act No. 5 Of March 6. 1981 Relating to the Ombudsman for Children, article 3.

[56] Ombudsman for Children Act 2002 revised updated to 5 June 2013, Article 3 (1) (2).

[57] Ombudsman for Children Act 2002 revised updated to 5 June 2013, Article 4 (4).

　　兒童監察使之職權包括促進《兒童權利公約》所保障之各項權利之落實。兒童監察使應促進兒童的權利和福利，並有下列職權：（1）向政府部長提出適當的兒童相關政策制定和協調之建議；（2）鼓勵公共機構，學校和醫院制定促進兒童權利和福利之政策；（3）收集和傳播與兒童權利有關事項的資料；（4）提高兒童與市民的意識了解相關福利和執行；（5）與國際其他兒童監察使合作；（6）檢討兒童監察使有關立法；（7）監督和審查兒童事務監察使法之執行並提出修法建議。兒童監察使可以定期諮詢足以代表兒童利益之兒童群體，可以根據兒童福利和權利促進發表研究，也可以主動向政府機關提出任何涉及兒童權利或福利之意見。[58]

　　在以監察使模式設立國家人權機構之國家，亦可能另行設立獨立兒童權利機制，波蘭應該是最特別的例子，因為其在憲法直接規定人權監察使及兒童權利監察使。《波蘭憲法》第208條規定人權監察使應保障人民憲法及其他法律所規定之權利及自由，而人權監察使之職權及其行使方式依法律規定。同時其《憲法》第80條亦規定人民得就公部門侵犯權利或自由向人權監察使尋求協助。而《波蘭憲法》第72條特別強調兒童權利保障，因而明文規定兒童權利監察使之選任及職權由法律定之。

　　不過波蘭直到2000年才通過《兒童監察使法》。兒童監察使由眾議院提名，並經參議院同意任命之。[59]兒童監察使任期為五年，同一人不得連任兩屆以上。[60]兒童監察使履行職責時，應獨立於其他國家機關，依據法律規定範圍內向眾議院負責。[61]兒童監察使不得兼任其他職務，但是擔任大學教授除外；不進行任何其他專業活動；不得參與政黨活動；不得有不符合職責和尊嚴的公共活動。[62]

　　兒童監察使的職責是保護兒童權利，特別是生命和健康權、受家庭教育的權利、合宜社會條件的權利、學習權。兒童監察使應採取措施，保護兒童免遭暴力、剝削、挫敗、忽視和其他形式的虐待；並應為身心障礙兒童提供特別照顧和幫助；應採取促進兒童的權利和保護兒童的方式。[63]而

---

[58] Ombudsman for Children Act 2002 revised updated to 5 June 2013, Chapters 3-7.

[59] Act of the Ombudsman for Children, article 4.

[60] Act of the Ombudsman for Children, article 6.

[61] Act of the Ombudsman for Children, article 7.1

[62] Act of the Ombudsman for Children, article 7.3

[63] Act of the Ombudsman for Children, article 5.

波蘭特別自豪的是其參與兒童權利公約之草擬過程，因此更強調兒童權利機制，兒童權利監察使「有非常大的權力，包括在所有通報案件的處理、管控上，或者是介入個別案件，以及對任何可能導致兒童權利受損的案件提出警訊，這都是兒童權利監察使處理的權限。」[64]兒童權利監察使得以「向法院提出告訴、參與憲法法庭，也可以要求所有公權力機關提供相關的資訊或者是提出說明，甚至可以提出撤銷原判，不管是在刑事上、民事上，或者是行政法上，都有很大的權力可以無預警發動檢查。」[65]

有關以混合機制作為國家人權機構，又另設立兒童權利機制，例如芬蘭於2011年起在國會監察使內增設人權中心（Human Rights Centre），將國家人權機構改組並稱為人權中心與國會監察使（Human Rights Centre and the Parliamentary Ombudsman）。不過在2005年時芬蘭設立Ombudsman for Children，作為兒童權利機制。丹麥以丹麥人權研究所（Danish Institute for Human Rights），作為國家人權機構，本來其特質是人權研究中心。不過重要的改變是後來丹麥人權研究所亦被賦予接受個人申訴及調查權，不過此項職權只限於平等權。然而丹麥成立Danish Council for Children's Rights作為兒童權利機制，Danish Council for Children's Rights是基於Danish Act on Legal Protection and Administration in Social Matters, cf. Consolidation Act No. 930 of 17 September 2012之授權，而以Executive Order on a National Council for Children成立的，並沒有自己的法律基礎。不過行政命令中指出其具備獨立性。

其實不論是採用哪一種模式成立國家人權機構，都有另外設立獨立兒童權利機制例子，因而重點可能不是國家採用哪一種國家人權機構模式，而是有沒有特別的推動設立獨立兒童權利機制之力量。

另外，有些國家只設立地方層級之兒童權利機制，並沒有中央層級之兒童權利機制。例如英國亦是採用獨立人權委員會之模式設立國家人權機構，英國有三個國家人權機構，包括北愛爾蘭人權委員、蘇格蘭人權委員會與平等及人權委員會，他們分別在1999年、2006年及2007年成立之，同時平等及人權委員會是整合過去監督性別、種族、身心障礙歧視之機制，但是沒有包括兒童權利機制。另一方面，英國因為Children Act 2004通

---

[64] 參見新世紀文教基金會，「兒童權利保障在波蘭及台灣」座談會紀實，http://www.taiwanncf.org.tw/20161201.htm。

[65] 同上註。

過，設立了四個兒童權利機制，包括北愛爾蘭兒童及少年委員（Northern Ireland Commissioner for Children and Young People）、蘇格蘭兒童及少年委員（Scotland's Commissioner for Children and Young People）、英格蘭兒童委員（Children's Commissioner for England）、威爾斯兒童委員（Children's Commissioner for Wales），而其強調的理由即是因應兒童權利委員會之要求。因此就時間而言，其實英國幾個兒童權利機制比國家人權機構還要早成立。就區域而言，英國的兒童權利機制是分散區域的，並沒有設立全國性的兒童權利機制。

而在加拿大，人權委員會（Canadian Human Rights Commission）是國家人權機構，而加拿大有八個省設有兒童監察使，但是加拿大並沒有聯邦層級的兒童權利機制。類似地，奧地利及西班牙都是以人權監察使做為國家人權機構，不過都只在地方政府層級設有兒童權利機制。

有些國家，例如日本、美國等，則是尚未設立國家人權機構，可是在地方政府或是州政府層級設有兒童權利機制。

三、監察使作為兒童權利機制

目前為止只有8個國家以監察使作為兒童權利機制，約佔不到10%。而其特質是此國家尚未設立國家人權機構，或是以人權諮詢委員會或獨立人權委員會模式設立國家人權機構。

例如法國早在1947年即設立國家人權諮詢委員會，而法國於2000年成立Children's Ombudsman，作為實踐兒童權利公約之機制，後來法國在2008年修憲，將幾個機制包括French Mediator, Children's Ombudsman, equality and anti-discrimination authority及national commission on security ethics整合成立Le Défenseur des Droits （Defender of Rights）此憲政機關，因為本來就包括Children's Ombudsman，因此Defender of Rights持續作為法國的獨立兒童權利機制。因而形成非常特別之情形，法國之國家人權機構並不是兒童權利機制，而負責兒童權利之機制並不是專職兒童權利之機制，亦負責種族及性別平等議題。

斯洛伐克於1994年成立國家人權中心（National Centre for Human Rights），雖然名稱為國家人權中心，但是實質職權只處理反歧視議題，斯洛伐克以國家人權中心作為唯一平權機制，同時作為國家人權機構。斯

洛伐克也有Office of Public Defender of Rights，是為監察使，斯洛伐克則是以Office of Public Defender of Rights作為兒童權利機制。

　　荷蘭於2011年通過Netherlands Institute for Human Rights Act，於2012年設立荷蘭人權機構（College voor de rechten van de mens, Netherlands Institute for Human Rights），其職權涵蓋廣泛的人權議題，亦有調查權，同時法律明定荷蘭人權機構之獨立性。雖然其名稱像是人權中心，不過本質上是獨立人權委員會。然而荷蘭指定以國家監察使作為兒童權利機制。荷蘭國會於2010年6月通過兒童監察使法案，自2011年4月1日起生效。其設立兒童監察使，隸屬國家監察使辦公室之一部分，是國家監察使的副監察使。國家監察使及兒童監察使都是由國會下議院任命，任期為六年。[66]兒童監察使的任務是確保兒童的權利得到尊重，兒童監察使向國會和政府提供諮詢意見，並負責提高對於兒童權利之認識。兒童監察使之主要職權包括：（1）針對公部門與私人組織促進兒童權利；（2）根據請求或主動提出涉及兒童權利之立法建議；（3）積極向公眾宣傳兒童權利；（4）處理對行政機關、其他對兒童提供教育與保護組織之申訴；（5）調查荷蘭可能違反兒童權利之行為；（6）設立獨立兒童權利監測機制，衡量荷蘭在兒童權利之進展。[67]

四、兒童權利機制之國際網絡

　　因為有多元的兒童權利獨立機制設立，也形成了與國家人權機制不同之國際聯繫網絡，最早是在歐洲，其實最多設立獨立兒童權利機制的是歐洲國家，這與歐洲區域組織之推動也有關係，歐洲理事會（Council of Europe）在1996年發表European Strategy for Children，提倡設立「一位兒童委員或監察使，或其他機制，並確保其獨立擔負增進兒童生活之責任」。[68]歐洲各國的兒童權利機制在1997年成立歐洲兒童監察使網絡（European Network of Ombudspersons for Children, ENOC），前十年由聯

---

[66] National Ombudsman Act Article 2.

[67] Consideration of reports submitted by States parties under article 44 of the Convention Fourth periodic reports of States parties due in 2012 The Netherlands, p. 16.

[68] Parliamentary Assembly of the Council of Europe Recommendation 1286 on a European Strategy for Children, January 24 1996, paragraph 7.4.

合國兒童基金會（UNICEF）協助其秘書處工作，後來亦得到歐洲聯盟之
贊助，以成立永久秘書處。歐洲兒童監察使網絡稱其會員為獨立兒童權利
機構（independent children's rights institutions, ICRIs），其會員區別為正
會員（full member）及副會員（associate member），要成為正會員必須符
合以下條件：1.是立法通過之機制，並確保其獨立性；2.立法中確認此機
制之職權包括促進及保護兒童權利；3.此機制得以依據巴黎原則獨立行使
職權。

　　因而歐洲可以看見多元模式，例如有一些國家除了設立國家人權機
構之外，也有兒童權利監察使之設立，雖然其名稱可能不同，例如比利
時、馬爾它及斯洛伐克稱為Children's Rights Commissioner、Commissioner
for Children's Office或Commissioner for Children。丹麥則稱為Council
for Children's Rights，盧森堡稱為Ombuds-Committee for the Rights of the
Child。法國則是以Le Défenseur des Droits作為兒童權利之機制。而有許多
國家，例如克羅埃西亞、芬蘭、冰島、愛爾蘭、拉脫維亞、挪威、波蘭、
瑞典、荷蘭等歐洲國家則是設立Ombudsman for Children。不論名稱之不
同，這些兒童權利機制之特性是與其國家之國家人權機構區隔，歐洲應該
是設立多元權利機制最明顯之區域。因此歐洲兒童監察使網絡之會員最主
要有兩種類型，一種是國家人權機構同時負責兒童權利保障，另一種與國
家人權機構不同之獨立兒童權利機制。

　　在歐洲的國家人權機構成立了歐洲國家人權機構協調團體（European
Coordinating Group of National Human Rights Institutions），獨立兒童權利
機構成立歐洲兒童監察使網絡，而其實有些國家的國家人權機構亦是獨立
兒童權利機構，因此歐洲國家人權機構協調團體與歐洲兒童監察使網絡的
成員有相當程度重疊。

　　除了歐洲區域組織之外，聯合國兒童基金會應該也是主要推手，雖然
絕大部分美洲國家以人權監察使作為國家人權機構，多數沒有另外設立兒
童權利機制，然而聯合國兒童基金會也協助美洲國家在2007年成立Ibero-
American Network for the Defense of Children's and Adolescents' Rights，作
為美洲國家獨立兒童權利機構的聯繫網絡。然而美洲國家的國家人權機
構已成立美洲國家人權機構網絡（Network of National Institutions for the
Promotion and Protection of Human Rights in the Americas），而絕大部分美
洲國家並沒有另外設立獨立兒童權利機構，因此其實美洲國家人權機構網

絡與Ibero-American Network for the Defense of Children's and Adolescents' Rights的成員是非常高度重疊。

　　另外，聯合國兒童基金會也積極促使Global Network of Independent Human Rights Institutions for Children在2002成立，其作為全球獨立兒童權利機構交換意見及實踐之場域。相對地，聯合國亦協助全球國家人權機構成立「國家人權機構全球聯盟」（Global Alliance of National Human Rights Institution, GANHRI），此聯盟之目的乃是促進各國在符合巴黎原則之情形下設立或強化其國家人權機制，並且對所有國家人權機構做評比，而Global Network of Independent Human Rights Institutions for Children沒有比較強勢之作為。同樣地，因為有許多國家人權機構也是獨立兒童權利機構，因此「國家人權機構全球聯盟」與Global Network of Independent Human Rights Institutions for Children的成員亦是重疊的。

參、台灣展望
一、現在制度之檢討

　　依據《兒童權利公約施行法》第6條規定，行政院為推動《兒童權利公約》相關工作，成立了兒童及少年福利與權益推動小組，因此核心問題是兒童及少年福利與權益推動小組之設計是否能夠符合「兒童權利委員會」對於設立兒童權利機制之要求。

　　首先，且讓吾人再回顧「兒童權利委員會」之想法，「兒童權利委員會」認為，每個國家都需要有一個負責促進及保護兒童權利的獨立人權機構。委員會關注的主要問題是，這種機構不論其形式為何，均應能夠獨立有效地監督、增進及保護兒童權利。對兒童權利的促進及保護必須是此機制之主要職權，同時各國現有的所有人權機構必須為此密切合作。兒童及少年福利與權益推動小組是否能夠稱為「獨立」的機制，實在有疑義。

　　其次，如果從其他國家之經驗觀之，絕大部分國家之兒童權利機制都不是放在行政權內，或是行政機關成員與外部委員共組之小組，而是在行政權之外的獨立機制。諸多國家所做的抉擇主要為是否要與國家人權機構合併為一個機制，或是分別設立國家人權機構及兒童權利機制。

　　由此觀之，兒童及少年福利與權益推動小組是任務編組，只是其組成除了機關代表之外，亦包括學者專家及民間團體，因而其是協助政府實

踐《兒童權利公約》之機制，並非「兒童權利委員會」所稱之獨立監督機制。而未者重於設立國內監督機制的可能原因之一，是此意見並非《兒童權利公約》明訂，而是「兒童權利委員會」之解釋意見，因而即使將《兒童權利公約》國內法化，卻未相對地著重此議題。

二、未來展望

　　針對「兒童權利委員會」要求設立獨立的國內監督機制，各國形成不同之模式。有些國家設立國家人權機構同時將兒童權利實踐之職權整合於其國家人權機構之中，不過有些國家分別設立國家人權機構及兒童權利機構，因而兒童權利機構之設置與國家人權機構是互動的。而審查我國《兒童權利公約》國家報告之獨立專家所提出之設立兒童權利機制建議有兩種方式，一者是成立國家人權機構，內設監督兒童權利的專責單位。另一者是成立兒童監察使辦公室，或是設置兒童權利委員。同時應該符合「兒童權利委員會」第2號一般性（2002）意見及《巴黎原則》等國際規範。因而台灣也應該做相對應之思考，特別是要不要將兒童權利機制整合於國家人權機構中。

　　不過獨立專家所提之建議並沒有包括前述有些國家以監察使作為兒童權利機制之模式，因而以下論述亦嘗試將此模式納入，以便做完整之討論。

（一）設立獨立兒童權利機制

　　當然或許過去之構思方案並未思考「兒童權利委員會」要求設立獨立的國內監督機制，而只是思考如何符合《巴黎原則》而設立國家人權機構，如果更進一步思考「兒童權利委員會」之建議，或許亦可能另外設立機制，不過於此應該嚴肅思考的是多元機制的職權重疊及互動之複雜，或許由國家人權機構同時負責監督兒童權利實踐會是比較好之抉擇。不論如何，當《兒童權利公約》有國內法地位之後，應該同時實踐「兒童權利委員會」所要求設立獨立的國內監督機制。

　　在組織部分，採用兒童權利監察使，都是由一人專門負責兒童權利。因而重要的是兒童權利監察使之選任方式。如果要設立獨立兒童權利機制，勢必要與其他有類似制度國家一樣，必須制訂新法律以規範之，同時明訂諸多細節，包括此機制之定位、組織、職權等。

（二）國家人權委員會亦負責兒童權利實踐

　　其實十幾年來台灣亦有設立國家人權機構之運動，同時亦有幾種不同設立國家人權委員會之方案，包括1.國家人權委員會不隸屬於總統府或行政院。2.國家人權委員會設置於總統府下。3.國家人權委員會設置於行政院下。4.國家人權委員會設置於監察院，全體監察委員均是國家人權委員會委員。5.國家人權委員會設置於監察院，部分監察委員是國家人權委員會委員。

　　不過對於「兒童權利委員會」要求設立獨立的國內監督機制而言，最主要之議題為是否將落實兒童權利之職責賦予給另一獨立之人權機制，從這十幾年所討論的各種設立國家人權委員會之方案觀之，其均賦予國家人權委員會相當廣泛之職權，並無將兒童權利分割獨立看待之構想，因而這些方案應是傾向讓所設立之國家人權委員會之職權涵蓋兒童權利，不再另設獨立之兒童權利機制。

　　然而上述方案之法律草案均未明訂國家人權委員會之職權包括《兒童權利公約》之權利實踐，亦未明訂委員中有專職負責《兒童權利公約》之權利實踐。例如前三種方案（1.「國家人權委員會」不隸屬於「總統府」或「行政院」。2.「國家人權委員會」設置於總統府下。3.「國家人權委員會」設置於行政院下。）是在草案第三條第一項規定：本會置委員十三人，均為專任，任期四年，任滿得連任一次。第四條規定：本會委員應具有下列各款資格之一：一、對促進及保障人權或弱勢團體權益有特殊表現或貢獻者。二、對人權議題之研究有專門著作或特殊貢獻者。而第二條規定國家人權委員會掌理下列事項：一、研究及檢討有關促進及保障人權之政策與法令，並提出建議、報告或草案。二、推動政府機關批准或加入國際人權文書並內國法化，促進並確保國內法令及行政措施與國際人權文書相符。三、得協助政府機關依聯合國各人權公約之規定，定期提出國家人權報告，並辦理國際審查。四、得對國家人權報告撰提本會獨立之人權報告。五、推動人權教育，宣導人權理念。六、瞭解政府機關推動人權業務之成效，建立人權評鑑機制。七、落實國際人權規範，促進國內外人權之交流與合作。八、受理侵犯人權之重大事件，必要時得進行調查、協助救濟及處理。九、其他促進及保障人權之相關事項。其中並未明訂國家人權委員會之職權包括《兒童權利公約》之權利實踐，亦未明訂委員中有專職

負責《兒童權利公約》之權利實踐。

　　而第四種方案（「國家人權委員會」設置於監察院，全體監察委員均是國家人權委員會委員）及第五種方案（「國家人權委員會」設置於監察院，部分監察委員是國家人權委員會委員）其草案規劃國家人權委員會掌理下列事項：一、研處侵害人權之案件，適時推派委員對個人、法人、團體與政府機關進行調查，並得依法律進行和解、調解或協助救濟與處理。二、研究及檢討有關促進及保障人權之政策與法令，並提出建議、報告或草案。三、協助政府機關推動批准或加入國際人權文書並內國法化，以促進國內法令及行政措施與國際人權文書相符。四、提出年度國家人權狀況報告及專題報告。五、協助政府機關依聯合國各人權公約之規定，定期提出國家人權報告，及協助辦理國際審查，並得對國家人權報告撰提本院獨立之人權報告。六、協助政府機關擬定人權教育計畫，推動人權教育，宣導人權理念。七、落實國際人權規範，促進國內外人權事項之交流與合作。八、其他促進及保障人權之相關事項。兩者方案不同是在委員部分，第四種方案全體監察委員均是國家人權委員會委員，而第五種方案由部分監察委員擔任國家人權委員會之委員。其內容亦未明訂國家人權委員會之職權包括《兒童權利公約》之權利實踐，亦未明訂委員中有專職負責《兒童權利公約》之權利實踐。

　　因此如果採用以上各種方案之一設立國家人權機構，而且同時也讓國家人權機構成為兒童權利機制的話，依據「兒童權利委員會」之要求，同時參考其他國家之比較經驗，應該思考明訂國家人權委員會之職權包括《兒童權利公約》之權利實踐，同時確認有委員負責《兒童權利公約》之權利實踐。

　　另外，以前三種方案（1.「國家人權委員會」不隸屬於「總統府」或「行政院」。2.「國家人權委員會」設置於總統府下。3.「國家人權委員會」設置於行政院下。）之一設立國家人權機構的話，因為國家人權委員會與監察院是不同之組織，因此也應該思考是否可能像有些國家以監察使作為兒童權利機制之模式。然而過去在討論設立國家人權委員會的過程中，其實並沒有提及以國家人權委員會作為國家人權機構，而以監察院作為兒童權利機構之想法。實質上國家人權機構與兒童權利機構分立，對於兒童權利保障也不是必然比較好的方式，因此或許不是我們應該優先採用之選項。

肆、結語

　　雖然《兒童權利公約》並沒有提及國家人權機構或是兒童獨立權利機制，然而「兒童權利委員會」認為，建立促進及保護兒童權利的獨立人權機構，屬於締約國在批准時所作關於確保執行公約及促進普遍實現兒童權利的承諾的範圍。因而「兒童權利委員會」逐步提倡兒童獨立權利機制，期待各國設立獨立之國內監督機制，同時形成國際與國內監督機制之連結與合作。目前為止約有81個國家已經成立兒童權利機制，如果以設立模式而言，主要有三種模式，第一種是國家人權機構亦是兒童權利機制，第二種是在國家人權機構之外設立獨立兒童權利機制，第三種是以監察使作為兒童權利機制，另有國家人權機構。

　　台灣於2014年5月通過《兒童權利公約施行法》，之後成立行政院兒童及少年福利與權益推動小組，可是獨立專家認為，此推動小組並不是《兒童權利公約》之兒童權利機制，而獨立專家建議兩種方式，一者是成立國家人權機構，內設監督兒童權利的專責單位；另一者是成立兒童監察使辦公室，或是設置兒童權利委員。而從這十幾年所討論的各種設立國家人權委員會之方案觀之，其均賦予國家人權委員會相當廣泛之職權，並無將兒童權利分割獨立看待之構想，因而這些方案應是傾向讓所設立之國家人權委員會之職權涵蓋兒童權利，不再另設獨立之兒童權利機制。因而設立兒童權利機制之進展與國家人權機構一起眽動。

附錄：國家人權機構及兒童權利機制之類型模式

※以兒童權利機制類型排序

編號	國家	國家人權機構名稱	國家人權機構類型／IOI[69]	兒童權利機制類型及名稱
1.	United Kingdom 英國	Equality and Human Rights Commission	獨立人權委員會	獨立兒童權利機制（地方政府） Children's Commissioner for England Northern Ireland Commissioner for Children and Young People Scotland's Commissioner for Children and Young People Children's Commissioner for Wales
2.	Canada 加拿大	Canadian Human Rights Commission	單一職權委員會	獨立兒童權利機制（地方政府） Office of the Child and Youth Advocate Alberta Representative for Children and Youth British Columbia Children's Advocate Manitoba Office of the Ombudsman and Child and Youth Advocate New Brunswick Child and Youth Advocate Newfoundland and Labrador Office of the Ombudsman Nova Scotia Office of the Provincial Advocate for Children and Youth Ontario Commission des droits de la personne et des droits de la jeunesse Québec

---

[69] 表示為「國際監察使機構」（International Ombudsman Institute, IOI）之會員國。

編號	國家	國家人權機構名稱	國家人權機構類型／IOI	兒童權利機制類型及名稱
				Children's Advocate Office Saskatchewan Child and Youth Advocate Office Yukon
3.	Austria 奧地利	The Austrian Ombudsman Board	人權監察使／IOI	獨立兒童權利機制（地方政府） Ombudsoffice for Children and Youth Burgenland Ombudsoffice for Children and Youth Carinthia Ombudsoffice for Children and Youth Lower Austria Ombudsoffice for Children and Youth Salzburg Ombudsoffice for Children and Youth Styria Ombudsoffice for Children and Youth Tyrol Ombudsoffice for Children and Youth Upper Austria Ombudsoffice for Children and Youth Vienna Ombudsoffice for Children and Youth Vorarlberg
4.	Spain 西班牙	El Defensor del Pueblo (The Office of the People's Defender)	人權監察使／IOI	獨立兒童權利機制（地方（政府） Síndic de Greuges de Catalunya (integrated: Adjunto para defensa de niños y adolescents) Defensor del Menor de Andalucía Valedor do Pobo De Galicia (integrated: Vicevaledor de menores) Ararteko País Vasco (integrated: Oficina de la Infancia y la Adolescencia)

編號	國家	國家人權機構名稱	國家人權機構類型／IOI	兒童權利機制類型及名稱
5.	Japan 日本			獨立兒童權利機制（地方政府） Ombudsperson for Children Kawanishi City Sub-Commission for the Protection of the Rights of Children Ombudsperson for Children Kawasaki City Ombudsperson for Children Saitama Prefecture Ombudsperson for Children Tajimi City Ombudsperson for Children Akita Prefecture Ombudsperson for Children Shime Town Ombudsperson for Children Nabari City Ombudsperson for Children Meguro City Ombudsperson for Children Toyota City Ombudsperson for Children Sapporo City Ombudsperson for Children Chikuzen Town
6.	Unites States of America 美國			獨立兒童權利機制（地方政府） Office of the Child Advocate Connecticut Office of the Child Advocate Delaware Office of the Child Advocate Georgia Office of the Child Advocate Massachusetts Office of Children's Ombudsman Michigan Office of the Child Advocate Missouri

編號	國家	國家人權機構名稱	國家人權機構類型／101	兒童權利機制類型及名稱
				Office of the Child Advocate Rhode Island Commission on Children and Youth Tennessee Office of the Family and Children's Ombudsman Washington
7.	Northern Ireland, UK 北愛爾蘭，英國	Northern Ireland Human Rights Commission (NIHRC)	獨立人權委員會	獨立兒童權利機制（人權委員會）Northern Ireland Commissioner for Children and Young People
8.	Scotland, UK 蘇格蘭，英國	Scottish Human Rights Commission	獨立人權委員會	獨立兒童權利機制（人權委員會）Scotland's Commissioner for Children and Young People
9.	India 印度	National Human Rights Commission	獨立人權委員會	獨立兒童權利機制 National Commission for Protection of Child Rights
10.	Ireland 愛爾蘭	Irish Human Rights and Equality Commission	獨立人權委員會	獨立兒童權利機制 Ombudsman for Children's Office
11.	Mauritius 模里西斯	National Human Rights Commission	獨立人權委員會	獨立兒童權利機制 Ombudsperson for Children's Office
12.	New Zealand 紐西蘭	New Zealand Human Rights Commission	獨立人權委員會	獨立兒童權利機制 Office of the Children's Commissioner
13.	Norway 挪威	Norway's National Human Rights Institution	獨立人權委員會	獨立兒童權利機制 Ombudsman for Children
14.	Belgium 比利時	Centre for equal opportunities and opposition to racism	單一職權委員會	獨立兒童權利機制 Children's Rights Commissioner (Kinderrechtencommissariaat) in Flemish community Délégué général de la Communauté française aux droits de l'enfant

編號	國家	國家人權機構名稱	國家人權機構類型／IOI	兒童權利機制類型及名稱
15.	Denmark 丹麥	The Danish Institute for Human Rights	混和機制（人權中心與單一職權委員會結合）	獨立兒童權利機制 National Council for Children
16.	Finland 芬蘭	Finnish Human Rights Centre and the Parliamentary Ombudsman	混和機制（人權中心與監察使結合／在監察使之下設人權中心）／IOI	獨立兒童權利機制 Ombudsman for Children
17.	Italy 義大利	Commissione per i Diritti Umani - Présidence du Conseil des Ministres	人權諮詢委員會	獨立兒童權利機制 National Ombudsman for Children and Adolescents Apulia Region (pending) Basilicata Region (pending) Garante dell'infanzia e dell'adolescenza Bolzano Province Garante dell'infanzia e dell' adolescenza Calabria Region Garante dell'Infanzia e dell' Adolescenza Campania Region (pending) Garante dell'Infanzia e dell'Adolescenza Emilia Romagna Region Garante dell'Infanzia e dell'Adolescenza Lazio Region Difensore civico e garante per l'infanzia Liguria Region Lombardia Region (pending) Ombudsman Regionale - Autorità di garanzia per il rispetto dei diritti di adulti e bambini Marche Region Ufficio del tutore pubblico dei minori Molise Region (pending)

編號	國家	國家人權機構名稱	國家人權機構類型／IOI	兒童權利機制類型及名稱
				Piemonte Region (pending) Garante dell'Infanzia e dell'Adolescenza Puglia Region Sardegna Region (pending) Garante dell'Infanzia e dell'Adolescenza Toscana Region Umbria Region (pending) Difensore Civico e Garante dei Minori Provincia Autonoma di Trento Ufficio di protezione e pubblica tutela dei minori Veneto Region
18.	Luxembourg 盧森堡	Commission consultative des Droits de l'Homme du Grand-Duché de Luxembourg	人權諮詢委員會	獨立兒童權利機制 Ombudscommittee for the Rights of the Child
19.	Croatia 克羅埃西亞	Ombudswoman of the Republic of Croatia	人權監察使／IOI	獨立兒童權利機制 Ombudsman for Children
20.	Cyprus 賽普勒斯	Commissioner for Administration and Human Rights	人權監察使／IOI	獨立兒童權利機制 Commissioner for Children's Rights
21.	Lithuania 立陶宛	The Seimas Ombudsmen	人權監察使／IOI	獨立兒童權利機制 Ombudsperson for Children
22.	Poland 波蘭	Human Rights Defender	人權監察使／IOI	獨立兒童權利機制 Ombudsman for Children
23.	Ukraine 烏克蘭	Ukrainian Parliament Commissioner for Human Rights	人權監察使／IOI	獨立兒童權利機制 Children's Ombudsman
24.	Jamaica 牙買加	Office of the Public Defender	人權監察使	獨立兒童權利機制 Office of the Children's Advocate

編號	國家	國家人權機構名稱	國家人權機構類型／IOI	兒童權利機制類型及名稱
25.	Russia 俄羅斯	Commissioner on Human Rights in the Russian Federation	人權監察使	獨立兒童權利機制 Children's Rights Commissioner for the President of the Russian Federation
26.	Sweden 瑞典	Ombudsman for Children (BO) and Equality Ombudsman (DO)	人權監察使 Equality Ombudsman (DO)	獨立兒童權利機制 Ombudsman for Children (BO)
27.	Iceland 冰島			獨立兒童權利機制 Ombudsman for Children
28.	Liechtenstein 列支敦斯登			獨立兒童權利機制 Ombudsperson for Children
29.	Malta 馬爾他			獨立兒童權利機制 Office of the Commissioner for Children
30.	Bulgaria 保加利亞	Bulgarian Ombudsman Commission for Protection against Discrimination	混和機制（單一職權委員會與監察使並列）／IOI	整合於國家人權機構（人權監察使） The Office of the Ombudsman (integrated: Rights of Children, Disabled, and against Discrimination)
31.	Albania 阿爾巴尼亞	Office of the People's Advocate	人權監察使／IOI	整合於國家人權機構（人權監察使） People's Advocate (integrated: Subsection for Children's Rights)
32.	Argentina 阿根廷	Defensoría del Pueblo de la Nación Argentina (Ombudsman)	人權監察使／IOI	整合於國家人權機構（人權監察使） Defensoría del Pueblo de la Nación (integrated: Jefe Área Derechos Humanos, Mujer, Niñez y Adolescencia) Defensor de Derechos de Niños, Niñas y Adolescentes (pending)

編號	國家	國家人權機構名稱	國家人權機構類型／IOI	兒童權利機制類型及名稱
				Defensor de Derechos de Niños, Niñas y Adolescentes Córdoba Province Defensor de Derechos de Niños, Niñas y Adolescentes Corrientes Province Defensor de Derechos de Niños, Niñas y Adolescentes Misiones Province Defensor de los Derechos del Niño y Adolescente Neuquén Province
33.	Armenia 亞美尼亞	Human Rights Defender of the Republic of Armenia	人權監察使／IOI	整合於國家人權機構（人權監察使） Office of the Human Rights Defender (integrated: Defender of Children's Rights)
34.	Azerbaijan 亞塞拜然	Office of the Commissioner for Human Rights (Ombudsman) of the Republic of Azerbaijan	人權監察使／IOI	整合於國家人權機構（人權監察使） Office of the Commissioner for Human Rights (integrated: Child Rights Centre)
35.	Georgia 喬治亞	Office of Public Defender (Ombudsman) of Georgia	人權監察使／IOI	整合於國家人權機構（人權監察使） Public Defender (integrated: Child's and Woman's Rights Centre)
36.	Guatemala 瓜地馬拉	Procurador de los Derechos Humanos	人權監察使／IOI	整合於國家人權機構（人權監察使） Procuraduría de los Derechos Humanos (integrated: Defensoría de la Niñez y la Adolescencia)

編號	國家	國家人權機構名稱	國家人權機構類型／IOI	兒童權利機制類型及名稱
37.	Hungary 匈牙利	Office of the Commissioner for Fundamental Rights	人權監察使／IOI	整合於國家人權機構（人權監察使） Commissioner for Fundamental Rights (integrated: Deputy-Commissioner for Fundamental Rights (Future Generations))
38.	Kosovo 科索沃	Ombudsperson Institution in Kosovo	人權監察使／IOI	整合於國家人權機構（人權監察使） Ombudsperson Institution (integrated: Children's Rights Team)
39.	Latvia 拉脫維亞	Ombudsman's Office of the Republic of Latvia	人權監察使／IOI	整合於國家人權機構（人權監察使） Ombudsman (integrated: Department for Children's Rights)
40.	Macedonia 馬其頓	Ombudsman of the Republic of Macedonia	人權監察使／IOI	整合於國家人權機構（人權監察使） Ombudsman (integrated: Department for Protection of Children's Rights headed by Ombudsman Deputy)
41.	Mexico 墨西哥	National Human Rights Commission	人權監察使／IOI	整合於國家人權機構（人權監察使） Comisión Nacional de Derechos Humanos (integrated: Programa sobre Asuntos de la Niñez y la Familia)
42.	Moldova 摩爾多瓦	The Office of the People's Advocate of Moldova	人權監察使／IOI	整合於國家人權機構（人權監察使） The Office of the People's Advocate of Moldova (integrated: Ombudsman for Children's Rights)

編號	國家	國家人權機構名稱	國家人權機構類型／IOI	兒童權利機制類型及名稱
43.	Panama 巴拿馬	Defensoria del Pueblo	人權監察使／IOI	整合於國家人權機構（人權監察使）Defensoría del Pueblo (integrated: Unidad Especializada de Niñez y Adolescencia)
44.	Peru 祕魯	Defensoria del Pueblo de Perú	人權監察使／IOI	整合於國家人權機構（人權監察使）Defensoría del Pueblo (integrated: Adjuntía para la Niñez y la Adolescencia)
45.	Portugal 葡萄牙	Provedoria de Justiça (Ombudsman)	人權監察使／IOI	整合於國家人權機構（人權監察使）Provedor de Justiça
46.	Serbia 塞爾維亞	The Protector of Citizens (Ombudsman)	人權監察使／IOI	整合於國家人權機構（人權監察使）Protector of Citizens/ Ombudsman (integrated: Deputy Ombudsman for Children's Rights) Provincial Ombudsman Office for the Province of Vojvodina (integrated: Deputy Ombudsman for the Protection of Children's Rights)
47.	Slovenia 斯洛維尼亞	Human Rights Ombudsman of the Republic of Slovenia	人權監察使／IOI	整合於國家人權機構（人權監察使）Human Rights Ombudsman (integrated: Special Group on Children's Rights headed by Deputy Ombudsman)
48.	Tanzania 坦尚尼亞	Commission for Human Rights and Good Governance	人權監察使／IOI	整合於國家人權機構（人權監察使）Commission for Human Rights and Good Governance (integrated: Children's Desk)

編號	國家	國家人權機構名稱	國家人權機構類型／IOI	兒童權利機制類型及名稱
49.	Bolivia 玻利維亞	Defensor del Pueblo	人權監察使	整合於國家人權機構（人權監察使） Defensoría del Pueblo (integrated: Adjuntia para Niñez y Adolescencia)
50.	Bosnia and Herzegovina 波士尼亞與赫塞哥維納	The Human Rights Ombudsmen of Bosnia and Herzegovina	人權監察使	整合於國家人權機構（人權監察使） Human Rights Ombudsman (integrated: Department for the Protection of the Rights of the Child) Ombudsman for Children of Republic of Srpska
51.	Colombia 哥倫比亞	Defensor del Pueblo de la República de Colombia	人權監察使	整合於國家人權機構（人權監察使） Defensoría del Pueblo (integrated: Defensoría Delegada para los Derechos de la Niñez, la Juventud y las Mujeres)
52.	Costa Rica 哥斯大黎加	Defensoria de los Habitantes	人權監察使	整合於國家人權機構（人權監察使） Defensoría de los Habitantes (integrated: Dirección de Niñez y Adolescencia)
53.	Dominican Republic 多明尼加	Defensora del Pueblo	人權監察使	整合於國家人權機構（人權監察使） Defensor del Pueblo (integrated: Defensor Adjunto para la Niñez y la Juventud)
54.	Ecuador 厄瓜多	Defensoría del Pueblo de la República de Ecuador	人權監察使	整合於國家人權機構（人權監察使） Defensoría del Pueblo (integrated: Defensoría Adjunta de la Mujer y de la Niñez)

編號	國家	國家人權機構名稱	國家人權機構類型／IOI	兒童權利機制類型及名稱
55.	El Salvador C.A. 薩爾瓦多	Procuraduría para la Defensa de los Derechos Humanos (PDDH)	人權監察使	整合於國家人權機構（人權監察使）Procuraduría para la Defensa de los Derechos Humanos (integrated: Procuraduría Adjunta para la Defensa de los Derechos de la Niñez y la Juventud)
56.	Honduras 宏都拉斯	Comisionado Nacional de los Derechos Humanos	人權監察使	整合於國家人權機構（人權監察使）Comisionado Nacional de Derechos Humanos (integrated: Programa Especial de Derechos Humanos de la Niñez y la Adolescencia)
57.	Kyrgyzstan 吉爾吉斯	Ombudsman of the Kyrgyz Republic	人權監察使	整合於國家人權機構（人權監察使）Office of the Ombudsman (integrated: Young People and Children's Rights Protection Department)
58.	Montenegro 黑山	Protector of Human Rights and Freedoms	人權監察使	整合於國家人權機構（人權監察使）Protector of Human Rights and Freedoms (integrated: Deputy Ombudsman for Children)
59.	Nicaragua 尼加拉瓜	Procuraduria para la Defensa de los Derechos Humanos de la República de Nicaragua	人權監察使	整合於國家人權機構（人權監察使）Procuraduría para la Defensa de los Derechos Humanos (integrated: Procuraduría Especial de la Niñez y la Adolescencia)

編號	國家	國家人權機構名稱	國家人權機構類型／101	兒童權利機制類型及名稱
60.	Paraguay 巴拉圭	Defensoria del Pueblo de la República del Paraguay	人權監察使	整合於國家人權機構（人權監察使）Defensoría del Pueblo (integrated: Departamento de la Niñez y la Adolescencia)
61.	Venezuela 委內瑞拉	Defensoria del Pueblo of the Bolivarian Republic of Venezuela	人權監察使	整合於國家人權機構（人權監察使）Defensoría del Pueblo (integrated: Defensoría Delegada Especial en materia de Niños, Niñas y Adolescentes)
62.	Afghan 阿富汗	Afghan Independent Human Rights Commission	獨立人權委員會	整合於國家人權機構（人權委員會）Afghanistan Independent Human Rights Commission (integrated: Children's Rights Protection Unit)
63.	Australia 澳大利亞	Australian Human Rights Commission	獨立人權委員會	整合於國家人權機構（人權委員會）Australian Human Rights Commission (integrated: National Children's Commissioner) Australian Capital Territory (ACT)Human Rights Commission (integrated: ACT Children and Young People Commissioner) New South Wales (NSW) Commission for Children and Young People New South Wales Children's Guardian Northern Territory Children's Commissioner Queensland Commission for Children and Young People and Child Guardian

編號	國家	國家人權機構名稱	國家人權機構類型／101	兒童權利機制類型及名稱
				South Australia Guardian for Children and Young People Tasmania Commissioner for Children Victoria Child Safety Commissioner Western Australia (WA) Commissioner for Children and Young People
64.	Indonesia 印尼	Komnas HAM National Commission for Human Rights	獨立人權委員會	整合於國家人權機構（人權委員會） Komnas HAM National Human Rights Commission (integrated: Sub-Commission for the Protection of the Rights of Children)
65.	Malawi 馬拉威	Malawi Human Rights Commission	獨立人權委員會	整合於國家人權機構（人權委員會） Human Rights Commission (integrated: Child Rights Unit and Child Rights Committee)
66.	Mauritania 茅利塔尼亞	Commission nationale des droits de l'homme	獨立人權委員會	整合於國家人權機構（人權委員會） Commission Nationale des Droits de l'Homme (integrated: Children's Rights Unit)
67.	Mongolia 蒙古	National Human Rights Commission of Mongolia	獨立人權委員會	整合於國家人權機構（人權委員會） National Human Rights Commission (integrated: Commissioner with specific mandate on children's rights)

編號	國家	國家人權機構名稱	國家人權機構類型／101	兒童權利機制類型及名稱
68.	Nepal 尼泊爾	National Human Rights Commission	獨立人權委員會	整合於國家人權機構（人權委員會）National Human Rights Commission (integrated: Child Rights Desk)
69.	Nigeria 奈及利亞	National Human Rights Commission of Nigeria	獨立人權委員會	整合於國家人權機構（人權委員會）National Human Rights Commission (integrated: Special Rapporteur on Child Rights)
70.	Philippines 菲律賓	Commission on Human Rights	獨立人權委員會	整合於國家人權機構（人權委員會）Commission on Human Rights (integrated: Child Rights Centre)
71.	Sierra Leone 獅子山共和國	Human Rights Commission of Sierra Leone	獨立人權委員會	整合於國家人權機構（人權委員會）Human Rights Commission (integrated: Women and Children's Rights Unit)
72.	South Africa 南非	South African Human Rights Commission	獨立人權委員會	整合於國家人權機構（人權委員會）South African Human Rights Commission (integrated: Coordinator for Children's Rights)
73.	Zambia 尚比亞	Human Rights Commission	獨立人權委員會	整合於國家人權機構（人權委員會）Human Rights Commission (integrated: Office of the Commissioner for Children's Rights)
74.	Ethiopia 衣索比亞	Ethiopian Human Rights Commission	獨立人權委員會	監察使 Ethiopian Institution of the Ombudsman (integrated: Ombudsman for Women and Children)

編號	國家	國家人權機構名稱	國家人權機構類型／IOI	兒童權利機制類型及名稱
75.	Netherlands 荷蘭	Netherlands Institute for Human Rights	獨立人權委員會	監察使 National Ombudsman (integrated: Deputy Ombudsman for children)
76.	Slovakia 斯洛伐克	Slovak National Centre for Human Rights	單一職權委員會	監察使 Office of the Public Defender of Rights (integrated: Within organizational structure of the Public Defender of Rights)
77.	France 法國	National Consultative Commission of Human Rights	人權諮詢委員會	監察使 Défenseur des Droits (integrated: Défenseur des Enfants)
78.	Greece 希臘	Greek National Commission for Human Rights	人權諮詢委員會	監察使 Greek Ombudsman (integrated: Deputy Ombudsman for Children's Rights)
79.	Romania 羅馬尼亞	Romanian Institute for Human Rights	人權監察使／IOI	監察使 People's Advocate
80.	Estonia 愛沙尼亞			監察使 Chancellor of Justice (integrated: Ombudsman for Children)
81.	Pakistan 巴基斯坦			監察使 National Ombudsman Provincial Ombudsman Sindh (integrated: Children Complaints Office)
82.	Bahrain 巴林	National Institution for Human Rights in the Kingdom of Bahrain	獨立人權委員會	
83.	Bangladesh 孟加拉	Bangladesh Human Rights Commission	獨立人權委員會	

編號	國家	國家人權機構名稱	國家人權機構類型／IOI	兒童權利機制類型及名稱
84.	Benin 貝南	Commission béninoise des droits de l'homme	獨立人權委員會	
85.	Brazil 巴西	National Human Rights Council	獨立人權委員會	
86.	Burkina Faso 布吉納法索	Commission nationale des droits humains	獨立人權委員會	
87.	Burundi 蒲隆地	Commision nationale independante des droits de l'homme	獨立人權委員會	
88.	Cameroon 喀麥隆	Commission nationale des droits de l'homme et des libertés	獨立人權委員會	
89.	Cape Verde 維德角	National Commission for Human Rights and Citizenship	獨立人權委員會	
90.	Chad 查德	Commission nationale des droits de l'homme	獨立人權委員會	
91.	Chile 智利	National Institute of Human Rights	獨立人權委員會	
92.	Comoros 葛摩	Commission Nationale des Droits de l'Homme et des Libertés (CNDHL)	獨立人權委員會	
93.	Congo 剛果	National Human Rights Commission	獨立人權委員會	
94.	Côte d'Ivoire 象牙海岸	National Human Rights Commission	獨立人權委員會	
95.	Djibouti 吉布地	National Human Rights Commission	獨立人權委員會	
96.	Egypt 埃及	National Council for Human Rights	獨立人權委員會	

編號	國家	國家人權機構名稱	國家人權機構類型／IOI	兒童權利機制類型及名稱
97.	Fiji 斐濟	Fiji Human Rights Commission	獨立人權委員會	
98.	Gabon 加彭	National Human Rights Commission	獨立人權委員會	
99.	Guine-Bissau 幾內亞比索	Comissao national dos direitos humanos	獨立人權委員會	
100.	Iran 伊朗	Iranian Islamic Human Rights Commission	獨立人權委員會	
101.	Iraq 伊拉克	Iraqi Independent High Commission for Human Rights	獨立人權委員會	
102.	Jordan 約旦	National Centre for Human Rights	獨立人權委員會	
103.	Kenya 肯亞	Kenya National Commission on Human Rights	獨立人權委員會	
104.	Libya 利比亞	National Council for Civil Liberties and Human Rights (NCCLHR)	獨立人權委員會	
105.	Madagascar 馬達加斯加	Commission Nationale des Droits de L'Homme de Madagascar	獨立人權委員會	
106.	Malaysia 馬來西亞	Human Rights Commission of Malaysia (SUHAKAM)	獨立人權委員會	
107.	Maldives 馬爾地夫	Human Rights Commission of the Maldives	獨立人權委員會	
108.	Mali 馬利	Commission nationale des droits de l'homme du Mali	獨立人權委員會	

編號	國家	國家人權機構名稱	國家人權機構類型／IOI	兒童權利機制類型及名稱
109.	Mozambique 莫三比克	National Human Rights Commission of Mozambique	獨立人權委員會	
110.	Myanmar 緬甸	Myanmar National Human Rights Commission	獨立人權委員會	
111.	Oman 阿曼	National Human Rights Commission	獨立人權委員會	
112.	Palestine 巴勒斯坦	Independent Commission for Human Rights/ Palestine	獨立人權委員會	
113.	Qatar 卡達	National Committee for Human Rights	獨立人權委員會	
114.	Republic of Korea 大韓民國	National Human Rights Commission	獨立人權委員會	
115.	Rwanda 盧安達	National Cornmlssion for Human Rights of Rwanda	獨立人權委員會	
116.	Senegal 塞內加爾	Senegalese Committee for Human Rights	獨立人權委員會	
117.	Sri Lanka 斯里蘭卡	The Human Rights Commission of Sri Lanka	獨立人權委員會	
118.	Sudan 蘇丹	National Commission for Human Rights of Sudan	獨立人權委員會	
119.	Swaziland 史瓦濟蘭	Commission on Human Rights and Public Administration	獨立人權委員會	
120.	Thailand 泰國	The National Human Rights Commission of Thailand	獨立人權委員會	

編號	國家	國家人權機構名稱	國家人權機構類型／IOI	兒童權利機制類型及名稱
121.	Togo 多哥	National Human Rights Commission	獨立人權委員會	
122.	Tunisia 突尼西亞	High Committee for Human Rights and Fundamental Freedoms	獨立人權委員會	
123.	Turkey 土耳其	National Human Rights Institution of Turkey	獨立人權委員會	
124.	Uganda 烏干達	Uganda Human Rights Commission	獨立人權委員會	
125.	Hong Kong SAR, China 香港，中國	Equal Opportunities Commission	單一職權委員會	
126.	Switzerland 瑞士	Commission fédérale pour les questions féminines Federal Commission against Racism (FCR)	單一職權委員會	
127.	Germany 德國	The German Institute for Human Rights	混和機制（人權中心與多數職權結合）	
128.	Uruguay 烏拉圭	National Human Rights Institution and Ombudsman of Uruguay	混和機制（人權中心與監察使結合／人權中心與監察使整併）	
129.	Algeria 阿爾及利亞	National Consultative Commission for Promotion and Protection of Human Rights of Algeria	人權諮詢委員會	
130.	Morocco 摩洛哥	National Human Rights Council	人權諮詢委員會	

編號	國家	國家人權機構名稱	國家人權機構類型／101	兒童權利機制類型及名稱
131.	Antigua and Barbuda 安地卡及巴布達	Office of the Ombudsman	人權監察使／101	
132.	Barbados 巴貝多	Office of the Ombudsman	人權監察使／101	
133.	Bermuda 百慕達	Bermuda Ombudsman	人權監察使／101	
134.	Botswana 波札那	Ombudsperson	人權監察使／101	
135.	Czech Republic 捷克	Public Defender of Rights (Ombudsman)	人權監察使／101	
136.	Ghana 迦納	Commission on Human Rights and Administrative Justice	人權監察使／101	
137.	Haiti 海地	Office de la Protection du Citoyen	人權監察使／101	
138.	Namibia 納米比亞	Office of the Ombudsman	人權監察使／101	
139.	Puerto Rico 波多黎各	Oficina del Procurador del Ciudadano	人權監察使／101	
140.	Samoa 薩摩亞	Ombudsman of Samoa	人權監察使／101	
141.	Timor Leste 東帝汶	Office of the Provedor for Human Rights and Justice	人權監察使／101	
142.	Trinidad and Tobago 千里達及托巴哥	Office of the Ombudsman of Trinidad and Tobago	人權監察使／101	

編號	國家	國家人權機構名稱	國家人權機構類型／IOI	兒童權利機制類型及名稱
143.	Uzbekistan 烏茲別克	Authorized Person of the Oliy Majlis of the Republic of Uzbekistan for Human Rights	人權監察使／IOI	
144.	Zimbabwe 辛巴威	Human Rights Commission of Zimbabwe	人權監察使／IOI	
145.	Angola 安哥拉	Provedor di Justiça di direitos	人權監察使	
146.	Belize 貝里斯	Office of the Ombudsman	人權監察使	
147.	Guyana 蓋亞那	Office of the Ombudsman	人權監察使	
148.	Kazakhstan 哈薩克	Commissioner for Human Rights (National Ombudsman)	人權監察使	
149.	Montenegro 蒙特內哥羅	Office of the Ombudsman of Montenegro	人權監察使	
150.	Saint Lucia 聖露西亞	Office of the Parliamentary Commissioner	人權監察使	
151.	Tajikistan 塔吉克	The Human Rights Ombudsman	人權監察使	

資料來源：

1.國家人權機構資料來自於Global Alliance of National Human Rights Institutions網站：https://nhri.ohchr.org/EN/Contact/NHRIs/Pages/default.aspx

2.兒童權利機制取材自：UNICEF, *Championing Children's Rights: A Global study of Independent Human Rights Institutions for Children*(UNICEF, 2013).

原住民族的自決權

施正鋒
東華大學民族事務暨發展學系教授

The time of absolute and exclusive sovereignty, however, has passed; its theory was never matched by reality.

....

Democracy within nations requires respect for human rights and fundamental freedoms, as set forth in the Charter. It requires as well a deeper understanding and respect for the rights of minorities and respect for the needs of the more vulnerable groups of society, . . .

Boutros Boutros-Ghali (1992: paras. 17, 81)

True partners however——whether in political, business, or personal relationships- —must be free to enter, maintain, revise, or end their partnerships. Indigenous peoples seek nothing more, but also nothing less.

Maivân Clech Lâm (2002: 21)

Article 3: Indigenous peoples have the right to self-determination. By virtue of that right they freely determine their political status and freely pursue their economic, social and cultural development.

United Nations Declaration on the Rights of Indigenous Peoples (2007)

首先，從歷史觀點來說，台灣本來是「無主之島」，是一個「化外之地」，即使中國清朝的康熙皇帝也承認：「台灣自古不屬中國。」

自由時報（2000）

壹、民族自決權的發展

民族自決（national self-determination或是self-determination of peoples）是道德上的理念、也是政治上的原則、更是法律上的權利（圖

1），是指每一個民族（nation或people[1]）都有資格要求擁有（entitled to）
一個自己的國家、決定自己的政府型態（也就是民主制度）；這種國家
稱為民族國家[2]（nation-state），也就是期待、或渴望在理想上能達成文化
民族（cultural nation）與政治國家的結合（political state）[3]，這種信念稱
為民族主義（nationalism），而自決就是實踐的過程（Cobban, 1969: 13-
14, chaps. 1-2, 6; Cassese, 1995: 5; Roepstorff, 2004: 7-8; Falk, 2002: 42）。
Cobban（1969: 143）乾脆把自決解析為三個面向，民族是主體，民主則
是程序，而主權才是目標，就實際的操作化而言，也就是民族想要有自己
的主權獨立國家。

　　民族自決理念的哲學基礎是自由、以及平等，起源於十八世紀後
半葉，特別是在美國獨立戰爭、以及法國大革命之後，現代民主思潮衝
擊專制王朝君權神授的正當性，人民（people）不再是任人擺佈的臣民
（subject）、而是凝聚成擁有國家主權的民族（nation）：換句話說，國
家締造的倡議由政府轉到人民的手上，也就是民族（Cobban, 1969: 40-41;
Cassese, 1995: 11; Anaya, 2004: 98-99）。儘管這樣的理念後來因為拿破崙
意欲建立帝國而變調，其他民族的集體意識已經無法壓制，進而在十九世
紀中葉以後達到高潮，直到一次大戰，民族國家儼然是人民意志的最高政
治表達（Cobban, 1969: 432）。

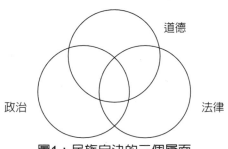

圖1：民族自決的三個層面

---

[1] 不過，Espiell（1980: 9）主張nation與people這兩個概念雖然相通，卻不是同義詞，換句話說，
只有people才有自決權。相關的討論參見Cristescu（1981: 39-42）、Summers（2004: 11-12）。

[2] 借用Jenne（2006: 9）的說法，就是「每個民族有自己的國家、每個國家有自己的民族」。

[3] 實際上，不只想要把文化民族變成政治國家，也要把政治國家變成文化民族；換句話說，民族
國家的出現有兩種模式，除了民族想要肇建國家（中歐、東歐：德國、捷克、匈牙利），也
有可能是由國家來塑造民族（美國、及西歐：英國、法國、葡萄牙、西班牙）（Cobban, 1969:
109-13, 118-21）。

　　在一次大戰期間，協約國（Allied Powers）的美國與蘇聯競相以民族自決來號召弱小民族[4]，特別是威爾遜總統的「十四點計畫[5]」（*Fourteen Points, 1918*）將之納為戰後擘劃世界和平的原則之一，將民族自決與自由民主、以及民族主義結合，被支配的民族紛紛號召成立民族軍隊、組織民族政府，因此，戰後的巴黎和會只不過是順手接受既定的事實（Cobban, 1969: 55-56; Anaya, 2004: 99-100; Roepstorff, 2004: 8-9; Falk, 2002: 39）。由於戰勝國各有所圖，只有戰敗的奧匈帝國、及鄂圖曼土耳其帝國被解體，至於德國在非洲及太平洋的屬地則以託管名義被瓜分[6]。針對戰勝國的及雙重標準[7]，Cobban（1969: 73）直言，當強權覺得對自己有利的時候就會祭出自決原則，相對地，一旦發現不利就棄之如敝屣[8]。

　　儘管中、東歐的一些民族在一次戰後有幸成立自己的國家，然而，由於強權的言不由衷、為德不卒，這些中、小型國家裡頭的少數民族還是佔有相當程度的百分比，譬如捷克斯洛伐克（34.7%）、波蘭（30.4%）、以及羅馬尼亞（25%），為了保護這些少數民族，巴黎和會的作法是鼓勵簽訂雙邊、或多邊的少數族群權利保障條約；己所不欲、勿施於人，這些國家心不甘、情不願，而「國際聯盟憲章」（*Covenant of the League of Nations, 1919*）又只提及殖民地的託管、及獨立，並未提及自決權[9]、當然

---

[4] Cassese（1995: 14-23）認為，列寧只是把民族自決當作工具，認為被解放的民族可以促成社會主義革命；相對地，威爾遜強調的是人民主權與民主的層面，說好聽是人們不用繼續在強權的競逐中任人擺佈，實際上還是為了國際上的消費，嘴巴說說而已。事實上，同盟國也以民族自決來拉攏盟友，譬如日耳曼人支助愛爾蘭人、以及佛蘭德人（Flemish）於1916年在洛桑召開「民族會議」（Congress of Nationalities）（Jenne, 2006: 11）。

[5] 原文是：

V. A free, open-minded, and absolutely impartial adjustment of all colonial claims, based upon a strict observance of the principle that in determining all such questions of sovereignty the interests of the populations concerned must have equal weight with the equitable claims of the government whose title is to be determined.

[6] 譬如「凡爾賽條約」（*Treaty of Versailles, 1919*）將一些領土劃給捷克斯洛伐克、以及波蘭，並未舉辦公投（Cassese, 1995: 24-25）。

[7] 儘管捷克人、斯洛伐克人、以及波蘭人獲得自己的民族國家，幾百萬的日耳曼人被迫隸屬於捷克斯洛伐克、以及波蘭，而匈牙利人的大塊土地割給羅馬尼亞、以及捷克斯洛伐克（Jenne, 2006: 11）。

[8] 法國十八世紀末併入亞維農（Avignon）、薩伏伊（Savoy）、尼斯（Nice）、以及比利時之前，國會特別要求務必得當地人民的首肯，實際上是判斷對於自己有利才允許公投自決（Cobban, 1969: 41; Cassese, 1995: 12）。

[9] 美國總統威爾遜雖然提議加入民族自決原則，未被接受（Sterio, 2013: 10）。不過，第23（b）

也不會有起碼保障的機制，除非有人代為仗義執言；此時，希特勒高調替境外騷動的1,000-1,200萬日耳曼人出頭，民族自決淪為領土擴張的遮羞布（Cobban, 1969: chap. 5）。

根據Sterio（2013: 9-10）的觀察，在一次大戰之前，任何民族只要有能耐脫離所謂的母國而獨立，其他的國家自然而然就會加以承認；戰後，民族自決的適用卻變成要看情況，原則反而成為特例。國際聯盟的具體作為大打折扣，除了心照不宣以扶植託管地（mandate）的獨立來支應，大體是以條約保障少數民族權利來交換民族自決權的實踐（Crawford, 2001: 14-15）。事實上到了1930年代，中、東歐各國的日耳曼、以及匈牙利少數族群不斷陳情，國際聯盟疲於奔命，相對地，背後沒有母國撐腰的猶太人、及羅姆人（Roma、舊稱吉普賽人）則任人宰割，那些保障少數族群的條約成為具文（Jenne, 2006: 12）。

自從十九世紀以來，這個道德層次的信念鼓舞了無數的民族運動者，一再被援引（invoked）作為獨立建國的依據，也影響了國際秩序的形塑；然而在實際上，抽象的指導原則往往會被國際政治權力運作的現實所左右，不管對象、地區、或範圍，並非所有的民族都被賦予（accorded, attributed）同等的自決機會，正義的伸張因此不免受到侷限；儘管如此，在二次大戰後的聯合國體制下，自決已經被確立為國際法所規範的權利，適用的範圍大為擴張，特別是在冷戰結束之後[10]（Falk, 2002: 39-50）。大體而言，我們可以將民族自決分為五波[11]：十九世紀的民族統一運動（德國、以及義大利）、一次大戰後的民族獨立運動（中、東歐國家由奧匈帝國、以及鄂圖曼土耳其帝國獨立）、二次大戰後反西方殖民的民族解放運動（亞、非第三世界國家由西方國家獨立）、少數民族尋求由現有的國家分離（孟加拉）、或國家的裂解（南斯拉夫、蘇聯），以及原住民族的自治運動。

條倒有這樣的文字，「undertake to secure just treatment of the native inhabitants of territories under their control」。

[10] 當然，面對強權捍衛現狀的保守態度，並不是所有學者都那麼樂觀，譬如Simpson（1996: 35）就認為自決權的適用亂無章法，還是要看本身的武力、以及國際上的能見度。

[11] Ronen（1979: chap. 2）將自決分為五種模式：十九世紀歐洲的民族自決、馬克斯主義的階級自決、一次戰後東歐的少數民族自決、二次戰後亞非國家的去殖民自決、以及1960年代中期以來世界各地的族群自決。Simpson（1996: 45-56）也認為在傳統的去殖民自決外，還有民族自決、民主自決、權力下放（自治）、以及分離。

那麼，民族自決的規範由原則到發展到成為權利，是否可以延伸適用到原住民族（舊酒新瓶）？如果「聯合國原住民族權利宣言」（*United Nations Declaration on the Rights of Indigenous Peoples, 2007*）是為原住民族另起爐灶、量身定做的新酒新瓶（或者至少是新酒舊瓶）？在下面，我們先將盤點國際規約中的民族自決條款，接著探索一些理論上的爭議，再來回顧「聯合國原住民族權利宣言」的發展，最後，在檢視原住「民族」的定義、以及原住民族自決權的內容之後，我們將以內部自決的侷限、及可能的新解作為結論。

貳、國際規約中的民族自決條款

美國總統羅斯福與英國首相邱吉爾在二次大戰期間簽署「大西洋憲章」（*Atlantic Charter, 1941*），只委婉提及「領土變動必須取得住民自由意志下的同意」、及「尊重所有民族選擇政府形式的權利」[12]。同樣地，「聯合國憲章」（*Charter of the United Nations, 1945*）的宗旨雖然含混提到平等權以及民族自決的原則（principle of equal rights and self-determination of peoples）[13]，不過，也只能算是可欲的東西（desiderata）、畢竟還沒有到法律權利的層次，不像在第2條所臚列的主權平等、領土完整、政治獨立等原則那麼具體而有操作性[14]（Cassese, 1995: 38-43; Daes, 1993: 2; 2002: 8）。至

---

[12] 原文是：

Second, they desire to see no territorial changes that do not accord with the freely expressed wishes of the peoples concerned;

Third, they respect the right of all peoples to choose the form of government under which they will live; and they wish to see sovereign rights and self-government restored to those who have been forcibly deprived of them;

事實上，邱吉爾在8月14日簽完「大西洋憲章」，不到一個月就反悔，他在9月11日於下議院表示，自決原則只適用於恢復被納粹佔領的國家，不適用於殖民地的獨立，特別是印度、以及緬甸等大英帝國內被殖民的民族（Cassese, 1995: 37）。

[13] 在第1條有關於聯合國的宗旨：

2. To develop friendly relations among nations based on respect for the principle of equal rights and self-determination of peoples, and to take other appropriate measures to strengthen universal peace;

卻立即在第2條做了限制：

4. All Members shall refrain in their international relations from the threat or use of force against the territorial integrity or political independence of any state, or in any other manner inconsistent with the Purposes of the United Nations.

[14] 放在第1條是抽象的宗旨，放在第2條則是聯合國必須採取的行動（Pomerance, 1982: 9）。美國

於第55條再度提及民族自決的原則，其實是為了列舉聯合國推動穩定及福祉等所必須具備必要條件[15]。另外，「聯合國憲章」在其他兩個地方也間接提到自決權[16]，分別針對非自治領（non-self-governing territory）、以及國際託管體系（international trusteeship system），可以看出殖民主義的父權思維徘徊不去（Cristescu, 1981: paras. 23-24; Simpson, 1996: 39）。

聯合國在1948年通過「世界人權宣言」（*Universal Declaration of Human Rights, 1948*），作為未來進一步簽訂人權條約的基礎，自決權原本列入考慮，不過，由於各國代表在討論的過程對於用字沒有共識，因此最後還是沒有納入[17]（Roy, 2001: 7）。美、蘇陣營在1960年達成妥協，聯合國大會終於通過「許諾殖民地及民族獨立宣言」（*Declaration on the Granting of Independence to Colonial Countries and Peoples*），明文宣示「所有民族都有權利行使自決」（All peoples have the right to self-determination）[18]，用來補強「聯合國憲章」、以及「世界人權宣言」的不足[19]；然而，該宣言卻把對象限定於尚未取得獨立地位的「非自治領地」（Trust and Non- Self-Governing Territories or all other territories which have not yet attained independence），而且限制不能破壞既有國家的民族團結（national unity）、或領土完整[20]。由

對於西方殖民強權捍衛帝國的態度頗不以為然，然而，面對蘇聯的威脅，卻又不願意得罪盟邦，最後，才會出現「聯合國憲章」對於民族自決權的曖昧處理（Simpson, 1996: 38）。

[15] 原文是：

With a view to the creation of conditions of stability and well-being which are necessary for peaceful and friendly relations among nations based on respect for the principle of equal rights and self-determination of peoples, the United Nations shall promote:

[16] 第73條（b）（to take due account of the political aspirations of the peoples）、以及76（b）條（the freely expressed wishes of the peoples concerned）。

[17] 兩年後年，聯合國大會通過決議（*Draft International Covenant on Humans Rights and Measures of Implementation: Future Work of the Commission on Human Rights, 1950*），要求經濟及社會理事會（Economic and Social Council, ECOSOC）訓令人權委員會（Commission on Human Rights，現在改為人權理事會Human Rights Council）草擬國際人權公約時要研究如何確保民族自決權（the right of peoples and nations to self-determination）。聯合國大會在1952年的決議（*Inclusion in the International Covenant or Covenants on Human Rights of an Article Relating to The Right of Peoples to Self- Determination*），除了確認自決權是基本人權，未來國際人權公約的民族自決條款「所有的民族應該都有自決權」（All peoples shall have the right of self-determination）已經成形。

[18] 原文是：

2. All peoples have the right to self-determination; by virtue of that right they freely determine their political status and freely pursue their economic, social and cultural development.

[19] 根據Daes（1993: 2），該宣言是政治性文件，法律效用多少是值得斟酌的。

[20] 原文是：

於「許諾殖民地及民族獨立宣言」總共只有7條，竟然就有3項保留條款（safeguard clause），可見當時著眼的是歐洲國家所屬殖民地的獨立，把自決與獨立連結在一起，實質排除非傳統殖民地的適用（Roy, 2001: 21-22）。

經過蘇聯、及第三世界國家的堅持（Cassese, 1995: 47），聯合國對民族自決權的宣示在6年後獲得確認[21]，「國際公民暨政治權公約」（*International Covenant on Civil and Political Rights, 1996*）、以及「國際經濟、社會、暨文化權公約」（*International Covenant on Economic, Social and Cultural Rights, 1966*）共同在第1條第1款揭示「所有的民族都享有自決權」（All peoples have the right of self-determination），並在第2款賦予「所有民族可以自由處理其天然財富及資源」，又在第3款敦促簽約國「促成自決權的實現」，民族自決權終於修成正果[22]。

聯合國接著在1970年通過「國際友誼關係暨合作之國際法原則宣言」（*Declaration on Principles of International Law Concerning Friendly Relations and Co-Operation Among States in Accordance with the Charter of the United Nations*），訓示國家有義務尊重「聯合國憲章」所推崇的民族自決原則[23]，卻依然將自決權的適用限縮於去殖民的情況，並且禁止以實

---

6. Any attempt aimed at the partial or total disruption of the national unity and the territorial integrity of a country is incompatible with the purposes and principles of the Charter of the United Nations.

7. All States shall observe faithfully and strictly the provisions of the Charter of the United Nations, the Universal Declaration of Human Rights and the present Declaration on the basis of equality, non-interference in the internal affairs of all States, and respect for the sovereign rights of all peoples and their territorial integrity.

[21] 意思是說「許諾」（granting），相對之下，「聯合國憲章」只是誓言「推動」（promoting）（Roy, 2001: 7）。

[22] Article 1：

1. All peoples have the right of self-determination. By virtue of that right they freely determine their political status and freely pursue their economic, social and cultural development.

2. All peoples may, for their own ends, freely dispose of their natural wealth and resources without prejudice to any obligations arising out of international economic co-operation, based upon the principle of mutual benefit, and international law. In no case may a people be deprived of its own means of subsistence.

3. The States Parties to the present Covenant, including those having responsibility for the administration of Non-Self-Governing and Trust Territories, shall promote the realization of the right of self-determination, and shall respect that right, in conformity with the provisions of the Charter of the United Nations.

[23] Principle V, The Principle of Equal Rights and Self-Determination of Peoples (para. 1):

By virtue of the principle of equal rights and self-determination of peoples enshrined in the *Charter of the United Nations*, all peoples have the right freely to determine, without external interference, their political status and to pursue their economic, social and cultural development, and every State has the

踐自決為由破壞主權獨立國家的領土完整、或政治團結[24]。另外，歐洲安全暨合作會議（Conference on Security and Cooperation in Europe）在1975年通過「赫爾辛基協定」（*Helsinki Accords*），也在第8原則也揭櫫平等權及民族自決權原則[25]。聯合國在1993年舉辦「維也納世界人權會議」，通過了「維也納宣言及行動綱領」（*Vienna Declaration and Programme of Action*），對於民族自決原則大致重複宣示上述保留條款的文字[26]。

---

duty to respect this right in accordance with the provisions of the Charter.

[24] Principle V, The Principle of Equal Rights and Self-Determination of Peoples (paras. 7-8):

Nothing in the foregoing paragraphs shall be construed as authorizing or encouraging any action which would dismember or impair, totally or in part, the territorial integrity or political unity of sovereign and independent States conducting themselves in compliance with the principle of equal rights and self-determination of peoples as described above and thus possessed of a government representing the whole people belonging to the territory without distinction as to race, creed or colour.

Every State shall refrain from any action aimed at the partial or total disruption of the national unity and territorial integrity of any other State or country.

不過，Sterio（2013: 12）指出，上述「領土上的政府是否能不分種族或是膚色而代表所人民」（a government representing the whole people belonging to the territory without distinction as to race, creed or colour），其實是例外條款，因此被解釋為可以拿來作為尋求獨立的依據。同樣地，Webb（2012: 81）也認為這是跨出去殖民的限制。

[25] Principle 8, Equal Rights and Self-determination of Peoples：

The participating States will respect the equal rights of peoples and their right to self-determination, acting at all times in conformity with the purposes and principles of the Charter of the United Nations and with the relevant norms of international law, including those relating to territorial integrity of States. By virtue of the principle of equal rights and self-determination of peoples, all peoples always have the right, in full freedom, to determine, when and as they wish, their internal and external political status, without external interference, and to pursue as they wish their political, economic, social and cultural development.

The participating States reaffirm the universal significance of respect for and effective exercise of equal rights and self-determination of peoples for the development of friendly relations among themselves as among all States; they also recall the importance of the elimination of any form of violation of this principle.

[26] 原文是：

I.2. All peoples have the right of self-determination. By virtue of that right they freely determine their political status, and freely pursue their economic, social and cultural development.

Taking into account the particular situation of peoples under colonial or other forms of alien domination or foreign occupation, the World Conference on Human Rights recognizes the right of peoples to take any legitimate action, in accordance with the Charter of the United Nations, to realize their inalienable right of self-determination. The World Conference on Human Rights considers the denial of the right of self-determination as a violation of human rights and underlines the importance of the effective realization of this right.

In accordance with the Declaration on Principles of International Law concerning Friendly Relations and Cooperation Among States in accordance with the Charter of the United Nations, this shall not be

　　在1994年－聯合國負責督導「國際公民暨政治權公約」人權事務委員會（Human Rights Committee）作出「第12號一般性解釋」（*General Comment 21*），指出自決權的重要性在於保障個人的人權所必要，因此兩公約此才會特別在開宗明義加以揭示[27]。然而，由戰後以來到冷戰結束，聯合國對於民族自決多般限制，特別是考量領土完整、領地現狀不變（*uti possidetis juris*）、以及國際和平與安全，作法稍嫌消極，一方面將自決等同於去殖民、另一方面則排除分離主義，以免挑戰到現有國家的主權，具體而言，就是以將民族自決等同於少數族群權利的保障（包括自治）、或是民主參與（McCorquodale, 1996: 18-22; Simpson, 1996: 37, 43; Crawford, 2001: 24-26; Iorn, 1992）。

參、理論上的爭議

　　儘管聯合國自始就限縮民族自決權的適用，然而，由於亞洲、以及非洲的殖民地在1950-60年代漸次獨立，一些少數族群在1970年代忽然領悟他們也可以算是是「民族」（people），終於發現自決權的妙處；事實上，不少獨立運動者原本在冷戰時期訴諸馬克斯主義來進行動員，在後冷戰時期轉而採取民族自決權理念、高舉民族主義的大旗（Jenne, 2006: 13）。只不過，民族作為擁有自決權的主體（subject），兩公約及接續的宣言並未詳述其定義、或是資格（who）[28]，同樣地，到底自決權的內涵（for what）、或範圍（what）為何，大家也沒有共識；至於自決權的正

---

construed as authorizing or encouraging any action which would dismember or impair, totally or in part, the territorial integrity or political unity of sovereign and independent States conducting themselves in compliance with the principle of equal rights and self-determination of peoples and thus possessed of a Government representing the whole people belonging to the territory without distinction of any kind.

[27] 原文是：

The right of self-determination is of particular importance because its realization is an essential condition for the effective guarantee and observance of individual human rights and for the promotion and strengthening of those rights. It is for that reason that States set forth the right of self-determination in a provision of positive law in both Covenants and placed this provision as article 1 apart from and before all of the other rights in the two Covenants.

[28] 在聯合國大會、以及人權委員會的討論過程，西方國家認為自決只不過是原則、並非權利，而且自決原則太過於複雜、無法轉換為法律用語，更何況「聯合國憲章」並未規範託管地必須立即以自決來達成自治，因此反對放進來；相對地，亞洲及非洲國家則堅持自決權是最基本的人權、是享有其他人權的先決條件（Simpson, 1996: 40-41）。

當性（why）、或是時機（when），也有待釐清（Daes, 1993: 3-4）。

　　不管是族群、或是民族，除了成員共同具有在客觀上觀察得到的一些特徵，包括血緣、語言、宗教、或是其他文化，最重要的是彼此在主觀上是否有集體認同，否則，不管怎麼樣分類，頂多只是語言學、或人類學的範疇，往往是統治者為了方便支配的恣意送做堆，甚至於暗藏否定的玄機。事實上，只要被貶抑為族群，就只能要求反歧視、或平等，沒有資格尋求自決權的實踐。那麼，族群在什麼樣的條件下才可以提升為民族的地位？Cobban（1969: 107-108）斷言，是否為具有現代意義的民族，唯一的檢驗標準是主觀意願；也就是說，這個共同體的成員是否想要生活在同一個國家，否則，瑞士根本不可能建國（p. 27）。

　　由理念到實務，聯合國自來堅持將民族自決矮化為「殖民地的自決」（colonial self-determination），而且將殖民地限定為受到「鹽水殖民者」（saltwater colonist）統治的地方，也就是支配者必須遠渡重洋而來的才算殖民者[29]，說穿了，就是認為遭到西方白人殖民者才有自決權[30]；由於僵化的民族定義、及縮水的自決適用，難怪被譏為是「膚色的自決」（pigmentational self-determination）（Simpson, 1996: 44-45）。換句話說，要是沒有白人因為良心不安而撐腰，非白人殖民地（包括原住民族）的自決權是被否定的。

　　Kingsbury（2001: 88-89）將國際社會認為適格自決權的對象分為5類：非自治領地、國家未能履行義務照顧的政治地理個體、聯邦體制的解體、原有獨立國家被非法併吞後復國、以及各方經過協商後而願意適用的領土。Anaya（2004: 100-101）則將當下對於自決權適用與否的看法歸納為三種，正面列舉（只限定適用於傳統的殖民地）、負面列舉（排除國家內部的群體）、以及適用於所有的少數民族（包含原住民族）（圖2）：

---

[29] 葡萄牙、西班牙、以及法國甚至於主張，他人所謂的殖民地並非真的是殖民地，而是宗主領土（metropolitan territory）完整的一部分。

[30] 至於西藏人（之於中國）、孟加拉人（之於巴基斯坦）、果亞人（之於印度）、西新幾內亞人（之於印尼）、厄利垂亞人（之於衣索比亞）、伊夫尼人（之於摩洛哥）、或是比亞法拉人（之於奈及利亞），即使再如何被欺凌也沒有資格，因為他們並非受到「異族」（＝歐洲人）支配，頂多只能算是一個國家內部的少數族群（Simpson, 1996: 44）。

圖2：適用自決權的主體

　　既然對象要適用於「所有民族」、又要限定在現有國家的框架之內，為了要兩全其美，這時候，只好將腦筋動到依據範疇（domain, sphere）分為傳統的外部自決、及新創的內部自決，也就是民族自決的適用變成內外有別（Barelli, 2011: 2）。對內而言，自決是用來拒絕專制的舊政權（ancien régime），意味著內部民主（internal democracy），對外而言，自決是用來對抗外來的強權，意味著外部解放（external liberation）（Cassese, 1995: 5-6; Daes, 1993: 4）。Roepstorff（2004: 17-21）進一步將外部自決分為獨立自主（不受外力介入內政）、反殖民解放（不接受異族統治）、及分離，而內部自決則可細分為民主、以及自治（圖3）。

　　如果反殖民跟分離就是尋求法理上的（*de jure*）獨立建國，而獨立自主是還要追求實質上的（*de facto*）主權獨立，自治則是退而求其次的內部實踐方式，至於民主只能算是無魚蝦也好的自決形式。坦誠而言，如果只是限於內部自決，頂多也只有民主化的課題，那是便宜行事，畢竟，民主只是實踐自決的途徑之一（Roepstorff, 2004: 6）。話又說回來，如果觸及外部自決，少

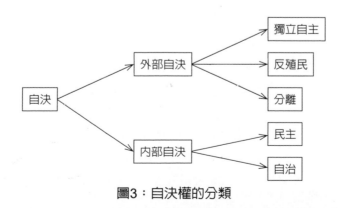

圖3：自決權的分類

數民族多半會想要有自己的國家,現有的國家則擔憂是否會威脅領土的完整,而強權則會考量戰略、或經濟利益,未必會允許住民公投(Cassese, 1995: 25-26)。另外,如果同一塊土地有不同民族犬牙交錯般的混居,試圖採取領土劃分(partition)可能會有實務上的困難(Daes, 1993: 5)。

儘管聯合國大會在1960年通過「許諾殖民地及民族獨立宣言」,第二天卻又做出決議「聯合國憲章第73條e款規定的原則」(*Principles Which Should Guide Members in Determining Whether or not an Obligation Exists to Transmit the Information Called for under Article 73e of the Charter, 1960*)特別點出,非自治領想要達成通盤自治(full measure of self-government)的方式,除了成為一個主權獨立國家,也可以選擇跟其他國家締結自由結合(free association)、或是採行合併(integration)。由這種進一步、退兩步的作法,我們可以看到聯合國對於民族自決權的實踐戒慎小心,唯恐裂解現有的國家(state-breaking)。

Buchanan(2017)從政治哲學的角度,將分離權(外部自決)的正當性分為基本權、以及修復式兩大類[31](圖4):前者的依據是基本權利,可以視情況而選擇要求(claim)實踐,也就是只要有意願就可以片面逕行分離,不用再去找其他的理由;後者則是在某些必要條件下,在道德上有訴諸(invoke)自決的正當理由(justification),譬如在人權遭到嚴重侵犯的情況下,分離是不得已的修復手段。自決的基本權理論又可以分為歸屬(ascriptive)自決、及住民(plebiscitary)自決:前者是因為獨特的身分而來,尤其是民族,大體上就是指民族自決;後者則端賴一塊領地住

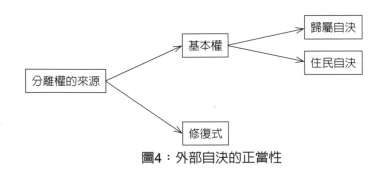

圖4:外部自決的正當性

31 除了正當性,另一種切入自決權的途徑是考察其可欲性(desirability),也就是自決權的實踐可以帶來什麼好處(Buchanan, 1991: chap. 2; Bartkus, 1999: 15-18)。

民的意願，不管這些人是否已經構成一個獨特的民族，看多數人對於前途安排的決定是什麼。

肆、聯合國原住民族權利宣言

　　有關於原住民族自決權的依據，除了由一般化的國際人權規約著手，包括「國際公民暨政治權公約」、「國際經濟、社會、暨文化權公約」、以及區域性的人權規約，也可以從特殊化的原住民族專屬規約、或宣言切入，包括國際勞工組織（International Labour Organization, ILO）的「原住暨部落人口公約[32]」（*Indigenous and Tribal Populations Convention, 1957*）與「原住及部落民族公約」（*Indigenous and Tribal Peoples Convention, 1969*）、以及聯合國的「原住民族權利宣言」。

　　雖然國際勞工組織在1989年通過的「原住及部落民族公約」並沒有提到民族自決，倒也在前言承認原住民族渴望掌控自己的制度、生活方式、以及經濟發展，同時又能維持並發展自身的認同、語言、及宗教；只不過，後面加上了「他們所生活的國家框架之內」，狗尾續貂，可見是有侷限性的[33]。儘管聯合國大會在1960年通過的「許諾殖民地及民族獨立宣言」明言適用的對象包括「受到異族征服、支配、以及剝削的民族」[34]，然而，隨後的決議「聯合國憲章第73條e款規定的原則」（1960）卻又大踩煞車，一開頭就澄清有關於「聯合國憲章」第11章的宣示（非自治領）只適用於殖民地，也就是那些尚未十足達成自治的領地（Principle I），必須在地理上與統治的國家分隔（geographically separate）、而且在族群或文化上有所不同，似乎是認為原住民族並不是被異族所殖民的非自治領、因而加以排除[35]。

---

[32] 本公約主要涉及原住民族的土地權，因此，各國政府不太願意承認（Webb, 2012: 83）。

[33] 原文是：

Recognising the aspirations of these peoples to exercise control over their own institutions, ways of life and economic development and to maintain and develop their identities, languages and religions, within the framework of the States in which they live, . . .

[34] 原文是：

1. The subjection of peoples to alien subjugation, domination and exploitation constitutes a denial of fundamental human rights, is contrary to the Charter of the United Nations and is an impediment to the promotion of world peace and co-operation.

[35] Principle I：

　　另外，根據「國際公民暨政治權公約任擇議定書」（*Optional Protocol to the International Covenant on Civil and Political Rights, 1966*），聯合國人權事務委員會只接受個別受害者針對第2～26條提訴[36]，至於第1條所規範的自決權屬於集體權[37]，因此不適用；面對這樣的盲點，議者建議原住民族援引第26條（基於種族差異的反歧視）、或是第27條（少數族群的文化權）的適法性（admissibility）（Charlesworth, 1998: 79-80; Evatt, 1998: 93-94; McCorquodale, 1996: 13; Lâm, 2004: 134-35）。人權事務委員會在1994年作出「第23號一般性解釋」（General Comment 21），認為少數族群權利保障的第27條適用於原住民族[38]；終究，人權事務委員會認為民族自決原則適用於原住民族[39]，並針對原住民族的處境，向加拿大、挪威、墨西哥等國循循善誘（Castellino & Gilbert, 2003: 170-71; Anaya, 2004: 112-13; Kingsbury, 2001: 78-87; Scheinin, 2005）。

　　聯合國經濟暨社會理事會（Economic and Social Council, ECOSOC）

The authors of the Charter of the United Nations had in mind that Chapter XI should be applicable to territories which were then known to be of the colonial type. An obligation exists to transmit information under Article 73 e of the Charter in respect of such territories whose peoples have not yet attained a full measure of self-government.

Principle VI寫得更清楚界定限於「a territory which is geographically separate and is distinct ethnically and/or culturally from the country administering it.」。

[36] Article 2：

Subject to the provisions of article 1, individuals who claim that any of their rights enumerated in the Covenant have been violated and who have exhausted all available domestic remedies may submit a written communication to the Committee for consideration.

[37] 有關於集體權（collective rights、group rights），見Kymlicka（1995）的討論。

[38] 原文是：

3.2. The enjoyment of the rights to which article 27 relates does not prejudice the sovereignty and territorial integrity of a State party. At the same time, one or other aspect of the rights of individuals protected under that article - for example, to enjoy a particular culture - may consist in a way of life which is closely associated with territory and use of its resources. This may particularly be true of members of indigenous communities constituting a minority.

7. With regard to the exercise of the cultural rights protected under article 27, the Committee observes that culture manifests itself in many forms, including a particular way of life associated with the use of land resources, especially in the case of indigenous peoples. That right may include such traditional activities as fishing or hunting and the right to live in reserves protected by law. The enjoyment of those rights may require positive legal measures of protection and measures to ensure the effective participation of members of minority communities in decisions which affect them.

[39] 原文是：「The Committee, while taking note of the concept of self-determination as applied by Canada to the aboriginal peoples, . . .」（Human Rights Committee, 1999: para. 7）。

在1982年訓令人權委員會所屬防止歧視暨保護少數族群小組委員會（Sub-committee on Prevention of Discrimination and Protection of Minorities）成立原住人口工作小組（Working Group on Indigenous Population, WGIP），主要的工作之一是草擬「原住民族權利宣言」。自始，原住民族的代表就主張自決權是宣言的核心、堅決反對加上任何限制，否則，要是刻意分為「所有民族」、及「原住民族」，豈不就是雙重標準？草案經過十年的討論在1993年出爐，大致上是接受原住民族的建言；然而，儘管絕大多數的原住民族並未追求分離，大部分國家的代表對於草案有關於自決權的文字相當保留，擔心如果沒有加以任何限制，萬一原住民族弄假成真，日後可能會威脅到國家領土的完整（Barelli, 2011: 4-6; Pritchard, 1998: 45-46; Dodson, 1998: 64）。

防止歧視暨保護少數族群小組委員會在1994年把WGIP的草案往上呈遞，人權委員會發現各國的隱憂，因此另外成立一個原住民族權利宣言草擬工作小組（Working Group on the Draft Declaration on the Rights of Indigenous Peoples, WGDD），又花了十年來協商文字，自決權依然是每年會議的焦點[40]：　些國家強烈反對承認原住民族的自決權，另外一些國家則當和事佬表示願意加以承認，只不過建議能加上一段澄清的文字，強調領土完整、以及限定適用於自治，問題是，此舉無疑在實質上是將自決權等同於自治權，原住民族無法接受（Barelli, 2011: 7-9）。當宣言草案送進聯合國大會第三委員會討論時，非洲國家在美國、澳洲、加拿大、及紐西蘭的慫恿下，要求明確加入領土完整的原則，而最後的妥協是不要更動第3條的民族自決權文字，條件是必須在結尾的地方加上但書，也就是在第46條第1款東施效顰聯合國「國際友誼關係暨合作之國際法原則宣言」（1970），限制不得破壞主權獨立國家的領土完整、或政治團結[41]

---

[40] 相較於WGIP是由獨立專家主導，WGDD的討論由各國代表支配，不只是過程冗長，原住民族參與也大打折扣；此外，由於工作小組的主席Luis-Enrique Chávez（祕魯籍）曲意奉承奉承美、澳、紐、加等國，堅持採取共識決，因此，只要美國杯葛，就不會有共識，特別是卡在自決權；終究，聯合國大會在2007年通過宣言在，只有這四個國家反對（Lâm , 2004: 133; Webb, 2012: 85-86; Daes, 2008: 22）。

[41] Article 46.1：
Nothing in this Declaration may be interpreted as implying for any State, people, group or person any right to engage in any activity or to perform any act contrary to the Charter of the United Nations or construed as authorizing or encouraging any action which would dismember or impair, totally or in part, the territorial integrity or political unity of sovereign and independent States.

（Barelli, 2011: 10-11: Daes, 2008: 16-17）。

聯合國終於在2007年通過「原住民族權利宣言」，於第3條正式揭示「原住民族都享有自決權」（Indigenous peoples have the right to self-determination），幾乎是「國際公民暨政治權公約」及「國際經濟、社會、暨文化權公約」第1條「所有的民族都享有自決權」（All peoples have the right of self-determination）的翻版，而後面的「By virtue of that right they freely determine their political status and freely pursue their economic, social and cultural development.」更是一模一樣。接下來要問的是：究竟誰是原住民族？又要如何來界定？原住民族自決權的內容為何？

伍、原住「民族」的定義

「聯合國憲章」雖然提到民族自決權，使用的字眼是peoples、而非nations，並未針對甚麼是民族作出定義。同樣地，「國際公民暨政治權公約」、及「國際經濟、社會、暨文化權公約」宣示所有的民族都有自決權，字字斟酌，刻意避開了nation、選擇使用people。國際勞工組織針對原住民族通過「原住暨部落人口公約」（1957）、以及「原住暨部落民族公約」（1989），前者用的是Indigenous and Other Tribal and Semi-Tribal *Populations*，後者用的則是Indigenous and Tribal *Peoples*；儘管兩者對於原住民族有類似的起碼的定義，而且後者還指出，不管法律上規定的地位如何，自我認定才是基本的（fundamental）條件，然而，卻特別澄清不要作太多的國際法聯想，也就是對自決權先做消毒[42]。

---

[42] 「原住暨部落人口公約」Article 1：

1. This Convention applies to--

(a) members of tribal or semi-tribal populations in independent countries whose social and economic conditions are at a less advanced stage than the stage reached by the other sections of the national community, and whose status is regulated wholly or partially by their own customs or traditions or by special laws or regulations;

(b) members of tribal or semi-tribal populations in independent countries which are regarded as indigenous on account of their descent from the populations which inhabited the country, or a geographical region to which the country belongs, at the time of conquest or colonisation and which, irrespective of their legal status, live more in conformity with the social, economic and cultural institutions of that time than with the institutions of the nation to which they belong.

「原住暨部落民族公約」Article 1：

　　回顧聯合國在1980年代開始成立相關原住民族的機構（附錄1），包括原住人口工作小組（Working Group on Indigenous *Populations*, 1982）、原住民族權利宣言草擬工作小組（Working Group on the Draft Declaration on the Rights of Indigenous *Peoples*, 1985）、原住人口基金（United Nations Voluntary Fund for Indigenous *Populations*, 1985）、原住民族人權特別報告人（Special Rapporteur on the Rights of Indigenous *Peoples*, 2001）、原住民議題常設論壇（Permanent Forum on Indigenous *Issues*, 2002）、以及原住民族權利專家機制（Expert Mechanism on the Rights of Indigenous *Peoples*, 2007），由此可以看出來，越是工作性質、或是層級較低的單位，不是population（人口）、就是issue（議題），頂多使用people，避免使用nation，斤斤計較，以免有自決權的弦外之音[43]。小組在「原住民族權利宣言」草擬的過程，甚至於連原住民族的英文用字應該是單數（people）、還是複數（peoples），就足足吵了二十多年（Calma, 2004）。

　　事實上，聯合國原住人口工作小組一開頭就對原住民族的定義有相當的討論，特別是客觀條件、以及主觀的意願，原本的期待是希望能有普世皆準的定義，不過爭議不斷[44]；最後，因為面對中國、印度、孟加拉、以及馬來西亞的壓力，結論是沒有必要特別做具體的定義，只在宣言草案明文「原住民族及個人有權隸屬原住民社群或民族[45]」就好，也就是強調自

---

1. This Convention applies to:

(a) tribal peoples in independent countries whose social, cultural and economic conditions distinguish them from other sections of the national community, and whose status is regulated wholly or partially by their own customs or traditions or by special laws or regulations;

(b) peoples in independent countries who are regarded as indigenous on account of their descent from the populations which inhabited the country, or a geographical region to which the country belongs, at the time of conquest or colonisation or the establishment of present state boundaries and who, irrespective of their legal status, retain some or all of their own social, economic, cultural and political institutions.

2. Self-identification as indigenous or tribal shall be regarded as a fundamental criterion for determining the groups to which the provisions of this Convention apply.

3. The use of the term peoples in this Convention shall not be construed as having any implications as regards the rights which may attach to the term under international law.

[43] 譬如Dodson（1998: 62）就提到，當年原住人口工作小組稱為population、不用people，就是避諱跟民族自決權牽連在一起。

[44] 譬如有些原住民族的代表被指控沒有原住民族身分，另外，也有一些政府堅稱他們國家境內沒有原住民族（Daes, 2008: 9）。

[45] Article 9：

Indigenous peoples and individuals have the right to belong to an indigenous community or nation, in

我定義、及反對國家強加定義（Pritchard, 1998: 43-44; Daes, 2008: 8-9, 12-13）。日後，聯合國原住民議題常設論壇針對原住民族這個概念研究，最後還是採取當年人權委員會所轄防止歧視暨保護少數族群小組委員會特別報告人Martinez Cobo（1983）研究報告的工作定義[46]（附錄2）：除了個人的主觀認同、以及具有集體意識，客觀條件包括共同的祖先、文化、語言、及居住地，尤其是與傳統領域（ancestral lands）的聯繫（Permanent Forum on Indigenous Issues, 2004: Daes, 2008: 10）。

在草擬「原住民族權利宣言」的過程，一些國家堅持原住民族不是民族、因此沒有自決權（Kingsbury, 2001: 88）。Nettheim（1988: 119）質問，難道原住民族不是民族（Are not indigenous peoples "peoples"？）？Kingsbury（2001: 88）直言，這根本是一個轉移焦點的假議題，充其量只不過是學者的掉書袋。而原住人口工作小組的主席Daes（2008: 10-11）更指出，原住民族（indigenous peoples）跟民族（peoples）其實並沒有什麼不同，真的硬是要說彼此有何差異，應該是前者在當代民族國家建構的過程並未實踐過自決權。她特別澄清，如果對於原住民族概念有不一致、或是不精準的地方，並不是因為缺乏科學、或是法律上的分析，而是政府想要限制原住民族的權利，千方百計區隔原住民族與非自治領地；也因此，為了同時滿足精確度、以及限制性，定義自是刻意含糊其詞（p. 11）。

陸、原住民族自決權的內容

表面上看來，「原住民族權利宣言」似乎否定原住民族在常態下沒有脫離現有國家的權利，然而，在特別的情況下，也就是在族人的人權遭到嚴重戕害之際，是否可以訴諸修復式自決權、要求獨立建國？Barelli（2011: 12-13）指出，雖然現有的國際法並未明確規範原住民族有修復式自決權，而國家在實際上也因為政治考量很可能不會支持，不過，「國際友誼關係暨合作之國際法原則宣言」（1970）第5原則（The Principle of Equal Rights and Self-Determination of Peoples, para. 7）對於捍衛國家領土

---

accordance with the traditions and customs of the community or nation concerned. No discrimination of any kind may arise from the exercise of such a right.

[46] 不過，Nettheim（1988: 119）指出，防止歧視暨保護少數族群小組委員會所關注的議題分為防止歧視、以及保護少數族群兩大類，Martinez Cobo的報告比較偏向歧視的範疇、而非少數族群。

的完整、或政治團結的保護，並非無限上綱；也就是說，當這個國家不能遵守平等權及民族自決權、不能代表該領土上所有人民之際，就不能援引領土完整、或政治團結原則[47]。

　　另外，「原住民族權利宣言」第46條第1款雖然借用「國際友誼關係暨合作之國際法原則宣言」（1970）第5原則的文字，卻沒有上述的條件，是不是因此就實質排除了原住民族的修復式自決權？Barelli（2011: 14-15）認為未必如此，因為「原住民族權利宣言」在前言指出民族自決權的依據包括「聯合國憲章」、「國際公民暨政治權公約」、「國際經濟、社會、暨文化權公約」、以及「維也納宣言及行動綱領」（1993），而且後者完全留用「國際友誼關係暨合作之國際法原則宣言」的條件式文字，前言的位階自當高於條文，更何況第46條第1款並沒有明文否定原住民族的修復式自決權；只不過，在草擬宣言的過程，大家避談這種可能，留下未來進一步討論的空間。

　　有別於一般內部自決、以及外部自決的二分法，Anaya（2004: 103-10）從現象學（phenomenology）著手，將原住民族的自決權分為實質式（substantive）自決、以及修復式自決兩大類，而前者又分為構成式（constitutive）自決、以及持續式（ongoing）自決（圖5）。構成式自決是指政治制度在建構的過程是否能起碼反映人民、或是民族的集體意志（will of the people），以保障他們的集體利益，特別是領土上國家的肇建、更易、或是擴張的那一剎那，就是是否透過參與、並獲得同意，換句話說，就是統治的正當性如何來確立；相對地，持續式自決則強調在政府運作的過程，人們是否能持續被允許做有意義的選擇，基本上就是採行民主政治、頂多再加上對於多元文化的尊重。Anaya（2004: 105-106）斬釘截鐵指出，「原住民族權利宣言」第1條所謂原住民族可以「自由決定他們的政治地位，自由追求他們的經濟、社會、及文化發展」（freely determine their political status and freely pursue their economic, social and cultural development），前者就是構成式自決、而後者則是持續式自決。

---

[47] 原文如下（斜體為筆者所加）：

Nothing in the foregoing paragraphs shall be construed as authorizing or encouraging any action which would dismember or impair, totally or in part, the territorial integrity or political unity of sovereign and independent States *conducting themselves in compliance with the principle of equal rights and self-determination of peoples as described above and thus possessed of a government representing the whole people belonging to the territory without distinction as to race, creed or colour.*

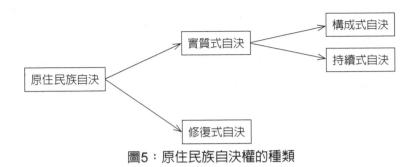

圖5：原住民族自決權的種類

　　至於修復式自決，則是針對過去被侵犯的自決權所做的平反（redress），也就是尊重人民、或是民族的當下意願，決定是否改變目前被納入的現狀，特別是當實質自決權、以及基本人權被侵犯之際，姑且不論是否被認定是殖民地，被支配的原住民族有權利要求採取合宜的修復措施，包括跟現有的國家揮別（Anaya, 2004: 105-10）。由此可見，原住民族的自決權並不限於內部的範疇，在必要的時候也可以著手外部自決，也就是追求獨立。

　　整體而言，「原住民族權利宣言」所賦予原住民族的自決權，並沒有超越現有的國際法規範，也就是侷限於內部自決。然而，在全盤否定原住民族外部自決與斷然尋求獨立的光譜之間，是否有其他的選項？如果我們接受Kymlicka（1998: 6-7, 30）的說法，原住民族並非放棄自決權，而是要國家對於原住民族其他權利保障的程度，暫時接受自治的安排，那麼，就持續式自決來看，可以包含哪些項目？Anaya（2004: chap. 4）就認為，原住民族自決權的實踐包含5個必要的成分：反歧視、文化權、土地資源權、社會福利及發展、以及自治與參與。由「原住民族權利宣言」的條文來看，至少包括自治權（第4條[48]）、參與權（第18條[49]）與同意權（第19條[50]）、

---

[48] Article 4：

　　Indigenous peoples, in exercising their right to self-determination, have the right to autonomy or self-government in matters relating to their internal and local affairs, as well as ways and means for financing their autonomous functions.

[49] Article 18：

　　Indigenous peoples have the right to participate in decision-making in matters which would affect their rights, through representatives chosen by themselves in accordance with their own procedures, as well as to maintain and develop their own indigenous decisionmaking institutions.

[50] Article 19：

　　States shall consult and cooperate in good faith with the indigenous peoples concerned through their own representative institutions in order to obtain their free, prior and informed consent before adopting

以及土地權與資源權（第25～26條[51]）。表面上看來包山包海、俗又大碗，實際上是失焦，跟我們一般所理解的自決概念還是有所距離（Young, 2007: 42; Kingsbury, 2001: 98）。

如果把原住民族的自決權當作程序權，也就是民主參與的權利，只能勉強算是次佳的選擇（Barelli, 2011: 14-15, 19）。當然，要是把原住民族自決的焦點放在自治的實踐，除了原則性的第4條，也可以把第31～36條都擴大解釋算進來（Pritchard, 1998: 49）（附錄3）。只不過不管autonomy、或self-government，「原住民族權利宣言」相關條文的內容還是相當籠統，並沒有提及自治政府的領域、財政、或是司法等權限，而且政府很可能只拿身分隸屬就可以支應、而非原住民族所企盼的地域式安排（Kingsbury, 2001: 93）。如果自治是自決的特例，那還可以勉強接受；萬一把自治等同於自決，把特例當作常態，實際上是否決原住民族外部自決的可能，這是充滿種族主義的雙重標準（Daes, 2008: 15, 17）。

柒、內部自決的侷限與新解

儘管Daes（2008: 8）認為自決是原住民族既有的（inherent, pre-existing）權利，然而，「原住民族權利宣言」並沒有說原住民族可以分離、也沒有說不可以。我們大體可以看到，國際社會擔心實務上會造成「國滿為患」，因此對於民族自決權適用的態度是大打折扣，也就是限於傳統亞非洲的殖民地，對於一般多元族群國家的少數民族有所忌諱，更不

---

and implementing legislative or administrative measures that may affect them.

[51] Article 25：

Indigenous peoples have the right to maintain and strengthen their distinctive spiritual relationship with their traditionally owned or otherwise occupied and used lands, territories, waters and coastal seas and other resources and to uphold their responsibilities to future generations in this regard.

Article 26：

1. Indigenous peoples have the right to the lands, territories and resources which they have traditionally owned, occupied or otherwise used or acquired.

2. Indigenous peoples have the right to own, use, develop and control the lands, territories and resources that they possess by reason of traditional ownership or other traditional occupation or use, as well as those which they have otherwise acquired.

3. States shall give legal recognition and protection to these lands, territories and resources. Such recognition shall be conducted with due respect to the customs, traditions and land tenure systems of the indigenous peoples concerned.

用說墾殖國家的原住民族。問題是，既然所有民族都有自決權，為何獨排原住民族？第一種不適格的說法是原住民族根本不是民族，第二種是即使算是民族，嚴格來說，不是真正被殖民的民族。

如果回到殖民的定義被異族征服、支配、壓榨，原住民族幾百年來被墾殖者欺凌，即使不能算是典型的外來殖民統治，至少也是內部殖民吧（Daes, 2008: 25; Tully, 2000: 37）？希伯來大學的國際法教授Pomerance（1982: 15）不禁搖頭：在一次大戰後，強權會說，「你們不是民族、只是少數族群，所以沒有自決權」；現在則換了另一套說法，「你們不是真的被殖民、或是異族統治，而是一種非殖民狀態」，所以不適用。悲哀的是，即使由分離（獨立）限縮到自治（自主）、民主（參與），甚至於基本人權的保障，依然要看人臉色、仰人鼻息[52]。

Young（2007）主張，傳統的自決觀點對自由的詮釋是免除於他人的介入（noninterference），而實務的操作是透過分離（獨立）來確保主權（國家），她認為在這相互倚賴的社會，應該改弦更張為非支配（nondomination），也就是不接受外人恣意頤指氣使；在這樣的理解下，原住民族為了實踐自決權，應該是與非原住民族建立關係，透過特定的制度（聯邦制）來達成自主，她稱為關係性的自決[53]（relational self-determination）。誠如Daes（1993:8-9）所言，原住民族從未參與家的肇建，墾殖國有必要從事「遲來的國家建構」（belated state-building）。只不過，這樣的新解與Anaya（2004）的構成式自決，並沒有多大差別；至於持續協商來建立關係，恐怕也是淡化灌水吧（Castellino & Gilbert, 2003: 174）？

---

[52] Lâm（2002: 143）的用字是「good or bad will」，輕描淡寫。
[53] 參見Kingsbury（2000）、Lino（2010）。

附錄1：聯合國有關原住民族權利的機構

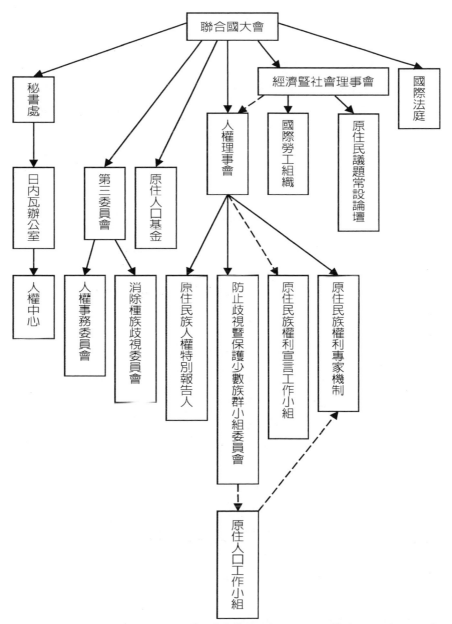

說明：原住人口工作小組為原住民族權利專家機制取代，原住民族權利宣言工作小組功成
身退。

附錄2：Martinez Cobo的原住民族定義

379. Indigenous communities, peoples and nations are those which, having a historical continuity with pre-invasion and pre-colonial societies that developed on their territories, consider themselves distinct from other sectors of the societies now prevailing on those territories, or parts of them. They form at present non-dominant sectors of society and are determined to preserve, develop and transmit to future generations their ancestral territories, and their ethnic identity, as the basis of their continued existence as peoples, in accordance with their own cultural patterns, social institutions and legal system.

380. This historical continuity may consist of the continuation, for an extended period reaching into the present of one or more of the following factors:

   a) Occupation of ancestral lands, or at least of part of them;

   b) Common ancestry with the original occupants of these lands;

   c) Culture in general, or in specific manifestations (such as religion, living under a tribal system, membership of an indigenous community, dress, means of livelihood, lifestyle, etc.);

   d) Language (whether used as the only language, as mother-tongue, as the habitual means of communication at home or in the family, or as the main, preferred, habitual, general or normal language);

   e) Residence on certain parts of the country, or in certain regions of the world;

   f) Other relevant factors.

381. On an individual basis, an indigenous person is one who belongs to these indigenous populations through self-identification as indigenous (group consciousness) and is recognized and accepted by these populations as one of its members (acceptance by the group).

382. This preserves for these communities the sovereign right and power to decide who belongs to them, without external interference".

附錄3：「聯合國原住民族權利宣言」有關於自治權的條文

Article 31.1. Indigenous peoples have the right to maintain, control, protect and develop their cultural heritage, traditional knowledge and traditional cultural expressions, as well as the manifestations of their sciences, technologies and cultures, including human and genetic resources, seeds, medicines, knowledge of the properties of fauna and flora, oral traditions, literatures, designs, sports and traditional games and visual and performing arts. They also have the right to maintain, control, protect and develop their intellectual property over such cultural heritage, traditional knowledge, and traditional cultural expressions.

2. In conjunction with indigenous peoples, States shall take effective measures to recognize and protect the exercise of these rights.

Article 32.1. Indigenous peoples have the right to determine and develop priorities and strategies for the development or use of their lands or territories and other resources.

2. States shall consult and cooperate in good faith with the indigenous peoples concerned through their own representative institutions in order to obtain their free and informed consent prior to the approval of any project affecting their lands or territories and other resources, particularly in connection with the development, utilization or exploitation of mineral, water or other resources.

3. States shall provide effective mechanisms for just and fair redress for any such activities, and appropriate measures shall be taken to mitigate adverse environmental, economic, social, cultural or spiritual impact.

Article 33.1. Indigenous peoples have the right to determine their own identity or membership in accordance with their customs and traditions. This does not impair the right of indigenous individuals to obtain citizenship of the States in which they live.

2. Indigenous peoples have the right to determine the structures and to select the membership of their institutions in accordance with their own procedures.

Article 34. Indigenous peoples have the right to promote, develop and maintain their institutional structures and their distinctive customs, spirituality, traditions, procedures, practices and, in the cases where they exist, juridical systems or customs, in accordance with international human rights standards.

Article 35. Indigenous peoples have the right to determine the responsibilities of individuals to their communities.

Article 36.1. Indigenous peoples, in particular those divided by international borders, have the right to maintain and develop contacts, relations and cooperation, including activities for spiritual, cultural, political, economic and social purposes, with their own members as well as other peoples across borders.

2. States, in consultation and cooperation with indigenous peoples, shall take effective measures to facilitate the exercise and ensure the implementation of this right.

參考文獻

自由時報，2000。〈任何有關台灣前途的「綱領」必須尊重「自決原則」〉社論，8月19日（3版）。

施正鋒，2015。〈台灣民族主義的發展、現況、以及挑戰〉《台灣國際研究季刊》11卷4期，頁1-32。

施正鋒。2016。〈中國的民族主義〉《台灣國際研究季刊》12卷2期，頁41-71。

Anaya, S. James. 2004. *Indigenous Peoples in International Law*, 2nd ed. New York: Oxford University Press.

Atlantic Charter, 1941

Barelli, Mauro. 2011. "Shaping Indigenous Self-Determination: Promising or Unsatisfactory Solutions? *International Community Law Review*, Vol. 13, No. 4 (file:///C:/Users/Genuine/Downloads/SSRN-id1991756%20(1).pdf) (2017/12/4)

Bartkus, Viva Ona. 1999. *The Dynamic of Secession*. Cambridge: Cambridge University Press.

Boutros-Ghali, Boutros. 1992. "An Agenda for Peace: Preventive Diplomacy, Peacemaking and Peace-keeping." A/47/277 (http://www.un-documents.net/a47-277.htm) (2017/10/27)

Buchanan, Allen. 2017. "Secession." *Stanford Encyclopedia of Philosophy* (https://plato.stanford.edu/entries/secession/) (2017/11/2)

Buchanan, Allen. 1991. *Secession: The Morality of Political Divorce from Fort Summer to Lithuania and Quebec*. Boulder, Colo.: Westview.

Calma, Tom. 20074. "Indigenous Peoples and the Right to Self-determination." (https://www.humanrights.gov.au/news/speeches/indigenous-peoples-and-right-self-determination) (2017/12/2)

Cassese, Antonio. 1995. *Self-Determination of Peoples: A Legal Reappraisal*. Cambridge: Cambridge University Press.

Castellino, Joshua, and Jérémie Gilbert. 2003. "Self-Determination, Indigenous Peoples and Minorities." *Macquarie Law Journal*, Vol. 3, pp. 155-78.

Charlesworth, Hilary. 1998. "Individual Complaints: An Overview and Admissibility

Requirements," in Sarah Pritchard, ed. *Indigenous Peoples, the United Nations and Human Rights*, pp. 74-85. London: Zed Books.

Charter of the United Nations, 1945

Cobban, Alfred. 1969. *The Nation State and National Self-Determination*. New York: Thomas Y. Crowell Co.

Covenant of the League of Nations, 1919

Crawford, James. 2001. "The Right of Self-Determination in International Law: Its Development and Future," in Philip Alston, ed. *Peoples' Rights*, pp. 7-67. Oxford: Oxford University Press.

Cristescu, Aureliu. 1981. "The Right to Self-Determination: Historical and Current Development on the Basis of United Nations Instruments." E/CN.4/Sub.2/404/ Rev.1 (https://documents-dds-ny.un.org/doc/UNDOC/GEN/G80/139/21/PDF/ G8013921.pdf?OpenElement) (2017/11/10)

Daes, Erica-Irene A. 1993. "Some Considerations on the Right of Indigenous Peoples to Self-Determination." *Transnational Law and Contemporary Problems*, Vol. 3, No. 1, pp. 1-11.

Daes, Erica-Irene A. 2002. "Article 3 of the Draft Declaration on the Rights of Indigenous Peoples: Obstacles and Consensus." (http://reviewboard.ca/upload/ project_document/EA1011-002_NSMA_submission_for_TNR_Project.PDF) (2017/12/2)

Daes, Erica-Irene A. 2008. "An Overview of the History of Indigenous Peoples: Self-Determination and the United Nations." *Cambridge Review of International Affaris*, Vol. 21, No. 1, pp. 7-26.

Declaration on Principles of International Law Concerning Friendly Relations and Co-Operation Among States in Accordance With the Charter of the United Nations, 1970 (G.A. Res. 2625)

Declaration on the Granting of Independence to Colonial Countries and Peoples, 1960 (G.A. Res. 1514)

Declaration on the Rights of Persons Belonging to National or Ethnic, Religious or Linguistic Minorities, 1992

Dodson, Mick. 1998. "Comment," in Sarah Pritchard, ed. *Indigenous Peoples, the United Nations and Human Rights*, pp. 62-64. London: Zed Books.

Draft International Covenant on Humans Rights and Measures of Implementation: Future Work of the Commission on Human Rights, 1950

Espiell, Héctor Gros. 1980. "The Right to Self-Determination: Implementation of United Nations Resolutions." E/CN.4/Sub.2/405/Rev.1 (https://digitallibrary. un.org/record/13664/files/E_CN.4_Sub.2_405_Rev.1-EN.pdf) (2017/12/3)

Evatt, Elizabeth. 1998. "Individual Communications under the Optional Protocol of the International Covenant on Civil and Political Rights," in Sarah Pritchard, ed. *Indigenous Peoples, the United Nations and Human Rights*, pp. 86-115. London: Zed Books.

Expert Mechanism on the Rights of Indigenous Peoples. 2010. "Progress Report on the Study on Indigenous Peoples and the Right to Participate in Decision-making."(http://www.un.org/esa/socdev/unpfii/documents/2016/UN-Agencies-Docs/A_HRC_EMRIP_2010_2_eng-1.pdf) (2017/11/24)

Falk, Richard. 2002. "Self-Determination under International Law: The Coherence of Doctrine Versus the Incoherence of Experience," in Wolfgang Danspeckgruber, ed. *The Self-Determination of Peoples: Community, Nation, and State in an Interdependent World*, pp. 31-66. Boulder, Colo.: Lynne Rienner Publishers.

Fourteen Points, 1918 (http://avalon.law.yale.edu/20th_century/wilson14.asp) (2012/9/4)

Human Rights Committee. 1994a. "CCPR General Comment No. 12: Article 1 (Right to Self-determination), the Right to Self-determination of Peoples." HRI/GEN/1/Rev.1 at 12 (http://hrlibrary.umn.edu/gencomm/hrcom12.htm) (2017/10/27)

Human Rights Committee. 1994b. "General Comment No. 23: The Rights of Minorities (Art. 27)." CCPR/C/21/Rev.1/Add.5 (http://indianlaw.org/sites/default/files/resources/UN%20OHCHR%20Comments%20on%20Article%2027.pdf) (2017/10/27)

Human Rights Committee. 1999. "Consideration of Reports Submitted by States Parties under Article 40 of the Covenant." CCPR/C/79/Add.105 (file:///C:/Users/Genuine/Downloads/N9909927.pdf) (2017/11/5)

Inclusion in the International Covenant or Covenants on Human Rights of an Article Relating to the Right of Peoples to Self- Determination, 1952

Indigenous and Tribal Peoples Convention, 1989

Indigenous and Tribal Populations Convention, 1957

International Covenant on Civil and Political Rights, 1966

International Covenant on Economic, Social and Cultural Rights, 1966

Iorns, Catherine J. 1992. "Indigenous Peoples and Self Determination: Challenging State Sovereignty." *Case Western Reserve Journal of International Law*, Vol. 24, No. 2, pp. 199-348.

Jenne, Erin. 2006. "National Self-Determination: A Deadly Mobilizing Device," in Hurst Hannum, and Eileen E. Rabbitt, eds. *Negotiating Self-Determination*, pp. 7-36. Lanham, Md.: Lexington Books.

Kingsbury, Benedict. 2000. "Reconstructing Self-Determination:A Relational Approach," in Pekka Aikio, and Martin Scheinin, eds. Operationalizing the Right of Indigenous Peoples to Self-Determination, pp. 19-37. Turku: Finland Institute for Human Rights.

Kingsbury, Benedict. 2001. "Reconciling Five Competing Conceptual Structures of Indigenous Peoples' Claims in International and Comparative Law," in Philip Alston, ed. *Peoples' Rights*, pp. 69-110. Oxford: Oxford University Press.

Kymlicka, Will. 1995. *Multicultural Citizenship*. Oxford: Clarendon Press

Kymlicka, Will. 1998. *Finding Our Way: Rethinking Ethnocultural Relations in Canada*. Don Hills, Ont.: Oxford University Press.

Lâm, Maivân Clech. 2002. "The Self-Determination of Indigenous Peoples: Past Debt and Future Promise." (http://reviewboard.ca/upload/project_document/ EA1011-002_NSMA_submission_for_TNR_Project.PDF) (2017/12/2)

Lâm, Maivân Clech. 2004. "Remembering the Country of Their Birth Indigenous Peoples and Territories." *Journal of International Affairs*, Vol. 57, No. 2, pp. 129-50.

Lino, Dy,an. 2010. "The Politics of Inclusion: The Right of Self-Determination, Statutory Bills of Rights and Indigenous Peoples." *Melbourne University Law Review*, Vol. 34, No. 3, pp. 839-69.

McCorquodale, Robert. 1996. "Human Rights and Self-Determination," in Mortimer Sellers, ed. *The New World Order: Sovereignty, Human Rights, and the Self-Determination of Peoples*, pp. 9-34. Oxford: Berg.

Martinez Cobo, José R. 1983. "Study of the Problem of Discrimination against Indigenous Populations: Final Report—Chapter XXI-XXII, Conclusions, Proposals and Recommendations "." E/CN.4 Sub.2 /1983/21/Add.8 (http://www.un.org/esa/socdev/unpfii/documents/MCS_xxi_xxii_e.pdf) (2017/11/24)

Nettheim, Garth. 1988. "'Peoples' and 'Populations': Indigenous Peoples and the Rights of Peoples," in James Crawford, ed. *The Rights of Peoples*, pp. 107-26. Oxford: Clarendon Press.

Optional Protocol to the International Covenant on Civil and Political Rights, 1966

Permanent Forum on Indigenous Issues. 2004. "The Concept of Indigenous Peoples." PFII/2004/WS.1/3.

Pomerance, Michla. 1982. *Self-determination in Law and Practice: The New Doctrine in the United Nations*. The Hague: Martinus Nijhoff.

Principles Which Should Guide Members in Determining Whether or not an Obligation Exists to Transmit the Information Called for Under Article 73E of the Charter, 1960 (G.A. Res. 1541)

Pritchard, Sarah. 1998. "Working Group on Indigenous Populations: Mandate, Standard-setting Activities and Future Perspectives," in Sarah Pritchard, ed. *Indigenous Peoples, the United Nations and Human Rights*, pp. 40-62. London: Zed Books.

Roepstorff, Kristina. 2004. "Self-Determination of Indigenous Peoples within the Human Rights Context: A Right to Autonomy？" (http://lawanddevelopment. org/docs/selfdetermination.pdf) (2017/11/30)

Ronen, Dov. 1979. *The Quest for Self-Determination*. New Haven, Conn.: Yale University Press.

Roy, Audrey Jane. 2001. "Sovereignty and Decolonization: Realizing Indigenous Self-Determination at the United Nations and in Canada." M.A. Thesis, University of Victoria.

Scheinin, Martin. 2005. "Indigenous Peoples' Rights under the International Covenant on Civil and Political Rights," in Joshua Castellino, and Niamh Walsh, eds. International Law and Indigenous Peoples, pp. 3-15. Leiden: Martinus Nijhoff Publishers.

Simpson, Gerry J. 1996. "The Diffusion of Sovereignty: Self-Determination in the Post-Colonial Age," in Mortimer Sellers, ed. *The New World Order:*

Sovereignty, Human Rights, and the Self-Determination of Peoples, pp. 35-69. Oxford: Berg.

Sterio, Milena. 2013. *The Right to Self-Determination under International Law: 'Selfistans,' Secession, and the Rule of the Great Powers*. London: Routledge.

Sumers, James. 2004. "The Idea of the People: The Right of Self-Determination, Nationalism and the Legitimacy of International Law." Ph.D. Dissertation, University of Helsinki.

Tully, James. 2000. "The Struggles of Indigenous Peoples for and of Freedom," in Duncan Ivison, Paul Patton, and Will Sanders, eds. *Political Theory and the Rights of Indigenous Peoples*, pp. 36-59. Cambridge: Cambridge University Press.

United Nations Declaration on the Rights of Indigenous Peoples, 2007

Universal Declaration of Human Rights, 1948

Webb, Jill. 2012. "Indigenous Peoples and the Right to Self Determination." *Journal of Indigenous Policy*, No. 13, pp. 75-102.

Wikipedia. 2017. "People's Republic."(https://en.wikipedia.org/wiki/People%27s_ Republic) (2017/11/17)

Wikipedia. 2017. "Populism."(https://en.wikipedia.org/wiki/Populism)(2017/11/17)

Wikipedia. 2017. "Volk (German Word)."(https://en.wikipedia.org/wiki/Volk_(German_ word)) (2017/11/17)

Young, Iris Marion. 2007. *Global Challenges: War, Self-Determination, and Responsibility for Justice*. Cambridge: Polity.

死刑合憲性與憲法通識課程

周宗憲

國立勤益科技大學基礎通識教育中心副教授

兼通識教育學院日本研究中心主任

摘要

　　生命的存續，係人之所以為人的基礎。生命權的保障，故而係立憲法治國家保障人權的基礎。蓋國家若得恣意剝奪人民的生命，則憲法所明定的人權將無從附麗，保障人權的條文即毫無意義。

　　不過，國家應依憲法保障人權，並非即指國家於任何情況下絕對不得限制人權，現行憲法第23條即是認許國家在具備一定要件下，得對人權的行使加以適當的調整。常見的是，國家基於懲罰犯罪或預防（嚇阻）犯罪等的立法考量，設有諸多對人權的行使產生限制效果的刑事犯罪罰則。

　　但即便如此，根本的問題是，生命權係人之所以為人的基礎性人權，國家於憲法上可否建構剝奪人民（犯罪人）生命的死刑，以作為懲罰或嚇阻犯罪的手段？此外，憲法第23條僅明定對人權的「限制」，是否亦授權國家得對人民採取「剝奪」生命的處罰手段？雖然死刑在我國獲得國民極高度的支持，但於立憲法治國家，為避免國家的恣意侵犯人權，基於憲法保障人權的本旨思考死刑制度的合憲性，仍屬必要。

　　由於死刑議題於保障人權、抑制國家濫權的法治國家具有如此的高度重要性，因而大學的憲法通識課程，實不能迴避從憲法解析死刑合憲性的議題。亦即，師生有必要跳脫主觀上對死刑的愛惡，從憲法保障生命權的角度，客觀思考現行死刑制度的是否合憲。

壹、前言

　　我國係有死刑的國家，死刑在我國並獲得國民極高度的支持，[1]但由

---

[1] 死刑於我國獲得極高度支持之理由實不難理解，首先，我國重大犯罪層出不窮，且依刑法第57

於此多為國民基於對重大犯罪的憎恨而所持的主觀判斷,並非是基於以保障人權為本旨的憲法之判斷,於以保障人權為存立本旨的民主法治國家,仍有基於憲法保障人權的基本價值決定以思考死刑制度的合憲性之必要,而此亦應是日漸受重視的憲法通識課程首應探討者。

本文除一般性的闡明生命權的內涵及其在現行憲法所保障的人權體系中的地位與憲法依據外,主要嘗試從憲法保障人權的本旨與相關憲法條文的文意,以及從歷次大法官有關死刑合憲性的解釋,闡明死刑是否能見容於我國的憲法秩序。

貳、死刑合憲性與憲法通識課程

一、憲法通識課程的教學目標

立憲法治國家的大學開設憲法通識課程之目的,不外乎是為培養學生的憲法意識,[2]以及藉由其憲法意識,對攸關人權與憲政的憲法事件,有作客觀理性思考、判斷的慣性思維與能力,涵養其作為現代法治國家公民的核心能力,並藉由此憲法課程,深植國家建全實施憲政所需的憲法文化。

二、死刑合憲性作為憲法通識課程議題的必要性

民主國家存立、制憲的目的,係為保障人性尊嚴與人權。因此,人權的保障乃成為民主國家憲法的核心內容,依據憲法所制定的下位階法律與命令,消極方面不僅不得侵害人權而牴觸憲法,積極方面更應實現憲法對人權的保障。由於人權的保障係以生命的存續為前提,故而在人權體系中,生命權乃是作為其他人權的基礎,因而係屬最基本、核心的人權。

條所定法官量刑輕重之考量事項,現時被判死刑者通常係因其犯行經綜合考量各種因素後被認為「十惡不赦」,故而適用此犯罪人之最嚴厲刑罰的死刑,自然為國民所高度認同。其次,我國現行刑罰中嚴厲度僅次於死刑者為無期徒刑,惟依刑法第77條假釋之規定,無期徒刑受刑人亦適用假釋制度,而非必然終生監禁,於此現況下,多數國民對此可適用假釋制度之無期徒刑是否能發揮嚇阻與懲罰重大犯罪之功能即頗為質疑。

[2] 憲法意識,係對於憲法的存在對人權保障與民主體制的維繫之重要性,以及對人性尊嚴與人權保障、權力分立、國民主權、民主、法治等憲政秩序基本原則,與體現此基本原則的憲法規定彼此間的密切關係,存在著正確的基本認知,並且於自由民主憲政秩序或人權被侵害時,具有基於憲法上的客觀判斷保護憲政體制或救濟權利的意識。周宗憲:〈大學生憲法意識的建構—憲法通識教育課程的設計與教學〉,《實踐博雅學報》第24期,2016年7月,頁58。

然而死刑乃是國家剝奪人民（犯罪人）生命的刑罰，因此以人權議題的講述為主軸的憲法通識課程首應論辨死刑的合憲性，此不僅可凸顯生命權在人權體系中的基礎與核心地位，亦可建構學生有跳脫受多數民意與媒體影響，從人權保障與公益維護的基礎思考此議題的能力，以及對死刑愛惡之自我主觀判斷進行反思的能力，且能透過此議題的反思，涵養學生尊重生命的意識。[3]

三、死刑合憲性作為憲法通識課程議題的思考與論述基礎

在民主法治國家，國家、法律與政府皆是為服務人民，更貼切地說，係為守護、實現人權而有其存在的正當性。而思考、論述人權的保障時，當然係以人民的生命獲得國家保障能存續為前提，從而，憲法通識課程若避談人權議題，尤其是避談國家剝奪人民（犯罪人）生命的死刑之合憲性議題，則此通識課程即失其思考與論述基礎，而淪為僅是對憲法條文意義的機械式解釋，無從建構學生以人權意識為基礎的憲法意識或法治意識。

因此，教師與學生於課堂上討論死刑的合憲性議題時，即應以保障人權（生命權）為思考、論述的基礎，基於法秩序保障人權的本旨，理性客觀地思考死刑制度有無違憲侵害人民的生命權，而不應受其支持或反對死刑的主觀價值判斷所左右、支配。要言之，死刑議題作為憲法通識課程的探討對象，目的並非在於使學生論說其在主觀認知上何以贊成或反對死刑，而是使學生在其既有對死刑主觀存廢認同外，另有依憲法判斷死刑合憲性的慣性思維與能力，亦即「我主觀上雖贊成死刑，但經依憲法客觀判斷後，我認為死刑違憲」，或者「我主觀上雖反對死刑，但經依憲法客觀判斷後，我認為死刑合憲」，皆是在對死刑合憲性為客觀憲法思維後的可能結論。

總言之，法治國家建構法秩序之目的，既然係為保障人權，而非在於限制人權，係為使人權免於國家機關（無論是立法或行政、司法機關）濫用權力侵害，因此於思考死刑的合憲性時，即應秉持捍衛自身與他人人權（生命權）的堅持，對國家剝奪人民生命的死刑刑罰抱持懷疑與不信任的態度，本於憲法保障人權的意旨反思其有無違憲。而此種依憲法保障人權

---

[3] 周宗憲，同前文，頁65。

的本旨思考、判斷憲政議題之能力，可謂是對我國憲政的發展與安定所必
要之現代法治國家公民應具備的核心能力。

參、死刑的合憲性探討

一、死刑概說

　　死刑，係指剝奪犯罪人生命的刑罰。由於生命的存續係人之所以為人
的前提，與其他一切人權的基礎，故而死刑乃被認為係法治國家中最嚴厲
的刑罰。惟應注意的是，死刑作為此所謂最嚴厲的刑罰，當然並非意味其
係對重大犯罪最具嚇阻作用與最具處罰效果的刑罰，此乃因生命的喪失或
自由的終生剝奪何者最為犯罪人懼怕，尚無從定論。不同於世界上多數廢
除死刑的國家，我國現行法中有為數不少的死刑規定。例如刑法第33條規
定「主刑之種類如下：一、死刑。……」此外，刑法第101條的「暴動內
亂罪」、第271條的「殺人罪」、毒品危害防制條例第4條的「販運製造毒
品罪」等，皆設有得對犯罪人科處死刑的規定。

　　「公民與政治權利國際公約」關於死刑設有如次的規定。第6條：
「人人皆有天賦之生存權。此種權利應受法律保障。任何人之生命不得無
理剝奪。」（第1項）、「凡未廢除死刑之國家，非犯情節重大之罪，且
依照犯罪時有效並與本公約規定及防止及懲治妨害人群罪公約不牴觸之
法律，不得科處死刑。死刑非依管轄法院終局判決，不得執行。」（第2
項）、「生命之剝奪構成殘害人群罪時，本公約締約國公認本條並非授權
任何締約國以任何方式減免其依防止及懲治殘害人群罪公約規定所負之任
何義務。」（第3項）、「任何被判處死刑之人應有權要求赦免或減刑。
對一切判處死刑之案件均得邀大赦、特赦或減刑。」（第4項）、「對
十八歲以下人所犯之罪，不得判處死刑；對孕婦不得執行死刑。」（第5
項）、「本公約之任何締約國不得援引本條任何部分推遲或阻止死刑之廢
除。」（第6項）

　　雖然此公約的存在，具有強烈要求締約國嚴格檢視死刑的意旨，但從公
約的上開規定觀之，簽署並批准公約的國家，[4]似乎並非因之即不得建構死刑

---

[4]　我國立法院於2009年三讀通過此公約，並另制定「公民與政治權利國際公約及經濟社會文化權
　　利國際公約施行法」，其第2條明定兩公約具有國內法的效力。

制度。其中，第1項規定的意旨，並非是禁止國家建置死刑制度，而是禁止國家「無理」剝奪人民的生命。有問題的是，何為「無理」剝奪人民的生命？對重大犯罪人的死刑刑罰，是否即該當「無理」剝奪人民的生命？

二、生命權的憲法保護

（一）生命權的內涵

生命權，係指權利人有權主張其生命應受尊重而存續。由於生命的存續係人之所以為人的前提，生命權係其他人權存立基礎之最核心的人權，故而在建構有死刑的國家，相對於國家的主張死刑係僅適用於極重大犯罪，因而係有其正當理由而非恣意剝奪犯罪人生命，生命權的權利人並非不得主張無論基於任何理由，國家皆不得剝奪人民的生命。

生命權既然受憲法最高度保障，因而國家依憲法保障人民生命權的規定或本旨，即負有保障人民生命權的憲法義務。國家負有須建構法律制度，或於事前嚇阻，或於事後處罰剝奪他人生命的犯罪行為之憲法義務。惟有疑義者，乃是國家得否於法律上基於嚇阻或懲罰剝奪他人生命的犯罪行為之目的，建構剝奪人民（犯罪人）生命的死刑？亦即於憲法上，懲罰殺人是否能構成國家殺人（執行死刑）的正當化事由？

（二）生命權於人權類別中的地位與憲法依據

1.人權類別

人權，係作為一個人，在憲法上與法律上，當然應該受尊重，以及應該受法秩序保障的權利。民主法治國家的公權力，無論是立法權、行政權或司法權，均不得恣意限制（侵害）人權。民主法治國家的憲法（立憲主義的憲法），主要係由人權條款與統治機構（國家機關）條款所構成，其中，人權條款乃是憲法的核心內容，此乃因法治國家制憲的目的，本即是藉由權力分立機制以制約國家權力，最終則是為保障人民的基本權。

2.生命權於人權類別中的地位

人權由於皆是以生命存續中的個人作為權利享有主體，例如以自由權為例，係以權利主體的地位向國家主張享有不受國家恣意干預的自由，故而，生命的存續係人得以權利主體的地位向國家主張各類權利的前提，因

此，作為上開各類權利之基礎性權利的生命權，自然在人權體系中，居於最核心且最為重要的地位。

3.生命權的憲法依據

憲法第15條明文保障人民的生存權。生存權的權利內涵應包括一、人民有權主張其生命得以存續，以及二、人民有權主張其得以過著符合人性尊嚴要求的最低限度生活。故而，憲法第15條的生存權保障規定應是人民得主張其生命不被恣意剝奪的憲法依據。[5]

即便憲法第15條未明文保障人民生存權，由於立憲法治國家制憲之目的係為保障人民基本權，係以人權保障作為憲法秩序的基本構成原理，而且，由於生命的存續係人之所以為人與人民其他基本權得以受保障的前提，生命權若不受保障，保障其他人權將失其基礎與不具意義。因此，只要法秩序係以人權保障為其存立目的，則從憲法保障人權的本旨觀之，縱使憲法未明文保障人民生存權，該權利亦當然受憲法保障且是最高度的保障。[6]

三、大法官有關死刑合憲性的釋憲見解及其檢討

關於死刑，大法官曾先後作出釋字第194、263、476號解釋，惟此等解釋是否已釐清死刑的合憲性爭議，亦值得檢討。

---

[5] 學者認為，生存權的保護領域即包括抗拒對生命的侵害之生命權。蔡維音：《社會國之法理基礎》（台南：正典出版公司，2001），頁83。另有認為消極防免生命權遭受剝奪係生存權的當然內容，對於死刑制度，有必要自基本人權觀點重新省視。許志雄等：《現代憲法論》（台北：元照出版公司，2000），頁199（蔡茂寅執筆）。此外，亦有認為憲法所保障的生存權既包括生命權與生活權的保障。李惠宗：《憲法要義》（台北：元照出版公司，2002），頁211。許育典：《憲法》（台北：元照出版公司，2006），頁263。惟日本憲法第25條就生存權係規定：「所有國民有營健康且文化的最低限度生活之權利。國家應於所有生活層面，努力於社會福祉、社會保障及公眾衛生之提升與增進。」學者認為不應將此生存權解為保障國民活下去（生存）的權利，宜解為是生活權。許慶雄：《憲法概論—日本政治與人權》（台北：新學林出版公司，2013），頁212。許慶雄：《憲法入門—人權保障篇》（台北：元照出版公司，1999），頁152

[6] 學者另有認為，我國憲法雖無保障生命權的明文，但由於一切基本權的保障均以生命為前提，故亦得從憲法現有條文中演繹保障生命權的根據，例如得以「舉輕明重」的方式將憲法第8條人身自由保障規定解為亦保障生命。吳庚、陳淳文：《憲法理論與政府體制》（作者自版，2014），頁254（吳庚執筆）。亦有認為生命權係先於國家而存在的一種自然權、固有權或原權，不待憲法明文規定即需保障，憲法若明文列舉保障，係屬事後再確認的性質。李震山：《多元、寬容與人權保障—以憲法未列舉權之保障為中心》（台北：元照出版公司，2004），頁96。

（一）釋字第194號（1985.3.22）

1.解釋要旨

關於戡亂時期肅清煙毒條例之販賣毒品處死刑的規定是否違憲之爭點，本號釋示：「戡亂時期肅清煙毒條例第五條第一項規定：販賣毒品者，處死刑，立法固嚴，惟係於戡亂時期，為肅清煙毒，以維護國家安全及社會秩序之必要而制定，與憲法第二十三條並無牴觸，……。」依本號解釋文與解釋理由書所述，大法官係認為該條例有關死刑的規定，係於戡亂時期為徹底禁絕煙毒，保護公共利益所必要，故未牴觸憲法第23條。

2.檢討

首先，大法官雖指出該死刑規定係為禁絕煙毒與保護公益所必要，但並未論證對人民（犯罪人）法益侵害較輕且是自由刑中最重刑罰的無期徒刑，何以無法達此目的，亦即，缺乏對憲法第23條所要求的比例原則之論證。其次，亦未闡明憲法第23條的明文規定是否已認許國家可在限制人權的行使之刑罰（自由刑）外，另採剝奪人民生命的刑罰（生命刑）？

（二）釋字第263號（1990.7.19）

1.解釋要旨

關於懲治盜匪條例之擄人勒贖唯一死刑的規定是否違憲之爭點，本號釋示：「懲治盜匪條例為特別刑法，其分犯罪情況及結果如何，概以死刑為法定刑，立法甚嚴，惟依同條例第八條之規定，若有情輕法重之情形者，裁判時本有刑法第五十九條酌量減輕其刑規定之適用，其有未經取贖而釋放被害人者，復得依刑法第三百四十七條第五項規定減輕其刑，足以避免過嚴之刑罰，與憲法尚無牴觸。」依本號解釋文與解釋理由書所述，大法官係認為該條例有關唯一死刑的規定，雖屬甚嚴之規定，但法官因可就相關具體情況減輕其刑，已足以避免過嚴刑罰，故未違憲。

2.檢討

本號解釋並非在於論述死刑本身是否違憲，而是在於論述唯一死刑的規定是否違憲，大法官係認為已賦予法官有就具體個案情事酌量減刑之唯一死刑並非違憲。然而，由於唯一死刑制度上仍屬死刑，並未因法官得於

個案減刑，即毋庸再檢視該死刑的合憲性，或謂該死刑因而即屬合憲。[7]
此外，大法官仍未於本號解釋中闡明，無論是唯一死刑或相對死刑，死刑
本身是否已逾越憲法第23條對國家刑罰權的授權範圍？

（三）釋字第476號（1999.1.29）

1.解釋要旨

　　關於毒品危害防制條例所定死刑……是否違憲之爭點，本號釋示：
「人民……生存權應予保障，固為憲法……第十五條所明定；惟國家刑
罰權之實現，對於特定事項而以特別刑法規定特別之罪刑所為之規範，倘
與憲法第二十三條所要求之目的正當性、手段必要性、限制妥當性符合，
即無乖於比例原則，要不得僅以其關乎人民生命……遂執兩不相侔之普
通刑法規定事項，而謂其係有違於前開憲法之意旨。……『毒品危害防制
條例』，其立法目的，乃特別為肅清煙毒、防制毒品危害，藉以維護國民
身心健康，進而維持社會秩序，俾免國家安全之陷於危殆。因是拔其貽害
之本，首予杜絕流入之途，即著重煙毒來源之截堵，以求禍害之根絕；而
製造、運輸、販賣行為乃煙毒禍害之源，其源不斷，則流毒所及，非僅多
數人之生命、身體受其侵害，并社會、國家之法益亦不能免，為害之鉅，
當非個人一己之生命、身體法益所可比擬。對於此等行為之以特別立法嚴
厲規範，當已符合比例原則；抑且製造、運輸、販賣煙毒之行為，除有上
述高度不法之內涵外，更具有暴利之特質，利之所在，不免群趨僥倖，若
僅藉由長期自由刑措置，而欲達成肅清、防制之目的，非但成效難期，要
亦有悖於公平與正義。……毒品危害防制條例第四條第一項：「製造、運
輸、販賣第一級毒品者，處死刑或無期徒刑；……」其中關於死刑……之
法定刑規定，係本於特別法嚴禁毒害之目的而為之處罰，乃維護國家安
全、社會秩序及增進公共利益所必要，無違憲法第二十三條之規定，與憲
法第十五條亦無牴觸。」

　　大法官首先指出憲法第23條的比例原則係要求目的正當性、手段必要
性、限制妥當性。認為對具高度不法性且獲取暴利之煙毒販賣等行為若僅

---

[7] 李惠宗：《憲法要義》（台北：元照出版公司，2002），頁217。對此號解釋，學者另有批評指
出：「如此將法律的不符比例原則的違憲性，僅藉個案法官『主動地』（而非『義務性』的）
減輕被告刑責而排除的觀點，顯然模糊了立法者應有『合憲立法』的義務性。」陳新民：《憲
法導論》，（台北：新學林出版公司，2008），頁132。

採長期自由刑，而欲達成肅清、防制之目的，非但成效難期，亦違反公平與正義。釋示該條例有關死刑之規定，係基於嚴禁毒害之目的，維護國家安全、社會秩序及增進公共利益所必要，未違反憲法第23條。

2.檢討

首先，大法官並未具體論證死刑因較無期徒刑更能嚇阻煙毒販賣等行為，而具有較無期徒刑更高的必要性。其次，如同前述，死刑的規定即便符合比例原則，惟大法官仍未闡明憲法第23條的明文規定是否已授權國家可在限制人權的刑罰外，另可採取剝奪人民生命的刑罰？

（四）小結

綜上所論，上開大法官有關死刑的解釋，縱使退萬步言，即便能說明國家的死刑制度有其必須存在的正當理由，或符合憲法第23條所要求的比例原則，但更攸關我國死刑制度的是否違憲之爭點，惜未為上開釋憲文闡明的根本疑問是：憲法第23條是否已授權國家對於極重大犯罪，可在該條所明定的「限制」權利之處罰外，另可採取更為嚴厲的「剝奪」人民生命之刑罰？易言之，於立憲抑制國家權力濫用以保障人權的法治國家，立法者可否另行建構憲法未明文授權的剝奪人民生命之刑罰？

四、人性尊嚴與死刑合憲性

（一）人性尊嚴的核心地位

人性尊嚴，可謂是作為一個人，在憲法或法律上，應受絕對保護，不受恣意侵害的尊嚴，係立憲民主國家憲政秩序所立基的核心價值。在民主國家，人性尊嚴被高度評價為憲法規範秩序的根本價值原點、[8]憲法中的憲法之基礎。[9]

德國憲法第1條第1項：「人性尊嚴不得侵害，尊重與保護人性尊嚴，乃一切國家權力之義務。」日本憲法第13條前段：「所有國民，作為個人而被尊重。」我國憲法增修條文第10條第6項亦明定：「國家應維護婦女

---

[8] 芦部信喜：《憲法制定権力》（日本東京：東京大學出版會，1987），頁54。
[9] 清宮四郎：《憲法Ⅰ》（日本東京：有斐閣，1989），頁34。

之人格尊嚴……。」其實，人性尊嚴係不待憲法明定，自始即是受憲政秩序所保護者，蓋吾人實難想像恣意侵犯、踐踏人性尊嚴的國家，有成為保障人權的民主法治國家之可能。

我國憲法雖未如德日一般性的明定人性尊嚴與尊重個人，但大法官亦有多號解釋肯認人性尊嚴係保障人權的民主國家所具有的基本價值，係立憲民主國家受絕對保護的最基本人權。例如，釋字第372號解釋：「維護人格尊嚴……，為我國憲法保障人民自由權利之基本理念」，第603號解釋：「維護人性尊嚴……，乃自由民主憲政秩序之核心價值。」第567號解釋謂思想自由係「憲法所欲保障最基本之人性尊嚴」，係國家機關不得藉由任何理由加以侵犯的「最低限度之人權保障」。[10]

（二）人性尊嚴保障與死刑合憲性

依大法官上開解釋意旨觀之，人性尊嚴係我國憲法保障人民自由權利的基本理念，以及係自由民主憲政秩序的核心價值，思想自由之類的最基本人性尊嚴，係國家不得以任何理由加以侵犯的最低限度人權保障。

若從上開大法官的解釋意旨以論死刑的合憲性，由於人性尊嚴無論於人權價值體系中居於如何的高度地位，其終究係以人的生命得以存續為前提，生命若未存續，人性尊嚴實已失去其所附麗的基礎。依大法官的釋憲意旨，思想自由之類的人性尊嚴若係國家需絕對予以保障的最低限度人權，則作為包含思想自由在內的所有人權之存續基礎的生命權，是否更應受絕對保障？蓋若「舉輕明重」，國家若不得以任何理由侵犯人性尊嚴，何以能以其認為正當而不得已之事由，剝奪作為人性尊嚴存立基礎的人民生命。[11]

---

[10] 本號解釋理由書謂：「非常時期，國家固得為因應非常事態之需要，而對人民權利作較嚴格之限制，惟限制內容仍不得侵犯最低限度之人權保障。思想自由保障人民內在精神活動，……，亦為憲法所欲保障最基本之人性尊嚴，對自由民主憲政秩序之存續，具特殊重要意義，不容國家機關以包括緊急事態之因應在內之任何理由侵犯之，亦不容國家機關以任何方式予以侵害。縱國家處於非常時期，出於法律規定，亦無論其侵犯手段是強制表態，乃至改造，皆所不許，是為不容侵犯之最低限度人權保障。」

[11] 對此，學者亦有同意旨的見解，認為人性尊嚴與價值係國家不可剝奪之人的本質，而生命權乃是人性尊嚴與價值存在最重要之基礎，故國家剝奪人民生命權之死刑，係屬對人性尊嚴與價值的重大破壞與違憲，為憲法價值秩序所不容。陳慈陽：《憲法學》（台北：元照出版公司，2004），頁471。

五、憲法第22條與死刑合憲性

憲法第22條：「凡人民之其他自由及權利，不妨害社會秩序公共利益者，均受憲法之保障。」本條得否作為國家對於嚴重妨害社會秩序、公共利益之犯罪人建構死刑刑罰的憲法依據？

首先，憲法第22條的上開規定係所謂的「人權概括保障條款」。法治國家制憲之目的係為保障人權，於憲法中雖列舉諸多人權，但人權的種類繁多，且隨著國家現況的變遷，諸多於制憲時為制憲者所無法預想，但於今亦應受憲法保障的新興人權層出不窮，為避免國家機關以憲法明定的人權清單未列舉該權利為由而不予保障，以及由於國家剛性憲法的設計所導致修憲的高度困難，[12]以致亦無法藉由修憲時時因應國家現況填補憲法人權清單未列舉但應受保障的權利，此際，藉由釋憲者就此「人權概括保障條款」的補充憲法解釋，使國家無須修憲即得使憲法對人權的保障有符合國家發展現況的成長，釋憲者透過本條的解釋所明示的人權保障，當然亦具有拘束所有國家機關的憲法效力。從而，本條的制憲意旨係在於保障人權，而非旨在限制人權。

再者，既然本條的制憲意旨係為補充憲法已列舉的人權清單之不足，則如前所述，人民的生命權既已由憲法第15條所保障，或從人權價值體系觀之，此作為其他人權基礎的最核心人權，係不待憲法明文保障即應受憲法最高度保障者，故而於探討生命權的憲法保障時，自無援引憲法第22條論述之必要，當然更無以性質上係屬人權概括保障條款的憲法第22條，作為國家建構死刑制度與支持死刑合憲結論的憲法依據。

六、憲法第23條與死刑合憲性

憲法第23條：「以上各條列舉之自由權利，除為防止妨礙他人自由、

---

[12] 憲法增修條文第12條：「憲法之修改，須經立法院立法委員四分之一之提議，四分之三之出席，及出席委員四分之三之決議，提出憲法修正案，並於公告半年後，經中華民國自由地區選舉人投票複決，有效同意票過選舉人總額之半數，即通過之，不適用憲法第一百七十四條之規定。」因此，反對修憲的極少數立委（總額1/4又多1席），即得藉由不出席以達否決修憲案之目的。易言之，修憲案若未得立委總額3/4之支持，即難為通過。

避免緊急危難、維持社會秩序，或增進公共利益所必要者外，不得以法律限制之。」本條的意旨係指：國家若具備憲法上的正當事由，得依據法律對人權採取符合比例原則的限制。易言之，憲法授權國家若具備憲法所要求的要件，得對人權採取「限制性效果」的干預或限制。

從憲法第23條思考死刑合憲性時，首應釐清的爭點是：一、死刑係對生命的「限制」或「剝奪」？二、從本條的「限制」權利之規定，有無導出憲法亦授權國家得「剝奪」權利的可能？

（一）憲法第23條的明文與死刑合憲性

1.死刑：生命的「限制」或「剝奪」？

權利的「限制」，指的是權利本身並非整個被掏空、消滅，而是權利人的行使權利暫時性的被限制，權利的行使具有可恢復性。而權利的「剝奪」指的是權利本身整個被掏空、消滅，權利本身既然已不存在，自然無恢復權利的行使之可能性。

死刑，係國家藉由刑罰執行手段，以達使受刑人的生命消滅之刑罰。死刑執行前受刑人生命存在，執行後喪失生命，且不具復活可能性。故而，死刑係屬生命的「剝奪」應無疑義，蓋生命的「限制」實難以想像。

2.「限制」權利的憲法概念中，有無導出「剝奪」權利之可能？

由於法治國家建構法秩序之目的，係為使國家公權力的行使受其約制，避免國家機關的濫用權力以保障人權，故而基於憲法保障人權的意旨，實無在憲法未明定國家得「剝奪」人權的情況下，藉由憲法解釋導出國家得在憲法所認許的對人權為侵害、干預程度較輕的「限制」外，另可對人權採取侵害程度更重的「剝奪」刑罰，蓋此種擴張國家刑罰權的憲法解釋顯已背離國家對人民的刑罰權受憲法所約制之保障人權的制憲本旨。

3.小結

據上所論，剝奪犯罪人生命的死刑，由於已逾越憲法第23條對國家刑罰權僅能對人權的行使加以限制之授權範圍，明顯牴觸憲法的「限制」明

文，恐不具合憲性。[13]

（二）憲法第23條的比例原則與死刑合憲性

　　姑且不論剝奪生命的死刑是否已違反第23條所明言的「限制」，由於依憲法第23條的上開規定之意旨，國家欲合憲限制人權，除須具備正當理由與法律根據外，尚須符合比例原則，故而對死刑的合憲性，亦有從比例原則的角度探討之的必要。

1.比例原則的內涵

　　比例原則的內涵，包括：一、國家所採取的限制措施，需有助於憲法目的之達成，亦即，所採限制若無助於目的之達成，即屬對人民權利不必要的限制。二、若存在多種同樣能達成目的之限制措施，需選擇對人民權益損害較小的手段。亦即，若選擇對人民權益損害較大的限制措施，即屬對人民權益過度的限制。三、限制所產生的損害，不得大於限制所獲致的利益。比例原則係憲法第23條所要求之具有憲法位階的原則，其對於個別法規的解釋與適用，甚至對於立法本身，皆具有規範效力。釋字第588號解釋理由書：「比例原則係屬憲法位階之基本原則，在個別法規範之解釋、適用上，固應隨時注意，其於『立法』尤然，目的在使人民不受立法機關過度之侵害。」

2.比例原則與死刑合憲性

　　若依前揭比例原則的內涵，得對死刑的合憲性為如次的檢驗。

　　首先，死刑的刑罰制度，是否有助於達成維持社會秩序之憲法目的？由於死刑係法治國家剝奪人民生命的最嚴厲刑罰，藉由人普遍對喪失生命的畏懼，死刑確實並非不能達到嚇阻人不敢為重大犯罪與懲罰重大犯罪之

---

[13] 同意旨的觀點，另請參閱陳慈陽：《憲法學》（台北：元照出版公司，2004），頁471。另有見解認為，憲法第23條提供立法者以法律限制人民自由權利的依據，但生命本身不能限制，遑論剝奪。李震山：《人性尊嚴與人權保障》（台北：元照出版公司，2000），頁48。惟亦有學者認為，由於無法排除「共同體成員決定對於惡意侵害他人生命、健康等重大法益的行為人加以永久隔離的處置」之可能性，故而生命權的剝奪並非「當然」違憲，死刑的存廢最終仍應訴諸人們的共識。蔡維音：《社會國之法理基礎》（台南：正典出版公司，2001），頁84。惟有疑義的是：即便我國國民對死刑具有高度共識，此共識能否在其未轉化成可依據適用的具體憲法規範前，成為得置憲法明文於不顧，據以判斷死刑合憲的憲法根據？

目的。因此,死刑的存在或可謂是為維持社會秩序所必要。

然而,其次,在國家所有刑罰制度中,死刑是否係唯一能達成嚇阻或懲罰重大犯罪的刑罰,易言之,在既存刑罰或新建制的刑罰中,是否尚存既能達成死刑所欲實現之目的且是對人民權益侵害較小的手段?於我國現行的刑罰制度中,自由刑中最嚴屬者當屬無期徒刑,若無期徒刑係此所謂既能嚇阻或懲罰重大犯罪且是對人民權益侵害較小的手段,則死刑制度的採用即屬違憲。

無期徒刑係指無限期對自由的限制之刑罰,但依現行刑法假釋制度的規定,無期徒刑受刑人於執行滿25年且有悛悔實據即有被假釋的可能[14]。此種至少執行滿25年即有可能被假釋的無期徒刑,是否如死刑般亦具有嚇阻或懲罰重大犯罪的作用?藉由人對長期喪失自由之畏懼,無期徒刑的確不能謂無嚇阻或懲罰重大犯罪的功能,但我國係保障人權的民主國家,對無期徒刑受刑人刑罰的執行亦須踐行基本人權的保障,且因有假釋制度的適用,無期徒刑受刑人非必然終生自由受限制於監獄,故而,此類有假釋制度適用的無期徒刑,是否與死刑同樣具有嚇阻或懲罰重大犯罪的功能,恐非無疑。但若修改現行假釋與赦免之規定,建構不適用假釋、赦免制度之終生監禁的無期徒刑,先姑且不論此類無期徒刑是否亦有違憲的疑慮,[15]若此類無期徒刑係與死刑同屬能普遍嚇阻或懲罰重大犯罪的刑罰,且是對人權侵害較小的手段,則於此刑罰制度下,死刑恐不具合憲性。

七、結語

綜上所論,死刑刑罰是否違憲侵害應受憲法最高度保障的生命權,雖然從比例原則觀之,現行可適用假釋制度的無期徒刑,由於其嚇阻與懲罰重大犯罪的效果可能不如死刑,而可認為死刑並不違反比例原則,但若從憲法第23條的明文與大法官就人性尊嚴的釋憲「舉輕明重」觀之,死刑恐不具合憲性,而大法官上開有關死刑的釋憲,皆未能就此點釐清死刑的違

---

[14] 刑法第77條第1項:「受徒刑之執行而有悛悔實據者,無期徒刑逾二十五年,……,由監獄報請法務部,得許假釋出獄。」

[15] 即便是現行可適用假釋制度的無期徒刑,由於受刑人並非必然得被許假釋出獄,故而此對人身自由權的無期限之限制,實質上已屬對人身自由權的剝奪,其是否亦違反憲法第23條對自由權利僅能「限制」不得「剝奪」的限定,並非無疑。更何況不適用假釋、赦免制度的無期徒刑,恐受更強烈的違憲質疑。

憲疑義。

肆、結論

　　立憲法治國家存立與制憲的目的，由於係藉由憲法建構以保障人權為本旨的法秩序，透過權力分立憲法制度制約國家公權力的行使，其最終目的即是為保障基本人權。故而為法治國家所重視的憲法通識課程之教育目標，應在於涵養學生以人權意識為核心的憲法意識，人權議題的討論自然應是此憲法通識課程的主軸。而藉由攸關最核心人權的生命權之死刑合憲性議題的討論，不僅可豐厚學生的生命（含被害人與加害人）意識，亦可培養學生對支持或反對死刑的主觀認知進行客觀的反思與批判之能力，而此教育目標，對國家永續運營民主憲政所不可或缺的憲法文化之形成，當然極為重要。

　　法治國家建構法秩序之目的，係為確保人權，而為保護人權免於被侵害，國家當然得且亦應建構犯罪與刑罰須符合比例原則的刑罰制度，藉以事前防止或事後處罰侵害人權的行為。惟無論國家係依據如何不得个的正當理由，以及能論證死刑的存在係符合憲法第23條所要求的比例原則，但最根本的問題是，國家所建構的死刑刑罰是否已牴觸第23條對國家刑罰權的授權界限？或是從憲法的其他明文規定或憲法的體系解釋，是否另可導出死刑合憲的結論？對此，如前揭對大法官有關死刑合憲性的釋憲之檢討，大法官於釋憲中並未釐清闡明。

　　本文認為，為保障人權免於國家權力的恣意侵害，對憲法條文意涵的解釋，應基於憲法保障人權的本旨，對具處罰人民效果的條文，不應採取擴張解釋的方法，國家刑罰權僅能於憲法所明定的限度內行使。據此而言，我國現行的死刑刑罰，無論如何地具備存立正當理由，以及獲得國民極高度支持，恐亦不具合憲性。從而，修法廢止死刑以符合憲法的規範，或是修憲建構認許死刑的憲法制度，抑或是於從嚴修改無期徒刑的刑罰內涵後廢止死刑，以符合憲法的規範等，應是我國對重大犯罪建構合憲的刑罰制度時，所可能思考的選項。

（謹以此拙文敬呈始終堅持知識分子良心與理想的許慶雄教授）

裁判書裡的「轉型正義」──整理與分析研究

羅承宗

南臺科技大學財經法律研究所副教授

壹、問題背景

所謂「轉型正義」（transitional justice）係指一個威權、專制、獨裁或極權的政權，在經過民主化而轉型為民主政體之後，新政府進行彌補、平反過去統治者透過國家暴力所進行之種種破壞體制、侵害人權舉措的善後工作，並採取扭轉、矯正在該體制下所形成的特權階級及其盤根錯結共犯結構的積極措施[1]。權以國家圖書館台灣期刊論文索引系統，以「轉型正義」作為篇名關鍵字，並設定學術性資料進行檢索，可以查得計75篇相關期刊論文，系統並將學者吳乃德2006年6月於思想季刊第2期所發表的〈轉型正義和歷史記憶：台灣民主化的未竟之業〉列為首篇著作。若進一步以發表時間分布分析，以2016年作為分水嶺，台灣學術界從2006年至2015年共9年期間才緩慢累積共37篇期刊論文；值得注意的是，到了2016年後，短短不到2年期間，所累積的研究成果，已與昔日9年產出數量等量齊觀[2]。藉由以上的期刊論文統計，當可驗證近2年來學術界對轉型正義「由冷到熱」的關注傾向。

再者，在2016年公布的科技部人文社會科學研究中心〈法律學門熱門及前瞻學術研究議題調查」結案報告〉裡，一方面對台灣對於過去威權體

---

[1] 《國家願景・我們的主張：轉型正義》，新台灣國策智庫，2011年9月，第9頁。晚近有關轉型正義定義更詳細的整理，可參王勁力，〈「歷史正義與權力回復法」草案評述〉，《黨產研究》，第1期，2017年8月，第182-184頁。不過要注意的是，轉型正義作為興起於1990年代的新興研究領域，其獨特性有待持續考察，有關其意義的解釋，也應在不斷納入新的案例的同時，獲得不段地修正與擴充。石忠山，〈轉型社會的民主、人權與法治─關於「轉型正義」的若干反思〉，收於施正鋒主編《轉型正義》，台灣國際研究學會，2013年11月，第64-65頁。

[2] 統計台灣期刊論文索引系統，網址：http://readopac.ncl.edu.tw/nclJournal/（造訪日期：2018年2月6日）。另外有關法律學科研究所學位論文部分，以「轉型正義」為關鍵字，目前計有1篇博士論文及9篇碩士論文。統計自國家圖書館台灣碩博士論文知識加值系統，網址：https://ndltd.ncl.edu.tw（造訪日期：2018年2月6日）

制所遺留下來的種種問題，例如加害者責任、政治檔案、司法正義等，尚未進行夠廣泛、夠深刻的轉型正義措施，以致民主深化及鞏固時見挑戰，甚至自限困境提出反省[3]，另一方面則將轉型正義列為具有前瞻性、熱門性的法學研究議題，並進而具體指出所涉及的研究議題包括：一、轉型正義的法哲學研究，特別是責任與罪過。二、轉型正義的比較法與立法模式研究。三、加害者責任之追究機制，例如刑事追訴的可能性與困境、除垢法。四、被害者權利之保障機制，包括被大法官認定合憲的國安法不得上訴之規定。五、檔案開放機制，特別是被害者的真相知悉權與保障告密者之間的衝突與平衡[4]。這份結案報告，同樣佐證了相關學術研究勢必更趨熱絡的走向。

　　從民主政治發展來看，台灣學術界對轉型正義的熱絡討論傾向頗易詮釋。「落實轉型正義」本為民主進步黨總統候選人蔡英文高舉的重要政治改革政見之一[5]，2016年總統與國會大選結果，民主進步黨取得贏得總統與國會過半席次，意味著轉型正義將逐漸從「選前政見」落實到「選後政策」的必然發展。在2016年5月20日的就職演說裡，總統蔡英文也提到：「新的民主機制要能夠上路，我們必須先找出面對過去的共同方法。未來，我會在總統府成立真相與和解委員會，用最誠懇與謹慎的態度，來處理過去的歷史。追求轉型正義的目標是在追求社會的真正和解，讓所有台灣人都記取那個時代的錯誤。我們將從真相的調查與整理出發，預計在3年之內，完成台灣自己的轉型正義調查報告書。我們將會依據調查報告所揭示的真相，來進行後續的轉型正義工作。挖掘真相、彌平傷痕、釐清責任。從此以後，過去的歷史不再是台灣分裂的原因，而是台灣一起往前走的動力」。等語[6]。

---

[3] 引自〈法律學門熱門及前瞻學術研究議題調查」結案報告〉，科技部人文社會科學研究中心委託（規劃案編號：MOST 104-2420-H-002-016-MY3-PH10412），2016年，第20頁。至於亦有反對的見解，主張要涉及「重大侵害人權之罪行」而涉及國家社會之重大公益，明顯超過法安定性所要維護的利益，才能作為正當化依據。參見陳清秀，〈論轉型正義：兼談不當黨產法制問題〉，台灣法學雜誌，第314期，2017年2月28日，第102頁。

[4] 同前註，第21-22頁。

[5] 當時蔡英文總統候選人提出「五大政治改革」訴求，其中第4項即承諾推動轉型正義。參見〈五大政治改革〉，2015年8月16日，點亮台灣網站，，網址：http://iing.tw/posts/51（造訪日期：2018年2月6日）

[6] 〈總統發表就職演說宣示改革決心打造「團結的民主」、「有效率的民主」、「務實的民主」〉，2016年5月20日，總統府網站，網址：http://www.president.gov.tw/NEWS/20444（造訪日

　　反映到實定法上，2016年8月通過施行的政黨及其附隨組織不當取得財產處理條例（以下簡稱黨產條例），開宗明義將「建立政黨公平競爭環境，健全民主政治，以落實轉型正義」明文列為本條例之立法目的（黨產條例第1條參照），讓轉型正義首次成為實定法裡的法律用語。接著，於2017年12月通過施行的促進轉型正義條例（以下簡稱促轉條例），不僅法律名稱即明白高揭轉型正義理想，法條內容亦對轉型正義多所論及（促轉條例第1條、第2條、第4條與第7條參照）[7]。

　　台灣的民主政治能否進一步獲得鞏固、是否能避免威權統治復辟、甚至淪為民主崩解，關鍵在於轉型正義能否真正落實[8]。在行政與立法兩權積極推動轉型正義工程的當下，法院作為社會正義的最後一道防線，在相關判決書裡，迄今對轉型正義此一概念究竟持如何理解？頗值研究。本文爰以裁判理由為中心，就法院曾經做出的相關論理，進行歸納整理與分析。

貳、法院相關判決整理

　　以「轉型正義」作為關鍵字進入司法院判決書查詢系統進行搜尋，初步得出各級法院民事訴訟部分計約33筆、刑事訴訟部分24筆、行政訴訟部分計約20筆，裁判書數量尚屬有限。不過特別要注意的是，裁判書內的轉型正義可能為兩造當事人於攻擊防禦過程中所主張，未必真的被法院參採。因此，若要進一步探究法院對轉型正義的論述，必須要從每筆裁判書的判決理由內進行探查。其次，如前所述，法院判決理由提及轉型正義的案件類型，分佈於民事、刑事與行政訴訟三個領域。以下即分就三領域的相關法院見解，進行整理歸納。

期：2018年2月6日）
[7]　2017年12月通過施行的國家人權博物館組織法，其掌理事項包括：一、辦理威權統治時期相關人權檔案、史料、文物之典藏、研究、展示及教育推廣等業務。二、白色恐怖綠島紀念園區、白色恐怖景美紀念園區經營管理業務；協助威權統治時期不義遺址之保存及活化…等事項（同法第2條參照）。該法條文雖無使用「轉型正義」詞彙，但性質上仍屬轉型正義相關法律一環。惟鑑於其運作較難與法院發生關連，故本文略而不談。
[8]　施正鋒，〈台灣轉型正義所面對的課題〉，收於前揭施正鋒主編《轉型正義》，第285頁。

一、民事裁判部分

（一）詮釋民法第833條之1之立法意旨

　　按民法第833條之1規定，地上權未定有期限者，存續期間逾二十年或地上權成立之目的已不存在時，法院得因當事人之請求，斟酌地上權成立之目的、建築物或工作物之種類、性質及利用狀況等情形，定其存續期間或終止其地上權。針對本條的立法意旨，士林地方法院102年度重訴字第337號民事判決曾指出，**民法第833條之1之規定係以溯及既往之方式，進行物權關係調整，以實現轉型正義，對於現狀之存在秩序，應給予一定程度之尊重，並提供過渡期間緩衝**。士林地方法院103年度訴字第426號民事判決亦原封不動地移植上述見解，並指出除非土地現狀已經閒置，或其使用方式根本逸脫地上權之原來目的（如由建築物改為農牧使用或其他目的），不宜率爾認定地上權成立目的已不存在。

（二）不得作為損害賠償免則事由

　　士林地方法院96年度訴字第1311號民事判決指出，被告系爭文字內容，乃具體指稱原告曾經為職業學生、校園特務之工作內容，應屬陳述事實性質之言論。**被告並非對於某真實或已為大眾傳述之基本事實而為評論或為價值判斷，自無從援其為轉型正義可受公評之事項善意發表評論而阻卻其言論之違法**。再者，職業學生制度之存在本身，固然在探究民主法治社會歷程中，有其社會關注性，而涉轉型正義而與公共利益相關，然若提及某現仍存在、且並非擔任政府官員、公眾人物之個人涉及職業學生、校園特務之行為事實，即難認與公共利益相關……此時公共利益之保護，顯然即須退居於個人名譽之保障價值之下。查系爭文字之內容，顯並非對職業學生制度為批評，而係在傳述並非公眾人物、政府官員之原告個人涉及職業學生、校園特務等事實，自難認與公共利益相關，而可援引上開事由免責。

　　另一個類似見解則見於臺南地方法院105年度訴字第292號民事判決。本案源於2014年2月22日，公投護台灣聯盟數十名成員至台南市定古蹟湯德章公園內的孫文銅像處，以繩索拋向銅像套頭，隨後將銅像拉倒在地

的事件[9]。在此判決裡，法院認為系爭銅像之所有權、管理權既歸屬原告
（即台南市政府），被告就系爭銅像之故意拉扯毀損，應負侵權行為之損
害賠償責任。是被告對於原告所有系爭銅像有毀損侵權行為之事實，並不
爭執。**雖被告抗辯是為對原告法定代理人之政治上轉型正義所為云云。然
系爭銅像係公有、公務管理，供公共紀念用途，並非私人之財物可比，從
而，被告抗辯係為原告法定代理人無因管理行為云云，尚無可取**。復以我
國為多元民主法治社會，國民多元意識形態與民主信仰，須獲國民互相尊
重，被告所堅持理念得循合法途徑，爭取履行政見或實現承諾，不得逕以
實力之侵權行為，強制他人接受其意識形態。被告以拉扯毀損之侵權行
為，破壞銅像，非法所許。

（三）作為調和原住民族之狩獵文化現今法令衝突之概念

　　台灣花蓮地方法院105年度原花簡字第11號民事判決所涉及的是妨害
名譽案件，但案件發生的簡中背景，卻是被告為避免再有銅門部落族人遭
人檢舉而觸法，遂在Facebook社群網站「銅門社區」網頁中發表言論，藉
以提醒銅門部落族人注意原告告密的情事。對此，法院不但駁回原告之
訴，並於判決中進一步闡述：狩獵乃原住民族傳統文化之核心，不僅與生
存之方式有關，且在其文化中尚具有自我實踐的精神層次，一個男人只有
成為一個真正的獵人，才能被祖靈所肯定，才具有生命之意義，在這樣的
文化及信仰的精神下，狩獵已不是單純獲取動物蛋白質食用之生活手段，
尚具有追尋自我價值及文化認同之意涵，本應予尊重。**然現今法令限制對
於原住民族之狩獵文化之壓抑甚多，本屬轉型正義理念下該思考如何調和
之問題**。

二、刑事裁判部分

（一）不得作為誹謗阻卻違法事由

　　本案與前揭士林地方法院96年度訴字第1311號民事判決為同一事實，
乃被告所撰書籍中指摘原告為「校園特務」，並經檢察官提起公訴。士林
地方法院95年度易字第988號刑事判決認為，被告雖以所為係為促進「轉

---

[9] 中華日報，〈獨派拉倒南市國父銅像〉，2014年2月23日，第A1版／全國焦點。

型正義」而為辯解，然「轉型正義」僅能以高度之道德及法治為據，始能獲致堅實之存立基礎。被告以欠缺合理根據之主觀臆測以代真相，顯於正義之實現無所助益，亦與初衷有違，是仍不能以此據為有利被告之認定，並認為被告構成誹謗罪。本件經被告上訴至高等法院，惟高等法院亦採相同見解，高等法院96年度上易字第2695號刑事判決認為，**被告雖辯稱其所為係為促進「轉型正義」云云，然「轉型正義」僅能以高度之道德及法治為據，始能獲致堅實之存立基礎。被告以欠缺合理根據之主觀臆測以代真相，顯於正義之實現無所助益，亦與初衷有違，於法自不得以此據為被告有利之認定。**兩相對照，二審裁判的論述顯乃一審裁判的完全複製。

（二）作為提醒法官謙抑的警惕

　　本案起因於2013年5月31日民眾為表達嘉義市政府流浪動物收容所設備不完善及捕犬過程不人道，於嘉義市政府前所進行的陳抗活動。衝突過程中，檢察官因認被告等分別觸犯聚眾妨害公務、對公務員依法執行職務時施強暴脅迫、公然侮辱依法執行職務之公務員等罪嫌，遂對民眾提起公訴。高等法院臺南分院104年度上訴字第820號刑事判決駁回檢方上訴，更語重心長指出：本案陳抗活動乃致於收容所之改善，足以適切告訴國人，特別是公部門，宜以寬容的角度來看待引發思辨社會現狀合理性的陳抗活動者，給個空間，讓社會不平等有被揭露、討論，進而弭平、修復的實踐可能，而不是概視為麻煩製造者，對之事前相應不理，事中防堵、壓制、驅離，事後動輒以刑罰及訟累威嚇、處罰、懲儆。於此同時，**職司刑事法律者，應體認刑罰之目的是追求一個多元衡平的利益狀態，在社會前進過程中，刑罰必須是謙抑的，以免日後為進步社會嘲諷，甚或為轉型正義的對象。**同時法院認為，道理、原則，法律人皆懂，應控制的，是對正義的單線想像、情感與情緒。況依證據裁判主義、無罪推定原則，檢察官縱認被告等人抗辯均無可採，理應細究現場蒐證錄影，全盤勘驗，釐清案件整體脈絡。然檢察官提出之現場勘驗筆錄及畫面，多數係殘章片影，難以完整拼湊，自不能望圖取義，為不利被告等人之認定。

（三）作為解嚴後司法公信力未能重塑之反省

　　台北地方法院105年度易字第346號刑事判決首先指出，被告於系爭妨害名譽案件該日審理時之言行，係因不了解刑事訴訟制度及交互詰問程

序，認遭受司法不平對待而為不滿、不服之情緒表達，尚難遽認有侮辱特定公務員之故意，且衡以其當時情緒狀況及法院審理過程，亦難認其係於已認知承審法官所發維持法庭秩序命令，知悉所受制止之具體特定之妨害法庭秩序或不當行為之下，猶為再度違反該命令之行為，並經法官制止後仍不聽而再違反該命令致妨害法院執行職務結果之情，是其所為亦與法院組織法第95條違反維持法庭秩序命令之犯罪構成要件不合。其次，分析被告對司法不公之主觀認知，於審判庭上喊冤式之答辯方式，法院進而指出或許凸顯「國家體制之現代刑事訴訟審檢辯制度」與「人民普遍之前現代父母官糾問式法律文化思想」間之落差及相關法治教育未殆之處，同時顯示**解嚴後轉型正義仍付之闕如致司法公信力未能重塑之問題……**，實應透過相關法治教育及加強司法與社會間有效溝通對話解決，尚非立法者所以制定法院組織法第95條予以刑罰處罰之範圍。

（四）作為放寬槍砲彈藥刀械管制條例第20條第1項「供作生活工具之用」之理由

　　台灣台北地方法院106年度原重訴字第2號刑事判決指出，被告朱文傑所屬排灣族原住民，現有之主要活動範圍固為台灣南部（北起大武山地，南達恆春，西自隘寮，東到太麻里以南海岸）等情，然此現有之主要活動範圍實係歷經荷西統治、鄭氏政權、清朝收歸、日本統治到國民政府時期乃至迄今，原住民族傳統領域為西方列強、漢人等外來他者不斷侵占、收歸私人或國有而逐漸退縮之結果。於種種外來他者先後侵略並主導之政治、經濟、法律、文化等各面向強勢實力之傾軋下，原住民欲專以傳統狩獵為生，非僅不易，且已遭入侵而範圍萎縮之傳統部落，更難期提供足以維生之充分就業機會，是原住民往往被迫選擇離開部落，至城市等他鄉以現代社會之工作謀生，惟其於慶典、農閒或工作閒暇之餘持自製獵槍於原住部落或現居地之鄰近山區進行狩獵，以持續累積狩獵經驗、維持狩獵技能，應仍屬傳統文化內涵之展現。**基於維護原住民傳統習俗文化及發展，更為體現轉型正義，槍砲彈藥刀械管制條例第20條第1項「供作生活工具之用」之解釋，自應因應原住民為適應現代漢人主導之社會變遷發展而造成之工作、生活型態及場域之改變而放寬，只要本於與其傳統習俗文化目的有關而自行製造或持有之獵槍，即應認係供作生活工具之用，不以專恃狩獵維生或以狩獵為其生活主要內容者為限，亦不應限制僅能於（已遭入**

侵而範圍不斷萎縮且不易謀生之）傳統部落中狩獵所用。

（五）認昔日乃威權時代，並肯認現今各種補償法制乃轉型正義措施

台灣桃園地方法院94年度賠字第12號決定書雖駁回聲請人等因涉叛亂等案件冤獄賠償聲請，惟於決定書仍指出，在當時的法治不健全的非民主威權時代，政府任何匪夷所思的侵害人權作為，如聲請人等悲苦的遭遇，均可想像，**所以在轉型政府及社會的現今年代，始有如上各種補償法制的轉型正義措施出現。惟轉型正義的補償仍有其極限，如未能證明聲請人等於服役期間，屬於本院所擴張上述人身自由「實質」受拘束之情狀，仍無法準用或依據「戒嚴時期人民受損權利回復條例」、「冤獄賠償法」等規定，冒然准予賠償。**

（六）反省我國未戮力推動轉型正義工程

台灣高等法院104年度上訴字第2259號刑事判決所涉及者乃誣告案件。值得注意的是，在這個判決書裡，法官採取相當具有歷史縱深的視野，反省從威權時代以來負責防貪、肅貪等執法人員的諸多弊端。法院首先指出，在法務部廉政署成立前，政風人員、犯罪偵查機關浮濫移送、起訴公務員涉犯圖利罪的情況，仍未大幅改善。尤其公共工程市場龐大，為爭奪利益，有意競逐的廠商往往弄得黑函滿天飛，其檢舉內容不實，有惡意打擊、攻訐被檢舉者，甚而挾怨誣指被檢舉者貪贓枉法者，意圖藉行政監督干預機關正常運作，政風、主計、檢調等人員忙成一團，如果未善盡查察、調查把關之責，即可能讓公務員不敢勇於任事、棄守法令所賦予的專業裁量權限。其次，法院援引監察院資料顯示：從2000年7月起至2013年5月止，以貪瀆罪名起訴的案件的平均定罪率僅61.9%，如果剔除以貪瀆案件偵辦而以其他罪名起訴的定罪率，更僅有57.4%；對照之下，自2008年起至2010年止，日本檢察體系在一般刑事案件平均定罪率達98%，貪瀆案件定罪率也介於88.4%至95.2%之間…又新加坡僅設有貪污調查局負責肅貪，並未在其他公務機關另設分支機構，該國歷年來的清廉印象指數，卻始終名列前茅；反之，我國在各政府機關普設專職人員的政風人員從事防貪工作，歷年來的清廉印象指數卻始終遠遠落後新加坡，這顯示除了公務員法制、防制貪污法令上有諸多缺失之外，也與**我國迄未戮力推動**

轉型正義,而使政風人員的法治素養不足所致。

　　法院更令人動容的論述,在於對我國政風體系建置的爬梳與批判。法院坦率點出,從歷史發展的軌跡來看,政風體系的前身是「人二」。話說國民黨政府在國、共內戰失敗而退守台灣後,基本上維持8年對日抗戰時的戰時體制與訓政時期的一黨專政,而不是所謂的憲政體制。於40年代成立的國家安全局後,統攝各情報機關(如警備總部、調查局、情報局),這些如蜘蛛網般的特務系統,發揮了白色恐怖的作用,對於批評或反對國民黨者、持不同政見者進行整肅迫害,任意冠上意圖顛覆政權的罪名,將刑罰範圍極度擴張,造成大量的冤案,藉以鞏固威權統治。其中民國42年7月起政府機關即設置安全單位,秉持首長之命,辦理保防及政風工作;民國61年8月起行政院為精簡組織,將安全單位人員與業務併入人事單位,遂將保防(原安全處(室))單位更名為「人事處(室)第二辦公室」,簡稱人二處(室),亦稱為人事查核單位。「人二」受調查局的指揮監督,辦理機關的保防、安全防護與政風工作。民國80年國民大會決議廢止《動員戡亂臨時條款》後,原先依據《動員戡亂時期保密防諜實施辦法》設置於政府機關內部,執行保防工作、機關安全維護工作與政治風氣調查工作的「人二」,已失去了存在的合法性,法務部遂於民國81年研擬《政風機構人員設置管理條例草案》,經立法院同意後,在同年7月公布施行,正式將全國人二處(室)法制化,「人二」也正式改為政風,隸屬於法務部政風司的指揮監督,原有從事人事查核工作人員就地改為政風人員[10]。從而,法院毫不避諱指出,**許多現有政風人員原本是威權統治時期從事政治偵防工作的人員,民主轉型後並未進行「除垢」,加上台灣社會始終未曾戮力推動轉型正義工程,各種威權統治時期形成的機關文化、辦案模式,即可能在有形、無形中沿襲下來,則這時許多政風人員即可能因法治素養不足,繼續以過去的作法從事政風、防貪工作[11]。**

---

[10] 法務部政風司於1992年8月18日正式掛牌,當時法務部長呂有文於成立大會時即表示,從今天起「人二」單位法制化,由政風司取代,日後將負責廉潔端正政風,並負責機關安全工作,不再執行忠誠查核及保防工作。聯合晚報,〈人二法制化政風司今掛牌〉,1992年8月18日,02版/話題新聞。

[11] 從「人二」變身為「政風」過程中,當時即有針對人員「不能換湯不換藥」的質疑。1992年10月間,時任屏東縣長的蘇貞昌曾拒絕批示縣政府政風室的組織編制,並表示雖支持人二室改為政風室,以專司弊絕風清、監督公務人員品德及操守的工作。但不能換湯不換藥。忠誠資料要銷毀外,政風室的人事任用及考核權也應回歸地方首長,使地方自治的首長權完整。聯合報,

（七）白漆塗刷古蹟黨徽威權圖騰無毀損古蹟犯意

　　按本案被告3人均為臺北市議會議員，因不滿臺北市政府修復國定古蹟臺北府城東門（即景福門）時，將屬古蹟範圍北側「山牆黨徽圖案」塗漆修復，遂於2009年5月26日上午，進入位於臺北市國定古蹟臺北府城東門工地，以白漆塗刷抹去在北側之「山牆黨徽圖案」。本件檢方認為被告等違反文化資產保存法第94條第1項第2款毀損古蹟一部罪嫌，而提起公訴。台北地方法院99年度訴字第930號刑事判決認為被告等3人無罪，至於在理由構成部分，除了在客觀行為上白漆塗刷與毀損尚有相當距離外，法院亦是採取令人動容的開闊歷史視野，藉此個案審理過程中深入反省從威權時代以來威權圖騰象徵與轉型正義問題。

　　首先，法院指出，國定古蹟臺北府城門建有「山牆黨徽圖案」之政治圖騰淺浮雕，在我國轉型為民主法治國家後，如何處理此一威權體制之產物，乃各界所應深思之嚴肅課題。**因威權統治型態會對人民權利產生極大之迫害與限制，遂有轉型正義之問題。所謂之「轉型正義」，廣義而言，係指如何面對、處理對過去威權體制在政治、經濟、社會、文化等各個層面之種種遺緒；狹義而言，則係指國家於政治統治轉型至民主政治後，應如何處理舊政權成員所犯下侵害人權之罪行問題**⋯⋯而我國過去長期戒嚴、黨國不分之問題，經由漸進調適之方式，透過終止動員戡亂時期、多次之憲法修正，走出議題切割式之分期憲改方式，由執政者手中完成民主轉型，以致民主轉型與政權更迭並不同步，成為我國民主轉型之最大特色⋯⋯。**惟無論如何，二次政黨輪替已確立我國為立憲主義之現代民主法治國家，但轉型之歷史仍須還原，「還原歷史，為的是繼續前行」，轉型正義係要通過對舊體制之檢討，去確立新體制之價值，避免重蹈錯誤，因此應為整個社會之反省，而非簡化成壓迫與被壓迫者結構之翻轉⋯⋯這可由憲法之規範意旨去尋求解決之道。**按「國家肯定多元文化，並積極維護發展原住民族語言及文化」，中華民國憲法增修條文第10條第11項定有明文。為落實轉型正義並符合憲法增修條文之規範要求，民國94年2月5日修正公布之文化資產保存法，第1條即由「本法以保存文化資產，充實國民精神生活，發揚中華文化為宗旨」，亦即獨尊「中華文化」之規定，修正為：

〈拒批政風室組織編制蘇貞昌爭地方自治權〉，1992年10月3日，06版／社會觀察・大家談。

「為保存及活用文化資產,充實國民精神生活,發揚多元文化,特制定本法」,即應作為本件爭議處理之指導原則。

接著,法院指出,國定古蹟臺北府城東門於民國55年改建時,建有國民黨威權體制下黨國不分之「山牆黨徽圖案」淺浮雕,在我國歷經二次政黨輪替下,為落實轉型正義並符合憲法增修條文、文化資產保存法「尊重多元文化」之規範要求,臺北市文化局在民國97年辦理此次「臺北市文化觀光景點設施改善及推廣」計畫時,本應在從事該「山牆黨徽圖案」淺浮雕之維護事宜時,特別注意該「山牆黨徽圖案」之塗漆事宜,避免不必要之爭議。惟證人即負責本件臺北府城管理維護計畫之臺北市文化局承辦人,於本院審理時結證稱:「(問:將山牆裡面的國民黨黨徽顏色用藍色作維護,此事是何人提出的意見?)當初在設計中沒有提出這個意見。(問:何人決定塗成藍色?)這點我不清楚,我想應該是建築師認為黨徽應該是藍色的。(問:文化局和建築師事務所的合約裡面有無明確提到山牆黨徽的顏色要作藍色的塗色修復?)沒有」等語,顯見臺北市政府文化局自始忽略此一問題之嚴肅性。是以,待該「山牆黨徽圖案」完成塗漆時,自然易造成不同意識型態者之反彈。而被告三人辯稱於民國98年5月22日發現景福門被漆上國民黨黨徽,經以電話詢問臺北市政府文化局何以有此作為,該局表示係日常維護工程後,當日下午隨即前往景福門召開記者會加以質疑等情,業據證人即臺北市政府文化局局長於民國98年5月27日之公聽會陳稱:「今日的公聽會是上禮拜五(5月22日)議員在議會提出問題後,市長承諾將儘速召開公聽會以廣聽大家意見」等語,顯見被告等前述所辯,尚非無據。被告等既係為表達對過去威權體制之抗議,以及主張黨徽圖案將撕裂民族情感,在召開記者會多日後,見臺北市政府文化局遲未處理,才於民國98年5月26日上午,未經允許進入國定古蹟臺北府城東門工地,以白漆塗刷在北側之「山牆黨徽圖案」,則被告等是否毀損古蹟之主觀犯意,即非無疑。綜上觀點,法院認定該**「山牆黨徽圖案」政治圖騰既彰顯當年威權統治時代黨國不分、獨尊中華文化之意識型態,被告等作為臺北市議會議員,且為反對黨即民主進步黨之黨員,為表達其政治訴求而僅以白漆塗刷該「山牆黨徽圖案」,而非予以敲打毀壞,即難認被告等有毀損古蹟之主觀犯意。**

三、行政裁判部分

（一）通訊傳播管制屬於轉型正義課題，通傳會具有關鍵的民主轉型意涵

　　台北高等行政法院98年度訴字第1714號行政判決指出，我國歷經長期戒嚴，言論傳播之管道極端受限，於國民民主人格之形成有極不利之影響。解嚴後，隨著科技發展，頻譜增加，媒體市場結構確實處於激烈的競爭狀態，國民民主素養雖漸成熟，但島國之媒體市場規模過小而易於操作，即使各種意見有更多機會被傳播於公眾，惟相對的由於選擇的增加，民眾習於固定觀賞符合其既定立場與意見之頻道，有致生媒體經營者為了迎合其群眾，甚至傾向於更為極端的主張，提供更符合其收視群眾之理念的資訊與觀點，而篩選掉與其支持群眾（或媒體經營者本身）所持立場不符之論點或資訊，導致頻道雖然增多，但是社會不同立場的群體，其所獲得之資訊與論點卻越趨於單一與極端，進而激化社會不同立場群體間之互不理解與對立。本此意旨，法院認為**我國在第一次政黨輪替所進行政府改造期間，針對具有轉型正義課題的通訊傳播管制，政黨勢力基於相互安全保障之下，同意以民國93年所通過之中央行政機關組織基準法中獨立機關模式設立國家通訊傳播委員會，以合議制的方式，做多元專業的審議辯論，擺脫政治對立，掃除影響多元價值呈現的上述結構性障礙，在我國特殊的歷史文化背景下，具有關鍵的民主轉型意涵。**

（二）私校教師轉任公校合併採計，屬因應過渡期間轉型正義之教育行政命令

　　高雄高等行政法院102年度訴字第142號行政判決認為，在「教師法」及「中小學兼任代課及代理教師聘任辦法」制定公布前，專任教師與代理教師之工作內容雖均指以全部時間從事學校課務教學之教師，惟專任教師，應係指符合教師遴聘資格並以全部時間擔任學校編制內實缺正式教師之課務者；代理教師，則係指經遴選合格教師，或經公開甄選並報經主管教育行政機關核定或核備有案，而以全部時間擔任學校教師兵缺或懸缺所遺之課務者。又**中央主管教育行政機關教育部於當時教師核敘資格及薪給之教育人事法制尚未完備一致，為解決服務於私立學校時尚未具合格教**

師資格之教師，與服務於公立學校同未具合格教師資格之兵缺、懸缺代理教師，於正式派任公立學校教師時，前者原有年資不可採計敘薪，後者原有年資則可採計敘薪，兩者採資標準不一之不公平現象，乃規定服務於私立學校之任教年資，如符合相關函令規定，於轉任公立同級同類學校時，得予合併採計提敘薪級，核屬因應過渡期間轉型正義所訂頒之教育行政命令，且教育部依其職掌事項所形成教師敘薪標準之法秩序，具有值得教師信賴之正當性基礎，自得予以援用。是於「教師法」及「中小學兼任代課及代理教師聘任辦法」制定公布前，有關國中代理教師資格，依教育部71年12月發布「國民中小學教育人員甄選儲訓及遷調辦法」第6條及82年2月13日台（82）人字第07291號函之規定，國民中學長期代理（課）教師，只要為合格教師或經公開甄選合格者即可充任，而其職前教師年資，合於一擔任公立國民中小學代理（課）教師係經主管教育行政機關公開甄選合格進用，或主管教育行政機關當年度未辦理甄選，係由學校自行遴用，並報經主管教育行政機關核定或核備有案；二其代理（課）期間連續1學年或未連續1學年，惟每次代理（課）在3個月以上，經累計積滿1年；三其代理（課）期間服務成績優良，並經原服務學校出具證明文件之要件，即得於本職最高薪範圍內，每滿1年提敘1級支薪。

（三）肯認黨產條例落實轉型正義之立法意旨，如未能證明其係合法取得且符合實質法治國原則則該等財產即屬不當，政黨、附隨組織負移轉義務

台北高等行政法院105年度停字第128號行政裁定指出，為建立政黨公平競爭環境，並健全民主政治，**黨產條例乃明定調查及處理於解嚴前成立之政黨及其附隨組織取得之財產，以實現政治公平競爭之立足點平等，落實轉型正義。是以針對依黨產條例第5條第1項推定為不當取得之財產，如未能證明其係合法取得且符合實質法治國原則，則該等財產即屬不當，相對人本應課予該政黨、附隨組織於一定期間內負有移轉之義務**。另外應予補充的是，前述見解亦於台北高等行政法院105年度停字第127號行政裁定、台北高等行政法院105年度停字第125號行政裁定所反覆肯認。

參、本文分析與若干商榷之處

　　檢視黨產條例與促轉條例裡對於轉型正義的概念與範疇，基本上可以歸納兩點加以說明。其一，前揭兩條例雖俱明文提及轉型正義的概念，但是何謂轉型正義？卻無定義式的說明。其二，黨產條例將「調查及處理政黨、附隨組織及其受託管理人不當取得之財產，建立政黨公平競爭環境，健全民主政治，以落實轉型正義」作為該條例之立法目的（第1條參照）。就法律邏輯而言，黨產條例揭示了轉型正義作為上位概念，而不當黨產之調查與處理，則成為具體落實轉型正義的下位概念乃至於對應的法律建置。接著，考察促轉條例第2條第2項促進轉型正義委員會（簡稱促轉會）處理事項範疇，這裡除與黨產條例呼應、重申不當黨產處理屬係屬我國轉型正義的相關事項外，同時更一併將「開放政治檔案」、「清除威權象徵、保存不義遺址」、以及「平復司法不法、還原歷史真相，並促進社會和解」列為促轉會應予規劃、推動之事項。要之，從前揭兩條例裡，吾人固然無法尋覓有關轉型正義的精確定義，卻又能明瞭包括；「黨產調查處理」、「政治檔案開放」、「清除威權象徵與保存不義遺址」以及「平復司法不法，還原歷史真相，並促進社會和解」等事項乃我國為落實轉型正義所明文揭示的立法措施。

　　不過，也必須要回頭注意的是，1995年1月制訂的戒嚴時期人民受損權利回復條例，以及1998年6月制訂的戒嚴時期不當叛亂暨匪諜審判案件補償條例，兩者都是在於處理戒嚴時期人民權益受壓迫侵害的相應立法[12]。這兩部通過於20世紀末年的相關條例，當時雖無喚以轉型正義之名，且多受「只有受害者權益填補、沒有加害者究責」的批判，儘管如此，吾人仍難以否認其實質內容上仍屬我國為落實轉型正義的相關立法措施[13]。這點，可以在前揭桃園地方法院94年度賠字第12號決定書獲得印證。

　　承前所述，轉型正義的概念係於2016年8月黨產條例與2017年12月促

---

[12] 前總統馬英九即曾表示：台灣歷經二二八與白色恐怖，製造不少冤魂，政府花很長時間，拿出很大決心與誠意，經過調查、認錯、道歉、建碑、立法補償恢復名譽、設定國定紀念日等，這一段努力實踐轉型正義與人權法治歷史，對台灣、中華民族、全世界都具正面參考意義。參見，聯合報，〈追思六四馬：歷史傷痛不能迴避〉，2009年6月4日，A4版／要聞。

[13] 學者施正鋒指出，到2007年為止，台灣政府所做的轉型正義主要侷限於補償的機制。施正鋒，〈以轉型正義的探討—由分配到認同〉，收於前揭施正鋒主編《轉型正義》，第11頁。

轉條例公布實施後才正式明文進入我國實定法體系。然而經由上開相關判決的整理，可以發現在此之前，法官於民事、刑事與行政法院等裁判理由中，已程度不一地展現其對轉型正義的見解。由是觀之，2016年6月立法院針對促轉條例所舉辦的公聽會上，仍有稱「所謂轉型、所謂威權統治、威權政體、自由民主憲政，都是政治學的概念，不是法律名詞，所謂正義，更是哲學論辯的議題」云云[14]，令人莞爾。殊不知轉型正義在法院的裁判理由裡，早已被多次援用。不過，法院於什麼場合召喚「轉型正義」詞彙？是否恰當？這些問題殊值得進一步分析。

一、值得贊同的裁判

（一）獵槍管制對原民狩獵文化壓迫的批判與轉型正義

　　法官應依據憲法及法律，本於良心，超然、獨立、公正審判，不受任何干涉，法官法第13條訂有明文。惟倘若法官僅汲汲於追求法條本身文字的解釋與適用技術[15]，而不願意去進一步考察檢視法律條文背後的政策形成原因或立法目的，乃至於歷史背景，即容易成為國民批判指謫的法匠[16]。

　　花蓮地方法院105年度原花簡字第11號民事判決的法律事實相當簡單，不過是Facebook社群網站的是妨害名譽案件。然而法院在審理此案時，卻非機械式地操作民法侵權行為相關法條，來判斷被告是否應負損害賠償責任，而係深入考察原住民狩獵文化的重要性，並進而不避諱指出現有諸多法令秩序下，對於原住民狩獵文化壓抑的情事，並進而提醒立法者應在轉型正義理念下思考如何調和之問題。尤其，判決書裡那句「一個男人只有成為一個真正的獵人，才能被祖靈所肯定，才具有生命之意義，在這樣的文化及信仰的精神下，狩獵已不是單純獲取動物蛋白質食用之生活手段，尚具有追尋自我價值及文化認同之意涵」等語令人動容，印證了拉

[14] 相關發言可參《「促進轉型正義條例草案」第5場公聽會報告》，立法院司法及法制委員會，2016年6月，第19頁。類似說法，亦可參黃錦堂，〈轉型正義與不當黨產處理：德國的法制及我國的省思〉，台灣法學雜誌，第313期，2017年2月14日，第113頁。

[15] 針對司法官訓練所過度重視書類撰擬技巧的情況與弊病，可參見廖崇宏，〈我國司法官考選培訓的問題〉，收於李明峻、林雍昇主編《司法改革的關鍵議題》，新台灣國策智庫，2012年2月，第158-159頁。

[16] 同旨參照，張靜，〈少了人情練達法官容易變成法匠〉，2017年6月1日，新頭殼網站，網址：https://newtalk.tw/news/view/2017-06-01/88104（造訪日期：2018年1月20日）

丁法諺「法律乃善良與公平的藝術」。

　　台北地方法院106年度原重訴字第2號刑事判決對於槍砲彈藥刀械管制條例第20條第1項「供作生活工具之用」範圍之解釋，也是抱持著相同公平且善良的情懷。法院勇敢地點出了排灣族主要活動範圍歷經荷西統治、鄭氏政權、清朝收歸、日本統治到國民政府時期乃至迄今，原住民族傳統領域為西方列強、漢人等外來他者不斷侵占、收歸私人或國有而逐漸退縮的歷史背景，以及原住民被迫離開部落，至城市謀生的困境，並以此歷史背景認識為基礎，在解釋法律條文時，進而認為為體現轉型正義，對於「供作生活工具之用」應從寬解釋，原住民持有獵槍不以專恃狩獵維生或以狩獵為其生活主要內容者為限，亦不應限制僅能於不斷萎縮且謀生不易的傳統部落所用。本案乃法官秉持轉型正義意旨而對「供作生活工具之用」此一不確定的法律概念，採取從寬解釋的一個值得參考案例。並顯示轉型正義，除了作為立法原則，亦可作為法官在解釋法律上可以運用的原則。

　　有學者曾感嘆，在最近十年來在捍衛原住民族權利的許多「國家vs.原住民」的司法訴訟中，法律家們首先引用現形法律與憲法等common law、引用原基法等特別法，引用國際人權法，然而最後卻發現，這些就法論法的法庭辯論，並不除以說服同是法律專家的檢察官或法官。這些人的專業訓練使他們長久以來相信「國民只有一種」、「法律也只有一種」而且無法相信有任何曾經或至今仍有效存在的原住民法[17]。然而經由本文整理，至少從花蓮地方法院105年度原花簡字第11號民事判決與台北地方法院106年度原重訴字第2號刑事判決裡，法院的態度似乎正在轉變中。

（二）黨國威權體制下「人二」體制、威權圖騰的批判與轉型正義

　　到了21世紀的今天，儘管有人仍主張「台灣沒有威權時代，怎麼會有轉型問題？」[18]云云。惟就學術界而言，針對1950年代確立的台灣型威權主義體制[19]，國內外俱有相當程度的豐富累積，其存否當再無爭辯之餘

---

[17] 吳豪人，〈「野蠻」的復權：台灣修復式正義與轉型正義實踐的困境與脫困之道〉，台灣人權學刊，第1卷第3期，2012年12月，第81頁。

[18] 風傳媒，〈「台灣沒有威權時代、哪來轉型問題？」國民黨中央下令全力反對促轉條例過關〉，2017年12月1日，網址：http://www.storm.mg/article/366653（造訪日期：2017年12月5日）

[19] 若林正丈著、洪金珠、許佩賢譯，《台灣—分裂國家與民主化》，月旦出版社，1994年7月，第163頁。

地。從1995年的二二八事件處理及補償條例[20]、戒嚴時期人民受損權利回復條例、1998年的戒嚴時期不當叛亂暨匪諜審判案件補償條例，2016年的黨產條例，以及2017年的促轉條例等相關法律的陸續制訂，意味著我國在解除戒嚴、進入民主化時代後，行政與立法部門攜手，針對推動轉型工程所進行的努力。

　　法官與學術研究者的角色不同，其任務基本上係針對眼前具體個案，認定事實以及適用法律，相較於學者，一般而言，法官於判決書能展開論述的空間相對侷限。如本文前揭整理的相關裁判可知，法院於裁判理由裡提及轉型正義的機會雖如鳳毛麟角，然而在台灣高等法院104年度上訴字第2259號刑事判決與台北地方法院99年度訴字第930號刑事判決兩個判決裡，法官相當罕見地對昔日威權體制的勾勒乃至於我國轉型正義未盡之處，有著毫不遜色學術論文等級的敏銳觀察與深刻批判。首先，台灣高等法院104年度上訴字第2259號刑事判決的背景源於交通部鐵路改建工程局2010年間辦理一宗標案時，2位高階公務員遭檢舉涉弊，被依圖利、洩密罪嫌函送偵辦，而後檢方查無不法簽結。2人因不滿節省公帑卻遭構陷，反控2位政風人員誣告[21]。法院在本案中，固然認為政風人員無罪，卻又一併指責政風人員行政疏失造成傷害，淪為廠商惡意攻訐公務員打手的情事[22]。其中，法官藉由判決書將我國公務體系內「政風」制度的來龍去脈，有著相當深刻的觀察。尤其，當法院提到『許多現有政風人員原本是威權統治時期從事政治偵防工作的人員，民主轉型後並未進行「除垢」，加上台灣社會始終未曾勠力推動轉型正義工程…則這時許多政風人員即可能因法治素養不足，繼續以過去的作法從事政風、防貪工作』等語，正直指了解嚴迄今30餘年來，我國轉型正義相關法制措施裡一直迴避的核心課題，亦即「人事除垢」[23]。析言之，回顧歷史，台灣所謂的民主轉型，其

---

[20] 2007年3月，二二八事件處理及補償條例修正名稱為二二八事件處理及賠償條例。係將當時公權力之行使，實質認定內容已由「合法無責」變更為「違法有責」之公權力。黃俊杰，〈政黨及其附隨組織不當取得財產處理條例之法律適用—關於黨產會針對「救國團」補充調查報告之法律意見〉，收於社團法人中華人權協會主辦《轉型正義的憲法思維學術研討會》會議論文手冊，2018年1月23日，第55頁。

[21] 聯合報，〈不查證就送辦高院指責政風人員「淪為打手」鐵工局標案競標廠商藉立委發黑函打擊承辦公務員〉，2016年6月13日，第A8版／社會。

[22] 自由時報，〈遭指責淪「打手」廉政署發文澄清〉，2016年6月13日，網址：http://news.ltn.com.tw/news/society/breakingnews/1728447（2017年12月25日）

[23] 有關兩德統一後，對於原東德公務人員的處理，可參見：黃錦堂，前揭〈轉型正義與不當黨產

主要體現於行政部門首長與民意代表透過定期民主選舉所進行的人事更迭而已，至於近40年來黨國威權體制下所形成的龐大官僚體系過去究竟作出多少侵害人權、輸送利益的作為？該承擔什麼責任？其素養是否真能適應自由民主憲政秩序下的民主政府運作？對於這個問題，我國的法律制度迄今仍然沒有加以嚴肅地面對與思考。本案所涉及的政風體制的前身「人二室」，其功能便是在威權、白色恐怖時期，由調查局監督進行人民及機關內部人員安全查核與監控的單位[24]。這種「黨國遺緒」現象不僅在同樣地也存在法院、檢察乃至於其他行政體系裡。有學者指出，由於台灣民主化過程沒有產生顛覆性的革命，目前公務系統仍有人員俱有同時服務威權及民主政府的經驗[25]。本案法官身處公務員體制之內，卻能毫不避諱地提及人事除垢乃台灣轉型正義工程未曾戮力推動的部分，令人感佩萬分[26]。

處理：德國的法制及我國的省思〉，第118頁。至於主張台灣不需要人事清洗工程的說法，則可參，蘇永欽，〈轉型正義〉，法令月刊，第67卷第10期，2016年10月，第168-171頁。

[24] 陳敦源、張智凱，〈論轉型正義與台灣行政國正當性的重生〉，民主與治理，第1卷第1期，2014年2月，第75頁。

[25] 在陳敦源、張智凱前揭〈論轉型正義與台灣行政國正當性的重生〉論文的第75頁，引述《銓敘統計年報》之2007年資料顯示，全國有近4成公務人員在解嚴前已展開公務生涯。惟隨著時間推移，本文檢視2016年版《銓敘統計年報》，年資超過30年的公務人員比例僅10.88%。參照，銓敘部網站，網址：http://www.mocs.gov.tw/pages/detail.aspx？Node=1198&Page=5288&Index=4（造訪日期：2018年1月26日）。值得注意者，該篇期刊論文投稿於2013年9月、接受刊登於2014年2月，文中卻引用2007年版《銓敘統計年報》，背後尚有一段曲折。在論文第1個註釋裡即提到：……本文最早的初稿本來是2008年一份政府刊物的邀稿，然而文章交稿以後，決定「本刊為使用政府公務預算之公辦刊物，為避免不同觀點引發爭議，該文不宜刊出……」（退稿公文原文）；……不只是實務界，本文另外一個版本也曾於2009年投稿一本TSSCI期刊，2位審查人意見極端分歧，最後動用第3位審查人才決定「不予刊登」，其中力主不予刊登的評論，節錄如下「從轉型正義的角度來看，如果不是加害者、或是幫兇，而是旁觀的中立者、或是受益者，特別是在歷史共業之下，大家或多或少是體制的共犯，公務人員或許只是缺乏道德勇氣，或是投機分子，又要如何對他們究責？如果真的是忍辱負重、委曲求全者，又何忍苛責？」顯見轉型正義議題，在台灣公務體系及學界的精神價值中，仍然是一個不願面對的禁忌。本文作者亦有雷同的期刊投稿甚至教科書撰寫「未遂」遭遇，可參拙文，〈轉型正義在法院的可能性與侷限性─以中廣板橋佔地案判決為中心〉，高雄第一科技大學《科技法律評析》，第8期，2015年12月，第149頁；以及拙文，〈健全政黨體制的必備條件─台灣該如何健全政黨競爭環境？〉，收於《政黨輪替與政府體制永續發展論壇論文成果彙集》，台灣亞太發展基金會，2016年3月，第17頁。

[26] 有關司法界人事轉型正義課題，可參見林孟皇，〈台灣司法的轉型正義功課─從遭遇大法官站台助選談起〉，司法改革雜誌，第98期，2013年9月，第48-49頁。至於2018年7月間因總統蔡英文擬提名謝文定擔任司法院長所激起的反彈，也與其在戒嚴時期承辦過許多攸關轉型正義的案件有關。參見，〈就蔡英文總統提名謝文定、林錦芳為司法院大法官並為院長、副院長一事～民間監督大法官人選聯盟致總統書〉，2016年7月21日，民間司法改革基金會網站，網址：https://www.jrf.org.tw/articles/988（造訪日期：2018年1月30日）。

　　台北地方法院99年度訴字第930號刑事判決則是另一個饒富公民教育意義的案例。單純就法而論，針對古蹟的一小部分潑灑白漆的行為，由於並非敲打毀壞，在未造成古蹟功效喪失前提下，很難被認為構成毀損古蹟的行為，法官理應很輕鬆地就能駁斥檢方的起訴，完成無罪判決書的撰寫。然而，由於本案所涉及的古蹟對象實在太過特殊：國定古蹟景福門上的「中國國民黨黨徽圖案」，法官於是乎藉此難得寶貴契機，不厭其煩地利用許多判決書篇幅，為台灣社會進行一場另類的轉型正義公民教育。本文認為此判決可歸納以下3點重要內涵：

1. **定義轉型正義範疇：**狹義而言，則係指國家於政治統治轉型至民主政治後，應如何處理舊政權成員所犯下侵害人權之罪行問題。廣義而言，係指如何面對、處理對過去威權體制在政治、經濟、社會、文化等各個層面之種種遺緒。

2. **指出我國民主轉型特色：**法官認為，我國過去長期戒嚴、黨國不分之問題，經由漸進調適之方式，透過終止動員戡亂時期、多次之憲法修正，走出議題切割式之分期憲改方式，由執政者手中完成民主轉型，以致民主轉型與政權更迭並不同步，成為我國民主轉型之最大特色。

3. **威權象徵的標定：**相較檢方在不問景福門上乃「中國國民黨黨徽圖案」有無奇異弔詭之處，遽以文化資產保存法起訴被告毀損古蹟罪嫌的輕率態度，法官經詳細調查後發現該黨徽圖樣原來是1966年修繕古蹟時所添加，並認定此乃威權體制產物，係彰顯當年威權統治時代黨國不分、獨尊中華文化之意識型態[27]。

　　最後要注意的是，本判決於2010年10月作成。至於立法賦予政府規劃、推動清除威權象徵任務的促轉條例（第2條）則是於2017年12月才通過施行。俟促轉會於2018年成立後，各種清除威權象徵相關措施應如何妥善推動，相信本判決亦當能發揮諸多啟示的功能。

---

[27] 這也呼應如學者若林正丈的觀察。若林正丈指出，國民黨政權透過控制學校教育、大眾傳播、刻意地向台灣社會滲透文化意識型態。這也是為了將19世紀末以來，接受長達半世紀日本統治的台灣人，再同化為「中國人」的同化政策。若林正丈、前揭《台灣─分裂國家與民主化》，第160頁。

（三）對轉型正義相關立法的肯認

　　如本文開頭所統計，2016年後，短短不到2年期間，有關轉型正義的相關期刊論文產出數量遽增。若進一步檢視內容，不乏對推動轉型正義相關立法的批判與質疑呼聲[28]。無可諱言，任何一個新興民主國家，都必須面對舊政權勢力在新的民主體系下想延續其生命的本能與企圖，這也將深深影響新民主政體發展的命運[29]。從學術觀點來說，國際間對轉型正義的正反辯論本為正常現象[30]。然而在台灣，若從昔日黨國威權體制曾廣泛滲入包括學術圈在內的社會各階層的歷史背景來看[31]，反對說的蜂起並不讓人陌生。倒是法官怎麼看待這些爭議，頗值觀察。

　　台北高等行政法院98年度訴字第1714號行政判決，主要是對我國設立通傳會的肯定，並進而闡述在我國特殊的歷史文化背景下，通傳會採取獨立機關模式，以合議制方式，做多元專業的審議辯論，擺脫政治對立，掃除影響多元價值呈現的上述結構性障礙，具有關鍵的民主轉型意涵。比較可惜的是，所謂「我國特殊的歷史文化背景」究竟為何？法院僅有「我國歷經長期戒嚴，言論傳播之管道極端受限，於國民民主人格之形成有極不利之影響」等寥寥數語，相較於前述台北地方法院99年度訴字第930號刑

---

[28] 如晚近有學者宣稱，在早年一黨獨大而專政時期，政黨為國家與人民服務，屬於政治性的「公益團體」，因此黨國人力資源以及財產資源的共享，其分工合作，有利於國家政務之推展，對於全民福祉之提升，亦有助益云云。引自陳清秀，〈轉型正義的法理〉，收於前揭《轉型正義的憲法思維學術研討會》會議論文手冊，2018年1月23日，第10頁。

[29] 汪平雲，〈國民黨黨產、黨國體制與轉型正義－「有轉型而無正義」的台灣民主化〉，2007年3月，「清查不當黨產，向全民交待」網站，網址：http://old.cipas.gov.tw/igpa.nat.gov.tw/ct838a.html？xItem=1499&ctNode=37&mp=1（造訪日期：2018年2月6日）

[30] 有關反對轉型正義觀點，學者施正鋒歸納「沒有必要、不可行、伐不來、造成社會分裂、引起舊勢力反撲」等五種看法，詳參施正鋒，前揭〈以轉型正義的探討－由分配到認同〉，第14-17頁。

[31] 關於這點，新台灣國策智庫於2011年出版的《國家願景・我們的主張：轉型正義》一書中有相當詳盡的描述。1949年之後的台灣，當局透過留學考試，對錄取者施以政治訓練，以甄別並強化留學生的忠誠度。在此一制度下，不僅黨國子弟占盡優勢，出國後且受命擔任職業學生，就近監視其他留學生的一舉一動；而優秀的留學生若有任何「不軌」的言行，反而被列入所謂「黑名單」不得返台。待1990年代台灣開始自由化、民主化之後，這些當年不得返鄉的優秀留學生，縱使得以自由返國，但擁有權力的位置，早為那些依附黨國的「歸國學人」所占據。這些由強人威權統治時期所產生的制度、權力結構以及威權行為模式，大都並不是「過去式」，而仍然是「現在進行式」。引自前揭《國家願景・我們的主張：轉型正義》，第38-39頁、第67-69頁。同旨亦可參照施正鋒，〈真正需要轉型正義的是學術界〉，民報，2017年12月25日，網址：http://www.peoplenews.tw/news/30194099-1368-498e-b677-e1835efadf73（造訪日期：2018年2月10日）。

事判決精彩的歷史背景描繪，本件判決相形失色[32]。

　　至於2016年8月才通過的黨產條例，由於黨產會的成立運作與相關處分的陸續作成，經被處分人提起司法救濟，很快到了同年12月，就開啟了行政法院審查的契機。儘管被處分人在多數類似案件裡共通主張黨產條例顯有諸多重大違憲錯誤云云，惟台北高等行政法院在105年度停字第125號行政裁定、105年度停字第127號行政裁定以及105年度停字第128號行政裁定等3個裁定裡，法院於裁定理由中都共通地援引黨產條例相關規定，闡述為建立政黨公平競爭環境，並健全民主政治，黨產條例乃明定調查及處理於解嚴前成立之政黨及其附隨組織取得之財產，以實現政治公平競爭之立足點平等，落實轉型正義。是以針對依黨產條例第5條第1項推定為不當取得之財產，如未能證明其係合法取得且符合實質法治國原則，則該等財產即屬不當，相對人本應課予該政黨、附隨組織於一定期間內負有移轉之義務。法院依法審判，法官原則上應接受立法者的價值判斷與選擇，進行法律的適用，本屬法學緒論等級的基礎常識；不過考量威權統治時期產生的制度、權力結構及威權行為模式恐仍是「現在進行式」的當下[33]，法院能肯認轉型正義相關立法，仍有非凡意義。

二、值得商榷的「轉型正義」裁判

　　士林地方法院102年度重訴字第337號民事判決、士林地方法院103年度訴字第426號民事判決主張，民法第833條之1之規定係以溯及既往之方式，進行物權關係調整，以實現轉型正義，對於現狀之存在秩序，應給予一定程度之尊重，並提供過渡期間緩衝，並認為除非土地現狀已經閒置，或其使用方式根本逸脫地上權之原來目的（如由建築物改為農牧使用或其他目的），不宜率爾認定地上權成立目的已不存在云云。惟查，民法第833條之1規定，地上權未定有期限者，存續期間逾20年或地上權成立之目的已不存在時，法院得因當事人之請求，斟酌地上權成立之目的、建築物或工作物之種類、性質及利用狀況等情形，定其存續期間或終止其地上

---

[32] 有關黨國體制下對於傳播媒體的經營，可參拙文，前揭〈轉型正義在法院的可能性與侷限性－以中廣板橋佔地案判決為中心〉，第161-162頁。

[33] 這部分的歷史背景，可權參，張炎憲、李福鐘主編《揭穿中華民國百年真相》，台灣歷史學會，2011年10月，第265-266頁。

權。查閱本條立法理由，在於「地上權雖未定有期限，但非有相當之存續期間，難達土地利用之目的，不足以發揮地上權之社會機能。又因科技進步，建築物或工作物之使用年限有日漸延長趨勢，為發揮經濟效用，兼顧土地所有人與地上權人之利益，爰明定土地所有人或地上權人均得於逾20年後，請求法院斟酌地上權成立之目的、建築物或工作物之各種狀況而定地上權之存續期間；或於地上權成立之目的不存在時，法院得終止其地上權。」由此觀之，本條之新增，在於為發揮經濟效用，兼顧土地所有人與地上權人利益，並賦予法院介入調整的機會。其中既無溯及既往情事，亦與實現轉型正義相去甚遠。法院捨捶手可得的本條立法理由不顧，卻恣意地將轉型正義套用在並無關連的民法第833條之1，令人費解。

　　高雄高等行政法院102年度訴字第142號行政判決將教育部在教育人事法制尚未完備下，以行政命令處理私校教師轉任公立學校年資合併採計提敘薪級乙節，詮釋為係「因應過渡期間轉型正義所訂頒之教育行政命令」。本案所涉者，不過是教育部為解決私校教師轉任公立學校年資計算問題，在「教師法」及「中小學兼任代課及代理教師聘任辦法」制定公布前，以行政命令作為合併計算依據。從行政法角度來看，比較偏向法律優位原則課題。係爭行政命令既非處理舊政權成員所犯下侵害人權之罪行問題，亦非面對、處理對過去威權體制在政治、經濟、社會、文化等各個層面之種種遺緒，不管從轉型正義的廣義或狹義見解來看，都與轉型正義毫無關連，法院所謂「因應過渡期間轉型正義」等語，究竟根據何在？同樣讓人困惑。

　　最後，士林地方法院95年度易字第988號刑事判決與高等法院96年度上易字第2695號刑事判決，同樣有意義不明的問題。按本案原告是否為被告書中所指的「校園特務」？這部分屬事實認定問題。倘若被告僅憑主觀臆測而欠缺合理根據，令其負擔誹謗刑責，當無違誤。然法院於裁判理由卻突兀出現『「轉型正義」僅能以高度之道德及法治為據，始能獲致堅實之存立基礎。』等語，令人難以明瞭。詳言之，民主法治國家，諸多轉型正義相關工程的推動，有賴法律作為依據，此為當然之理。然而，法官所謂「高度之道德」究竟所指為何？則無進一步闡述。尤其，回到本案而言，有關黨國威權時期於海內外校園的綿密佈建，並非杜撰[34]。只是在

---

[34] 有關政府招募學生在美國監視其他台灣留學生的相關情事，可參見：許建榮，〈國府統治時期

此案缺乏合理根據下，真相陷入不明狀態，被告才擔負誹謗刑責。由此觀之，本文認為，將此語改寫為『「轉型正義」僅能以真相及法治為據，始能獲致堅實之存立基礎』，方契合當代對轉型正義法學的基本理解。

肆、結語

2001年9月，紐約大學法學院璐蒂泰鐸（Ruti G. Teitel）教授所著《變遷中的正義》（Transitional justice）中文版首度發行。這本耗費作者10年光陰寫成的法學鉅作裡，串連20世紀後半葉諸多歷史事件，並深入論述法律如何作為規範或政治轉型依據。2017年1月，本書中文版2版悄然問世。值得注意的是，該版並非璐蒂泰鐸教授對舊作內容進行增補更動，而是出版社將中文書名更改為《轉型正義》，重新付梓。15年的時間，Transitional justice的中文翻譯從「變遷中的正義」演化到「轉型正義」，意味著這個舶來的法學新詞彙逐漸在台灣扎根。儘管，諸多針對轉型正義的批評性論述特別在近年似有激增趨勢。樂觀來看，這股對轉型正義排斥的力量，其實同時意味著轉型正義，正以前所未有的速度融入台灣的法律體系之中。

總的來說，以世紀為界分，制定於20世紀末的二二八事件處理及賠償條例、戒嚴時期人民受損權利回復條例與戒嚴時期不當叛亂暨匪諜審判案件補償條例等立法，對於過去遭受威權政權迫害的受難者或其家屬，提供了一定的金錢補償與權力回復[35]。台灣需不需要轉型正義？由此即可驗證其必要性[36]。但是在「輕究責與真相」的處理模式下[37]，終究無法令人滿

對海外留學生的監控：以美國為例〉，文史台灣學報，第1期，2009年11月，第261-264頁。

[35] 林雍昇，〈轉型正義過程中法律的功能與作用〉，收於前揭施正鋒主編《轉型正義》，第92頁。

[36] 學者柯朝欽指出「台灣政府在過去十多年花了數百億元，去補償二二八事件所造成的不公正現象，以及今天已經結束的所謂「不當審判補償基金會」。假如我們不進行轉型正義的工作，那這些錢是為什麼花？我們為什麼要花這些錢？有好多受難者領了這筆錢，而我們的政府也花了很多錢成立了兩個特別的基金會去處理這些。然後，我們要繼續遮著眼睛告訴自己，一邊發錢給這些人，一邊要繼續說我們台灣不需要轉型正義，或者是說這個已經是處理完、花錢了事了。是這樣的處理態度嗎？就我個人的經驗，我接觸過的，不可能拿了錢就覺得正義獲得平反。即使受難者本身只想把這件事遺忘，不想進行任何追究；但就整個社會而言，轉型正義的工作是針對整個社會而言，它還是需要去進行。所以，這就是為什麼我們需要轉型正義的工作的理由」。引自，前揭《「促進轉型正義條例草案」第5場公聽會報告》，第15頁。

[37] 李怡俐，《當代轉型正義的制度與規範脈絡—兼論南韓與台灣的經驗比較》，元照出版公司，

意[38]。至於21世紀初制定的黨產條例與促轉條例，進一步指向威權體制與加害者，進行真相調查釐清乃至於種種十預行政措施與作為。面對多元的轉型正義法制陸續建構，相關裁判勢必隨之激增，已是法院無法迴避的課題。如何恰如其分地掌握轉型正義的內涵，面對具體案件作出妥適裁判，則成為法官責無旁貸的時代挑戰。

2016年初版，第404-405頁。

[38] 也有學者持反對看法，認為相關的賠償措施是相當成功的轉型正義，並主張台灣的民主政治經過三度政黨輪替，已經步入常軌，沒有人還會為民主過渡期間的紛亂或舊制復辟而憂心。蘇永欽，前揭〈轉型正義〉，第165頁。

論中菲南海仲裁案——日本的觀點

江世雄

中央警察大學外事警察學系專任副教授

壹、前言

　　2016年7月12日，位於荷蘭海牙的國際仲裁法院針對「中菲南海訴訟案」作成仲裁判決（Awards）[1]。此判決一出，除了引發實質上全面敗訴的中國方面的強烈抗議，宣稱該判決「只不過是一張廢紙[2]」之外，也挑起了西太平洋島鏈上所有沿岸國維護自身海洋權益的敏感神經，而此判決結果在學術研究上亦使得國內外國際法學者提出各種質疑與批判，甚至衝擊此類海洋問題既有的研究成果或立場。

　　南海在地理上雖然與日本相距遙遠，也未與日本周邊海域相鄰，但是日本政府在南海問題上從未居於一個他者的角色，反而積極地表達其官方立場。日本政府在南海問題上所展現的積極表態，除了是戰後長期以來美日同盟關係的堅實象徵外，同時也蘊含著南海爭端的未來亦與日本的長期國家利益有著密不可分的關係。針對此次仲裁庭做出的判斷內容，已有不少國內外專家學者進行探討分析[3]，因此本文僅就仲裁內容進行概要性說

---

[1]　仲裁判決全文參照常設仲裁法院官方網站資料，https://pcacases.com/web/sendAttach/2086，最終檢索日：2017/11/27。

[2]　「戴秉國：南海仲裁案判決「不過是一張廢紙」」，BBC中文網，http://www.bbc.com/zhongwen/trad/china/2016/07/160706_china_philippines_dai_bingguo，最終檢索日：2017/3/30。

[3]　林廷輝，〈對中國強制手段的抗衡與屈從--菲律賓南海仲裁案〉《台灣國際研究季刊》13卷2期，2017年6月，頁91-112。高聖惕，〈論中菲南海仲裁案對台灣的影響〉《戰略安全研析》138期，2016年10月，頁16-31。宋燕輝，〈台灣應如何看待「南海仲裁案」之裁決結果？〉《月旦法學》256期，2016年9月，頁15-25。王冠雄，〈南海仲裁案——太平島之島／礁爭議探析〉《月旦法學》256期，2016年9月，頁26-33。姜皇池，〈論南海仲裁判斷有關島嶼認定要件與太平島屬性問題〉《亞太評論》2卷3期，2016年8月，頁49-77。譚偉恩，〈南中國海仲裁案裁決評析〉《戰略安全研析》135期，2016年7月，頁15-27。Lucy Reed, Kenneth Wong , "Marine Entitlements In The South China Sea: The Arbitration Between The Philippines And China" , *American Journal of International Law*, No.110, pp.746-759. Kristina Daugirdas and Julian Davis Mortenson, "United States Continues To Challenge Chinese Claims In South China Sea; Law Of The Sea Tribunal Issues Award Against China In

明，而將主要論述重點置於日本社會對於此次仲裁判決的立場與態度，並探討與分析其所蘊涵之意義。

貳、日本與南海之關係

日本和南海的關聯，始於戰前透過對於台灣的殖民統治，而對於南海水域進行國家行政上的實際支配。在1895年以後，不少日本民間人士開始積極對於南海水域上的諸島嶼進行探查與開發[4]。

在日據時期，南海諸島行政區的劃分上，即被歸屬於台灣高雄市。二次大戰期間，日本軍將戰線一路向南延伸到東南亞區域，此時的南海諸島，成為日本軍獲取漁業資源與礦物資源的重要海域，在軍事戰略上日本軍更將南海諸島定位為當時日本出入南洋戰場的重要水上航空基地，視為其「國防上的生命線」[5]。

二次戰後，日本簽署《舊金山和約》，該和約第2條（f）項規定，「日本放棄對南沙群島與西沙群島之所有權利、權原與請求權（Japan renounces all right, title and claim to the Spratly Islands and to the Paracel Islands）。」此條約之簽訂，僅是日本的放棄所有權利、權原與請求權的規定，但是並未明確規定這些群島的領土主權係屬何國所有，因而在日本敗戰後，南海區域形成各方爭奪主權的情況[6]。

戰後，日本勢力當然完全退出南海水域，不過隨著戰後國際貿易的發展，加上緊密的美日安保體制，使得南海區域的和平穩定與日本的國家利益與發展有著緊密的關係。日本長期以來均與東南亞各國保持密切合作關係，特別是南海問題上，日本與南海周邊國家，例如菲律賓、印尼與越南等國，在南海議題上均有共同合作聲明，其他包含海巡組織建立與海上巡邏武力建置等方面的具體合作[7]。事實上，南海水域的和平穩定與自由

Philippines-China Arbitration", *American Journal of International Law,* No.110, pp.795-802. Shicun Wu and Keyuan Zou eds., *Arbitration Concerning the South China Sea: Philippines versus China,* Routledge, 2016.

[4] 浦野起央，《南シナ海の領土問題》東京：三和書籍，2015。頁85-96。

[5] 浦野起央，《南シナ海の領土問題》東京：三和書籍，2015。頁141，145。

[6] 在1945年8月日本無條件投降之後，同年12月中國國民政府即派遣軍艦前往西沙群島，在永興島上插上中華民國國旗。隔年5月法國亦派遣軍艦前往西沙群島，7月4日菲律賓獨立後亦宣言南沙群島為其國防防禦範圍。

[7] 田巻一彦，日本が強める南シナ海への軍事的關与、中国けん制の狙い，http://jp.reuters.com/

航行，對於作為貿易與海運大國的日本而言，具有重大的利益，海上航路
（sea-lane）的航行權利的保障，始終是日本重要生命線的一環。

　　此外，從冷戰時期以來的西太平洋戰略角度觀之，從日本九州開始，
南下沖繩、台灣、菲律賓以及婆羅洲所形成的第一島鏈，對於戰後美日同
盟對抗共產勢力的戰略上扮演舉足輕重的角色。在此第一島鏈沿線所涉及
的水域包含了日本海、黃海、東海、台灣海峽以及南海等水域，因此若從
冷戰時期美日陣營開始所架構的島鏈戰略來看，任一水域發生武力衝突事
件均可能牽動其他水域的戰略地位與價值，可謂牽一髮而動全身的緊張態
勢。此種戰略關係即使處於後冷戰時期仍然存在。職是之故，南海問題若
長期處於高度緊張狀態，甚至不排除爆發大規模武裝衝突的局面，勢必牽
動島鏈上其他水域的戰略關係，進而影響日本的海上國家利益。由於島鏈
諸水域的共同關係國是中國此一國家，因此南海問題的急緩可能影響中國
對於其他水域所採取的態度立場。例如，長期以來，中日兩國在東海上存
在著釣魚台主權爭議以及油田開發問題[8]，南海議題的冷熱可能也左右日本
與中國雙方在東海上的外交與軍事關係，以及兩國勢力的消長[9]。因此，從
此一層面觀之，南海問題的未來發展亦是日本政府關注的重要課題。

　　目前，南海水域的聲索國包含我國、中國、菲律賓、越南、馬來西
亞、汶萊等國。目前的支配現狀，在西沙群島中，中國、台灣與越南均主
張領有權。西沙群島大致上由永樂群島和宣德群島所組成，越戰之後由於

---

article/idJPL4N0WE1YA20150316，最終檢索日：2017/5/4。

[8] 有關日中東海油田開發爭議，可參閱James C. Hsiung, "Sea Power, the Law of the Sea, and the Sino-Japanese East China Sea "Resource War"", American Foreign Policy Interests, No.27, 2005, pp.513-529.萬震，從國際法看中日都海爭端，職教與經濟研究，第3卷第3期，2005年，頁24-27。荊元宙，〈中、日東海油田問題之分析〉《戰略安全研析》12期，2006年4月，頁21-25。林正義、陳鴻鈞，〈兩個「中國」在東海的油氣勘探與美日的角色〉《遠景基金會季刊》第15卷第4期，2014年10月，頁1-61。

[9] 在2016年7月12日仲裁判決出爐後，同年8月上旬開始，將近300艘的中國漁船駛入釣魚台列嶼鄰接區水域進行作業，期間曾一度有15艘中國政府公用船舶集結於該水域，甚有駛入領海水域的緊張情勢發生。日本海上保安廳ホームページ、〈平成28年8月上旬の中国公船及び中国漁船の活動状況について〉，https://www.kantei.go.jp/jp/headline/pdf/heiwa_anzen/senkaku_chugoku_katsudo.pdf#search=%27%E5%B9%B3%E6%88%9028%E5%B9%B48%E6%9C%88+%E4%B8%AD%E5%9B%BD%E5%85%AC%E8%88%B9%E3%81%8A%E3%82%88%E3%81%B3%E4%B8%AD%E5%9B%BD%E6%BC%81%E8%88%B9%E3%81%AE%E6%B4%BB%E5%8B%95%27，最終檢索日：2018/1/16。雖然此一趨勢未必可直接斷言南海問題與東海問題相互影響日中外交關係，然未來仍不排除有如此發展的可能性。小谷哲男，〈南シナ海仲裁判斷後の東シナ海：南シナ海問題との相關關係〉《国際問題》659號，2017年3月，頁37-47。

圖1：南沙全島的海上地形與領有權主張國的實效統治狀況
（出處：上野英詞，南シナ海仲裁裁判所の裁定：その注目點と今後の課題，
海洋安全保障情報季報，第14號，2016年4-6月，頁95。）

美軍撤退，中國在1974年1月與越南爆發「西沙海戰」，之後即由中國確立
對於西沙群島的實效統治[10]。2012年7月，中國政府設置海南省「三沙市」
和「軍警備區」，管轄南沙群島、西沙群島和中沙群島在內的南海水域[11]。

---

[10] 浦野起央，《南シナ海の領土問題》東京：三和書籍，2015。頁142。
[11] 三沙市於7月24日正式掛牌成立，其駐地為永興島，島上有機場可起降波音737機，碼頭可停

　　東沙群島自1947年起由我國實效支配，2007年我國成立「東沙環礁國家公園」[12]。在東沙島，我國鋪設飛機起降跑道，目前由海巡署負責駐守。針對中沙群島，目前有菲律賓、中國與我國主張領有權。中沙群島大多數均屬於即使退潮時亦位於水面之下的暗礁，其中對於「黃岩島」，中菲之間曾於2012年4月發生漁業爭議，導致雙方升高外交上的衝突緊張，之後便由中國對該島實效統治至今，此爭議亦是此次菲律賓在仲裁案中的訴求之一。

　　對於南沙群島，主要有菲律賓、馬來西亞和汶萊對於其中之一部分主張領有權，而我國、中國與越南則對於全部範圍主張領有權。南沙群島的海上地形物相當複雜，各國領有權主張的資料亦充滿差異，目前在南沙群島實效統治各島礁的國家大多配置大小規模不一的警備軍警勢力。

參、仲裁判決內容概要

　　2013年1月菲律賓將本案提交仲裁訴訟，歷經三年半審議本案於2016年7月12日作成仲裁判決。仲裁庭對於菲律賓的15項提訴項目進行裁定，而有關主權問題與海洋劃界的爭端項目，仲裁庭裁定不具有管轄權，此次仲裁判決並非在於解決中菲兩國南海島嶼領有權與海洋劃界的實際爭端問題。

　　2016年7月的南海本案仲裁判決主要針對菲律賓所提訴的四大項目，進行法律判斷。第一項為有關中國主張「九段線」及其所包圍之水域的「歷史性權利（historic rights）」是否違反《聯合國海洋法公約》（United Nations Convention of the Law of the Sea, 以下簡稱UNCLOS），而為無效之權利主張。第二項為有關南海的海上地形物之法律地位問題。第三項係指控中國在南海所進行破壞海洋環境的建設活動與漁業活動，侵害了菲律賓的主權權利與航行權利。第四項為中國在仲裁提交後在南海持

5000噸位船隻；三沙市下轄西沙、中沙、南沙諸群島，海域面積200多萬平方公里，人口600餘人。參考新浪新聞中心，http://news.sina.com.cn/z/sansha2012/，最終檢索日：2017/05/04。

[12] 東沙環礁國家公園是台灣第七座國家公園，更是第一座海洋型國家公園，以獨特的環礁地景、繽紛的珊瑚、海草床生態及珊瑚砂島為特色，經內政部於民國96年1月17日正式公告劃設，範圍以東沙環礁為核心，向外延伸12海浬，面積353,668公頃。引自海洋國家公園管理處，http://www.marine.gov.tw/%E9%81%8A%E6%86%A9%E8%B3%87%E8%A8%8A/%E5%85%A5%E5%9C%92%E9%A0%88%E7%9F%A5/%E6%9D%B1%E6%B2%99%E7%92%B0%E7%A4%81%E5%9C%8B%E5%AE%B6%E5%85%AC%E5%9C%92。最終檢索日：2017/05/04。

續的國家行動，違反UNCLOS要求防止仲裁係屬中的紛爭惡化與衝突升高
的自制義務[13]。

　　在第一項有關「九段線」與「歷史性權利」的主張方面，實際上中國
政府或中國學者的見解立場大致上並不否定UNCLOS或其他國際法的有效
存在，反而係在肯認UNCLOS等國際法律文件的有效性前提之下，進而主
張該歷史性權利主張乃是植基於UNCLOS與習慣國際法，甚或其他具法律
效果之一般國際法[14]。既然中國政府將其主張訴諸各種可能的法律基礎，
仲裁法庭即從法源角度，包含UNCLOS與國際法下任何其他可能的權利來
源（other possible sources of rights under international law）以及兩者之間的
關係，審視中國的南海歷史性權利主張是否具有國際法上的依據[15]。就結
果論而言，仲裁法庭認為UNCLOS並未有賦予沿岸國對於生物或非生物資
源享有歷史性權利的明文規定[16]，更重要的一點是，法庭衡諸相關海洋法
規定以及相關國際先例之後，認為中國在南海所主張對於生物或非生物資
源享有歷史性權利已經隨著中國批准UNCLOS以及UNCLOS的生效而被取
代（superseded）[17]。換言之，法庭在結論上認為UNCLOS已經取代中國
所主張超出UNLCOS規定限度的權利主張，因此「九段線」與「歷史性權
利」的主張違反UNCLOS，係屬超出該公約規範限度的部分，因此不承認
此部分的主權權利與管轄權主張[18]。

　　有關第二項中，南海海上地形物之法律地位部分，仲裁庭著眼於
UNCLOS第121條的條文解釋邏輯，判決認為「黃岩島」本身不能主張專
屬經濟海域與大陸礁層，僅能主張12浬的領海。美濟礁、仁愛礁與渚碧礁
均屬漲潮時仍在水面下之低潮高地，不能主張領海、專屬經濟海域或大陸
礁層，無法成為國家領有之對象。南薰礁、西門礁、東門礁在內的地形物
雖均屬不能主張任何權限的「低潮高地」，但可考慮這些低潮高地的低潮
線於測定領海基線時得做為基線。赤瓜礁、華陽礁與永暑礁不得擁有自己

[13] 部分有關仲裁判決的主旨概要，引自上野英詞，〈南シナ海仲裁裁判所の裁定：その注目點と今後の課題〉，海洋安全保障情報季報，第14號，2016年4-6月，頁81-85。

[14] Zhiguo Gao and Bing Bing Jia, "The Nine-Dash Line in the South China Sea: History, Status, and Implications," *The American Journal of International Law*, Vol.107, 2013, pp.98-99..

[15] Tribunal's Award, paras.236-262.

[16] Tribunal's Award,para.239.

[17] Tribunal's Award,para.262.

[18] Tribunal's Award,paras.278, 631.

的專屬經濟海域或大陸礁層。在整體結論上，南海群島中的所有島礁，均
屬於不得主張任何海洋權利之低潮高地，其中包含太平島（台灣統治）、
中業島（菲律賓統治）、西月島（菲律賓統治）、南威島（越南統治）、
北子島（菲律賓統治）、南子島（越南統治）係均屬於不能維持人類居住
或其本身的經濟生活的「岩礁」[19]。

　　第三項之海洋環境養護部分，判決確認美濟礁和仁愛礁係位於菲律賓
專屬經濟海域和大陸礁層之內，中國在南海之行為非法侵害菲律賓對於其
專屬經濟海域與大陸礁層中生物資源與非生物資源所享有之主權權利，此
係違反UNCLOS第58條第3項之規定[20]。中國並未有效阻止中國漁民非法
捕魚，因而違反了UNCLOS第192條和第194條第5項。[21]中國侵害在黃岩
島周邊水域菲律賓漁民傳統的漁業活動，係屬於違反UNCLOS中有關海洋
環境養護與保全的義務。中國在黃岩島與仁愛礁進行破壞海洋漁業和珊瑚
的行動，違反海洋環境保全之義務。[22]有關中國在美濟礁的實效占領與相
關建設活動，仲裁決定認為，此類活動違反UNCLOS有關人工島、設施與
構築物之規定，違反UNCLOS中有關海洋環境保護與保全的義務，以及認
定中國在南海上進行的非法占有[23]。

　　在第四項之避免衝突的自制義務方面，自2013年1月菲律賓提訴以
來，中國的國家行為均使得爭議衝突日益升高[24]。例如，妨害仁愛礁與其
周邊水域的航行自由權利；妨害菲律賓對於仁愛礁內駐守人員的更替與物
資供給；對於仁愛礁內駐守人員的健康與生活構成危險；在美濟礁、華陽

---

[19] Tribunal's Award paras.622, 625, 626, pp.253-254. Keyuan Zou and Xinchang Liu, "The U-Shaped Line and Historic Rights in the Philippines v. China Arbitration Case" in Shicun Wu and Keyuan Zou eds., *Arbitration Concerning the South China Sea: Philippines versus China*, Routledge, 2016, pp.138, 142-143.

[20] UNCLOS第58條第3項：「各國在專屬經濟區內根據本公約行使其權利和履行其義務時,應適當顧及沿海國的權利和義務,並應遵守沿海國按照本公約的規定和其他國際法規則所制定的與本部分不相抵觸的法律和規章。」

[21] UNCLOS第192條：「各國有保護和保全海洋環境的義務。」
UNCLOS第194條第5項：「按照本部分採取的措施,應包括為保護和保全稀有或脆弱的生態系統,以及衰竭、受威脅或有滅絕危險的物種和其他形式的海洋生物的生存環境,而有很必要的措施。」

[22] 此部分之分析參閱許耀明，〈菲中「南海仲裁案」與海洋環境保護〉《月旦法學雜誌》第256期，2016年9月，頁34-42。

[23] Tribunal's Award, paras. 976-983.

[24] Tribunal's Award, paras. 1169-1172.

礁、永暑礁、南薰礁、赤瓜礁、東門礁與渚碧礁上的人工島等建設活動
等。對此，仲裁判斷僅認為，中國在仁愛礁上的行動使得紛爭持續惡化與
擴大[25]。

肆、有關南海仲裁案之日本立場分析

　　如上所述，二次戰後的日本政治軍事勢力雖然已經完全退出南海海
域，然隨著南海成為東北亞國家聯接其他貿易市場的主要水道，此一水
域的和平穩定攸關日本在國際經貿與海上運輸方面的未來發展。因此，南
海問題長期以來即受到日本官方、學界與主流媒體的關注，特別在菲律賓
將本案提交仲裁之後，日本各界亦相當關切本案的後續發展。在2016年7
月，仲裁庭作出本案判決之後，日本政府與學界大致上表示肯定與支持仲
裁判決的內容，官方亦呼籲中國政府應遵守國際法與國際判決，和平解決
國際爭端。

　　日本政府對於仲裁判決結果採取肯定支持立場，或可認為本案之仲裁
法庭見解符合日本整體國家利益，但事實上進一步深究的結果，仲裁判決
內容中所採取的司法見解對於日本而言卻可能是一把兩面刃，部分仲裁見
解在未來是否完全符合日本國家利益，仍有待觀察。以下試從國際外交上
美日同盟以及國際海洋法規定的角度，針對此次仲裁判決內容中所體現的
法律思維，對照仲裁判決出爐後日本政府所採取的官方立場，分析本案判
決內容上對於日本政府所蘊含的政治意義，同時探討日本政府可能因本案
判決上的司法見解在未來面臨國際法上的立場矛盾。

一、國際外交上的立場觀點
（一）南海航行自由的主張

　　此次南海仲裁案的爭端當事國雖然是中國與菲律賓，但是對於中國
而言，更加棘手的是站在菲律賓後方的第三方勢力，亦即美國與日本。
美國長期以來主張南海是屬於「國際水域（international waters）」[26]，在

---

[25] Tribunal's Award, para. 1181.

[26] http://www.cfr.org/global/global-conflict-tracker/p32137#!/conflict/territorial-disputes-in-the-south-china-sea，最終檢索日：2017/5/4。

國家實踐上亦透過定期或不定期的「航行自由計畫／實踐（Freedom of Navigation Program/Operation, FON）[27]」，計畫性地透過國家實踐宣示與聲明南海水域所具備等同公海自由內涵中的航行自由權，用以對抗中國、越南等在南海上所進行的「過度的海洋權限主張」[28]。日本基於傳統以來的美日同盟關係，以及首相安倍晉三主政下所存在的日中緊張關係，均使美日兩國在南海議題上站在同陣線，與中國對抗，這自然使得中國在這場國際司法官司的敗訴困境中將矛頭指向美日兩國。在仲裁法院作成判決前後，中國內部媒體的相關報導當中，大多以美日兩國為批判對象，訴訟原告的菲律賓反而成為配角[29]。

　　換言之，美國在南海諸島的主權領有爭端上，顯然並非爭端當事國，在長期以來此區域的領有爭議上，美國基本上抱持中立立場，僅是聲明爭端應以依據國際法並以和平之途徑方式謀求解決。如上所述，美國方面主要關心者仍在於其長期以來所主張的南海所具有的國際水域性質，這也是美國在南海海域持續進行所謂「FON計畫」的主要緣由，因為海域的自由航行攸關美國船舶在人員與武器方面的海上運輸能力，這也是美軍主要的運輸管道。同樣地，日本的國際貿易以及資源進出，高度倚賴海上航運（sea-lane），因此東亞以及東南亞海域的自由航行與區域安定，均攸關日本國家生命線的安定與穩固。

　　此次仲裁庭認為中國大陸在南海海域進行抽沙填海的人工島工程不能因此改變地形物的低潮高地的性質[30]，對於堅持主張南海為國際水域的美日兩國而言，至少在法理上阻止中國大陸透過將此類地形物「岩礁化」而得據以獲得12浬領海之可能性，若此將使外國船舶在航行此類海域時必

[27] Lynn Kuok, "The U.S. FON Program In The South China Sea:A Lawful And Necessary Response To China's Strategic Ambiguity," *East Asia Policy Paper* 9. June 2016.

[28] U.S. Destroyer Passes Near Chinese Artificial Island in South China Sea Freedom of Navigation Operation, https://news.usni.org/2016/05/10/u-s-destroyer-passes-near-chinese-artificial-islandin-south-china-sea-freedom-of-navigation-operation.最終檢索日：2017/5/04.

[29] 有中國學者認為，中國政府同意現今的南海島嶼存在爭端，但爭端必須透過交涉談判解決，且明確反對爭端的國際化或區域外國家的干涉陳言，「中国、南シナ海問題での意外な思考原理と日本への本音」，Diamond Online, 2016/7/7。http://diamond.jp/articles/-/94699？page=5，最終檢索日：2017/3/30。

[30] 仲裁庭認為，中國占領的仁愛礁、東門礁、渚碧礁、美濟礁均屬於低潮高地。Tribunal Award, paras. 358, 367, 381.中國大陸在南海水域進行抽沙填海的人工島工程，企圖將原本的「低潮高地」加以「岩礁化」，從而主張12浬領海的事實。

須符合「無害通航（innocent passage）」的要求。因此在對抗措施方面，美國政府除了持續運作南海FON的計畫，以實際行動持續推動南海具有航行自由性質的國際實踐之外，更不定期派遣海上艦隊在中國控制下之南海島礁的12浬內進行航行，企圖挑戰中國將海上地形物「島礁化」的國家行為，避免中國造成上述領海主張的事實出現的可能性[31]。而就日本而言，日本雖非南海爭端的當事國，不過在立場上與美國站在同一陣線，加上南海水域自由航行權利的擴大，得以確保國際航路的運作，基本上仍是符合日本的國家利益。

（二）國際爭端和平解決的立場

　　「國際爭端和平解決」與「武力不行使原則」已是《聯合國憲章》所明文規範的現代國際法上之基本原則[32]。有關南海議題方面，日本與美國均一貫主張國際爭端必須和平解決的立場，同時也肯認此次針對南海問題透過國際司法仲裁解決的途徑。「遵守國際法」與「遵守國際判決」係屬國際法運作的基礎，也為國際爭端以司法途徑尋求解決的典範，日本如是的主張，基本上也是符合日本的國家利益。

　　南海爭端應以和平方式解決的主張，是日本政府與美國政府在仲裁結果出爐之後，兩國一致的立場。因此尤以日本方面，在日本安倍首相2017年初的亞太四國訪問中，不斷強調日本在南海問題上的立場。

　　日本安倍首相在2017年1月進行亞太地區四國（菲律賓、澳洲、印尼與越南）訪問之際，在多次的元首高峰會談中，提及南海問題，必須依據國際法的原則下尋求和平解決之途徑[33]。在與菲律賓杜特蒂總統的會談中，儘管杜特蒂總統於上任後對於仲裁結果採取消極對應態度，不過安倍首相仍於共同聲明中再次強調，有關南海情勢必須依據仲裁庭之判決內容，並以國際法優先與和平解決爭端原則解決之重要性。在與越南國家主席的會談中，安倍首相針對南海問題亦提及相同立場。

---

[31] Alex Calvo,"Asia-Pacific, Territorial and Law of the Sea Disputes", Center for International Maritime Security（CIMSEC）,http://cimsec.org/south-china-sea-fonops-not-enough-time-boots-ground-active-neutrality/19549.（last visited on 2017/5/4）.例如，聯合電子報，〈南海交鋒！美艦進入黃岩島12浬內遭陸警告驅離〉，最終檢索日：2018/1/22。

[32] 《聯合國憲章》第2條第3項，第4項。

[33] 日本內閣府，http://www.mofa.go.jp/mofaj/s_sa/sea2/ph/page3_001951.html，最終檢索日：2017/5/4。

　　相對於在與菲、越兩國元首的聲明中關於南海問題言簡意賅的立場聲明，在與澳洲、印尼的元首會談中，對於南海問題有進一步的闡述。在與澳洲總理的共同聲明中，除了言及北韓問題之外，特別提到南海問題，該聲明提到「南海問題，持續是兩國首腦所深刻關切的事項，兩國強調南海航行自由與其上空飛行自由，以及無阻礙的貿易活動，係屬兩國共同的利益。兩國強烈要求所有相關國家自制，避免採取升高區域緊張的行動，例如南海據點的軍事化等。兩國期望相關國家能依據包含聯合國海洋法公約在內的國際法和平解決爭端。兩國再次確認，希望東南亞國協各會員國與中國為確保《南海行動宣言（Declaration on the Conduct of the Parties in the South China Sea，DOC）》能完全有效的施行，相關各方應儘速簽定有效的行動規範（Code of Conduct，COC）。[34]」

　　在隨後的印尼訪問中，安倍首相與印尼總統的聯合聲明，再度提及南海議題，內容上大致上與日澳兩國元首聲明相似，兩國不外乎共同強調「南海是世界經濟活動成長的極重要海路，依據1982年《聯合國海洋法公約》等國際社會普遍認可的國際法規，確保該海路在航行與上空飛行以及自由通商的重要性。」同時，兩國元首也強調「有關南海問題，不應訴諸武力威嚇或武力行使，應依據《聯合國海洋法公約》、《聯合國憲章》、1976年東南亞友好合作以及其他相關國際文件，尋求國際爭端的和平解決，並共同認識到以國際規範為解決基礎之國際途徑的重要性」[35]。

　　事實上，在海域或島嶼領有爭端方面，主張爭端和平解決的立場，從另一個角度觀之，亦可解讀為任何國家不得片面以「非和平」的手段企圖變更「現狀（status quo）」。就此次菲律賓採取仲裁途徑解決與中國之間的海洋爭議而言，為國際社會建立國際爭端應以符合國際法與和平途徑之方式解決的途徑或模式立下典範，但也同時因菲律賓在仲裁案方面「意外地」取得全面勝利，包含仲裁之成立與本案判決，事實上強化了美國以往以來有關南海島嶼爭端方面所表示的中立態度。維持南海的現狀，除了意味著強化美國長期以來建立的FON行動的適法性之外，目前菲律賓所有效統治的低潮高地或岩礁，若中國大陸片面採取積極強制作為，企圖變更現狀，基本上無法取得合法之依據，更將有可能構成對於造成爭端的激烈

---

[34] http://www.mofa.go.jp/mofaj/files/000218410.pdf。最終檢索日：2017/5/4。

[35] http://www.mofa.go.jp/mofaj/files/000218456.pdf。最終檢索日：2017/5/4。

衝突，而提升爭端的「非和平狀態」。這種解釋方向基本上也被視為符合美國利益。以菲律賓目前有效統治的「仁愛礁（Second Thomas Shoal）」為例，有論者認為應該將《美菲共同防禦條約》之適用範圍擴大至包含「仁愛礁」等岩礁在內[36]，藉此嚇阻中國片面的變更現狀，同時透過對於此次仲裁結果的支持，不僅宣言島嶼領有的爭端必須依據國際法以和平途徑解決，同時透過以仲裁為基礎的外交談判或政治壓力，達到維持現狀的目的。

若以美菲共同防禦體系強化美國對於中國在南海進行改變現狀行為的防堵措施，或許相似的運作邏輯可套用於釣魚台列嶼爭議上的美日合作，如此亦是符合日本的國家利益。在釣魚台列嶼領有主權問題上，所謂的現狀是日本有效統治，美日雙方在解釋上，均將釣魚台列嶼的爭端導向國際化議題。換言之，若有任何其他國家（特別是中國）企圖以非和平方式破壞釣魚台列嶼的現狀，此種情事亦將適用美日兩國之間所簽訂的《日美安保條約》。在釣魚台列嶼領有問題上，美國方面保持中立，但為了避免單方面誤判導致區域衝突升高，因此美國與日本均同聲表示《日美安保條約》適用於釣魚台列嶼所引發的武裝衝突上，唯有所有國家均對於爭端的和平解決存在共識，否則日本與美國面對他片面的現狀變更，並未堅持仍須以和平方式解決，亦即不排除美日安保條約的適用。

在南海問題提交仲裁的發展過程中，中國政府一貫採取其「不參與、不接受、不認可」的立場，因此升高了南海問題上國際關係的緊張與對立。仲裁判決之後中國持續採取拒絕接受判決之立場，當然亦是美國與日本不願意預見的結果。因此，日本政府呼應美國立場，要求中國政府遵守仲裁判決，停止在南海海域上進行危害其他國家權益或國際社會共通利益的國家行動。日本方面認為，中國要在國際社會扮演一個負責任的泱泱大國，必須遵守國際法並履行判決[37]。基本上，南海問題上，日本與美國同調，不斷聲明「航行自由」、「遵守國際法」與「爭端和平解決」等立場，一方面基於此等習慣國際法所具有約束所有國家之基本義務，另一方面在政治

---

[36] 據報導，菲方表示，「菲國海軍正派員加固在仁愛礁上擱淺的一艘軍艦，菲國指稱，如果這艘現役軍艦遭到攻擊，據美菲簽署的安全協定，可要求美軍援助。」自由時報，〈菲國抗議黃岩島被Google改名〉，http://news.ltn.com.tw/news/world/paper/897937，最終檢索日：2017/05/04.

[37] 中谷和弘，〈南シナ海比中仲裁判断と海洋における法の支配〉《国際問題》No.659, 2017年3月，頁3。

意涵上企圖防止中國海權勢力的擴張，而損及美日兩國的國家利益。

　　針對本案，日本所強調爭端和平解決以及呼籲當事國遵守國際判決的主張，對於日本未來處理其與周邊國家所涉及領土爭端之時，除了符合現代國際法原則的立場宣示之外，亦是契合日本長期的國家利益。此除了意味著任何企圖破壞現狀的政治或軍事舉動，均可能牴觸爭端和平解決的國際法基本原則之外，戰後以來對於相關涉及的國際爭端，日本政府亦不排斥透過國際司法裁判解決的途徑。例如，針對日俄北方四島領有爭端，日本政府曾於1972年10月向國際法院提訴，對於日韓竹島領有爭端，則分別於1954年9月、1962年3月以及2012年8月向國際法院提訴，當然均分別遭到俄韓兩國的反對[38]。儘管如此，日本長期以來持續投入國際法事務的研究資源，同時採取包含司法途徑在內的爭端和平解決方法，對於日本未來處理其為當事國之一方的領土爭端時，亦是提供了一種參考的可行模式[39]。

二、國際海洋法上的立場觀點

（一）UNCLOS有關海洋環境養護的義務

　　此次仲裁案中，菲律賓的訴求之一在於對於中國在南海水域進行「吹沙填海」的人工建築對於周邊水域的航行自由與海洋環境的影響提出批判（參照下圖2）。

　　中國的立場是，有關南海各國勢力問題，在2002年《南海各方原則宣言》簽署後，相對於越南或菲律賓等國在南沙群島的積極措施，展現「存在（presence）」實力，中國政府並未有強烈的主權或管轄權主張。直到約2010年開始，中國政府開始採取諸如「吹沙填海」的工程，展現其在南海區域的「存在」勢力。也因此，中國官方在面對美國或日本等所謂第三

---

[38] 中谷和弘，〈日本の領土關連問題と国際裁判対応〉《島嶼研究ジャーナル》第7卷1號，2017年10月，頁21。

[39] 2014年日本雖在首次於ICJ成為爭端當事國的「捕鯨裁判」中，面臨敗訴的窘境。然此判決之後，日本政府開始對於國際裁判事務的研究與實務進行改革，例如在外務省國際法局之下設置「國際裁判對策室」，並與法務省進行共同研究，希望提升日本國際裁判能力，以便因應日後可能再度面臨的國際司法訴訟。產經新聞，〈「国際裁判もう負けない」　外務省と法務省が勉強会　調査捕鯨中止判決が教訓〉http://www.sankei.com/affairs/news/151205/afr1512050034-n1.html，最終檢索日：2017/05/04.

（資料來源：http://www.i-ise.com/jp/column/salon/201506.html，最終檢索日：2017/4/18）

圖2：中國於南海吹沙填海的現況

勢力的抗議時，表明了中國政府早期並未積極在南海問題上積極作為，展現國家海洋權益的措施發展遠遲於菲、越等南海周邊國家，因此目前的海上工程措施僅是在彌補或追趕以前落後或遲未開展的國家作為[40]。

　　中國在南海進行的「吹沙填海」工程，使得原本的岩礁或沙洲逐漸成為人工建築物，基本上中國政府雖未宣稱「吹沙填海」工程後的結構物屬於海洋法公約上的「島嶼」，然此次仲裁判斷，首次以司法判斷的方式否認了中國在南海進行「吹沙填海」等人工島建設工程的合法性，其主要判斷依據即在於中國的人工築地活動破壞海洋環境的漁業和珊瑚，而被認定違反UNCLOS中海洋環境保護與保全之義務[41]。

　　此次菲律賓在本案中所採取的海洋環境養護保全的訴訟依據策略，以環境保護的解釋角度，否定中國在南海吹沙填海的合法性，凸顯日後的國家海洋開發行為即使非屬主權歸屬的爭端，亦有可能違反UNCLOS中有關海洋資源養護的相關規定，而被認定為係屬侵害國際社會共通利益的國家行為。蓋因環境保護的議題，乃自上個世紀的1972年人類環境會議所通

[40] 倉持一，〈中国による岩礁等の埋め立てに關する法的・地政学的観點からの考察〉，http://www.i-ise.com/jp/column/salon/201506.html，最終檢索日：2017/05/04.
[41] Tribunal's Award , paras. 976-983.

過的《斯德哥爾摩宣言》開始，迄今已成為地球所有國家與公民的共同責任，相關具體做法與措施亦落實於UNCLOS的相關規定，成為所有締約國的條約義務，因此所有國家均有依據國際法承擔維護海洋環境之責任[42]。

　　此一論點對於日韓竹島爭端帶來啟示。日本與韓國之間長期以來存在竹島主權領有的爭端。在2016年7月南海仲裁的判決出爐後，某種程度上也為日韓之間存在的竹島領有爭端解決提供另一種思維。因為在此次仲裁判決中，「海洋環境養護」的環保觀點亦成為判定國家海上行為是否違反國際法的一項法律義務指標。此次南海仲裁案中，菲律賓在其訴求中曾援引海洋環境之影響理由進而主張中國在南海水域活動的違法性。準此，現在有效統治竹島的韓國若進一步在竹島周邊水域採取其他積極開發作為，例如建設海上科學研究基地或是包含觀光、漁業等在內之其他有效開發措施，日本從海洋環境養護觀點，可能主張韓國的行為構成對於海洋環境的侵害，損害日本海洋權益或是漁業權利，同時亦不排除透過國際司法訴訟程序與韓國政府尋求解決[43]。

（二）有關國際海洋法上「島嶼」的定義與解釋問題

　　此次仲裁判決中，仲裁法庭針對南海海域上之海上地形物的法律性質提出法律見解，其基本結論是，所謂南沙諸島，基本上未符合國際海洋法上所定義之「島嶼（islands）」，而係屬於「岩礁（rocks）」或漲潮時沉於海面下之「低潮高地（low-tide elevations）」。特別是，目前為我國實效支配之太平島（Itu Aba），亦被認定非屬UNCLOS第121條第1項所稱之「島嶼」[44]。

　　依該仲裁判決之論理邏輯，則日本長期以來主張具備「島嶼」要件的「沖之鳥礁[45]」，則更無法滿足UNCLOS中所規定享有200浬專屬經濟水域之「島嶼」的要件。也因此，否定太平島之島嶼地位的判決內容，使得日本官方顯得有些驚慌，因為日本外務省相關官員在此判決出爐前，一般

---

[42] 許耀明，〈菲中「南海仲裁案」與海洋環境保護〉《月旦法學雜誌》第256期，2016年9月，頁40-41。

[43] http://www.recordchina.co.jp/b144695-s0-c10.html，最終檢索日：2017/4/7。http://www.mofa.go.jp/mofaj/area/takeshima/g_teiso.html，最終檢索日：2018/1/30。

[44] Tribunal's Award,paras.625-626.

[45] 本文立場認為日本政府所稱之「沖之鳥"島"」並不具備UNCLOS第121條第1項島嶼的要件，然為論述方便，本文在用語上統一使用「沖之鳥礁」一詞。

認為至少台灣支配下的太平島等少數島嶼，有很高的可能性被認定為海洋法上的「島嶼」，然仲裁判決並未採取如此之立場[46]。

日本政府的擔憂，除了源自於台日非正式關係上，我國政府針對日本在其主張「沖之鳥礁」200浬經濟水域內的漁業執法所提出的抗議外[47]，主要還有在國際法層面，可能來自於中國或韓國政府要求日本政府就「沖之鳥礁」問題透過國際司法仲裁解決的法律攻防。當然日本政府一直以來仍主張「沖之鳥礁」符合海洋法公約中漲潮時仍高於水面上的島嶼之要件，儘管仲裁判決僅拘束爭端當事國，但日本政府無法否認此次國際仲裁的結果對其未來「沖之鳥礁」之主張所造成的影響。有日本學者認為，此次南海仲裁的結果，對於日本長期以來在「建設」「沖之鳥礁」所投注的大量資金與人力，無異是讓此成果化為烏有[48]。儘管日本內閣面對仲裁結果，一貫地宣示「本次仲裁決定，並非係關於「沖之鳥礁」法律地位的判決。基於《聯合國海洋法公約》，本次仲裁決定僅拘束當事國之菲律賓與中國。就日本政府而言，「沖之鳥礁」仍係屬於滿足UNCLOS規定上「島嶼」之要件的島嶼。[49]」但是，未來日本政府在國際裁判上不排除成為當事國的可能性之下，此次仲裁庭的判斷非謂毫無影響[50]。

此次仲裁庭對於南海爭議的法律見解，雖未涉及島嶼主權問題，但在處理菲律賓所提攸關其專屬經濟水域權利與海洋資源養護等議題上，仍必須正視國際海洋法上「島嶼」之定義問題，此勢必進一步涉及到UNCLOS第121條條文解釋的問題，以下試就條約解釋的學說理論進行闡述。

---

[46] 時事ドットコム，〈日本政府、沖ノ鳥島への波及を警戒…南シナ海仲裁判決、「島」を嚴格認定〉，http://www.jiji.com/jc/article？k=2016071300721，最終檢索日：2017/4/7。

[47] 「我國長期以來認定「沖之鳥礁」為岩礁，絕非「可以維持人居或本身經濟生活」之島嶼，無法接受日方定義「沖之鳥礁」為島及其享有200海里專屬經濟區之主張。我國已多次向日方提出嚴正交涉，日本應尊重我國及其他國家在該海域航行及漁捕等權益」。外交部，〈外交部就我國籍「東聖吉16號」漁船遭日本公務船扣捕再度向日本表達嚴正抗議〉，https://www.mofa.gov.tw/News_Content_M_2.aspx？n=8742DCE7A2A28761&sms=491D0E5BF5F4BC36&s=B58BDC50B4974B00，最終檢索日：2018/1/30。

[48] 〈沖ノ鳥島が「岩」とみなされ、800億円投じた埋め立て工事が無駄に！〉，http://www.recordchina.co.jp/b149361-s0-c10.html，最終檢索日：2017/5/4.

[49] 日本外務省記者會，http://www.mofa.go.jp/mofaj/press/kaiken/kaiken4_000382.html，最終檢索日：2017/5/4.

[50] 濱本正太郎〈南シナ海仲裁判斷の射程—法的根拠、経緯、その意義を見る〉《外交》Vol.39，2016年9月，頁29。

1.國際海洋法上「島嶼」定義之發展

國際法上原本對於島嶼並未有明確定義。在20世紀以前，所有海上地形物（包含淺灘或低潮高地等）均被視為沿岸的陸地或大陸的一部分而能擁有各自的領海海域。此種論點主要基於當時的「前廊理論（portico doctrine）」[51]，這些海上地形物因為非常接近沿岸陸地而構成該陸地的前緣部分。

此種不明確的理論在進入20世紀開始獲得修正，修正的途徑即是在法律上賦予「島嶼」定義，藉此將所有沿岸的海上地形物進行某種程度的區別，若無法符合「島嶼」要件者，則無法劃定自己的領海。此時，國際社會開始對於「島嶼」，進行法律意義上的討論。例如1930年海牙國際法法典化會議中，澳洲、英國、南非提出「一般的情況下，漲潮時時常在水面上，被海水所環繞，且占有或使用可能之陸地」，但此一定義最後並未被採納[52]。

國際條約上首次明確賦予「島嶼」定義者為1958年的《領海公約》。該公約第10條規定，島嶼係指「四面圍水、漲潮時仍露出水面之天然形成之陸地。」第11條規定，低潮高地係指「低潮時四面圍水但露出水面而於漲潮時淹沒之天然形成之陸地。」亦即，海洋地形物當中，島嶼和低潮高地之間的最大差異點在於是否於漲潮仍露出水面。依據《領海公約》的規定，只要是島嶼，均得自行劃定屬於其本身的領海，而低潮高地若位於沿岸國領海範圍內時，其低潮線得作為測算領海寬度之基線，但若超出沿岸國領海範圍，則本身不得主張領海[53]。相較於戰前，島嶼的定義中排除了「占有或使用」可能性的要件，尚且島嶼或低潮高地均不得為人工構築的地形物[54]。

---

[51] D.P. O'Connell, *The International Law of the Sea*, Vol.I （I.A. Shearered.），Clarendon Press Oxford （1982），pp.185-186.山本草二、《島の国際法上の地位》外務省，1999年。河錬洙，〈「島」の領有權と海洋法上の問題-日韓關係を素材にして-〉《龍谷法学》34-3，2001，頁352-355。

[52] 河錬，同上註，頁354。League of Nations, *Conference for the Codification of International Law*, Vol. II (Bases of Discussion II), pp.52-53 (League of Nations Doc. No.C. 74M. 39.1929.V).)

[53] 1958年領海公約第11條。

[54] 在1930年代的國際法理論中，人工構築而成的海上土地可被視為島嶼。戰後領海公約的締結過程中，美國代表提案在島嶼的定義中加上「自然形成（naturally-formed）」的要件，以防止國家藉由領海的擴大侵害公海自由。Jon Van Dyke and Robert A. Brooks, "Uninhabited Islands: Their Impact on the Ownership of the Oceans' resources", *Ocean Development and International Law*, Vol.12

2.UNCLOS的「島嶼」定義與解釋

1958年《領海公約》第10條僅規定了「島嶼」的定義以及其有劃定本身領海的權利。換言之，在《領海公約》規範之下，只要是「島嶼」，不問其地理位置、大小，亦無關乎其是否適合人類居住等其他狀況，均與陸地相同，可劃定其本身的領海。然而，如此的規定與解釋，在1970年代後專屬經濟水域概念的理論與與國家實踐出現後形成重大爭議。蓋因原本沿岸國僅得劃定3浬或12浬領海的慣行，自1970年代起，開始有沿岸國主張200浬的漁業水域或經濟水域，進而據以劃定島嶼本身的200浬漁業水域或經濟水域，如此的國家主張可能造成公海上的蕞爾小島卻可擁有廣大的大陸礁層或專屬經濟水域，此一傾向加劇了沿岸國家與海洋國家之間的海洋資源衝突[55]。

在沿岸國陣營與海洋國陣營的妥協之下，最終形成今日UNCLOS第121條的規定，亦即係僅由三項條款所構成的現代海洋法上之「島嶼」制度。有關本條第1項，針對「島嶼」的定義，係屬「四面環水並在漲潮時高於水面的自然形成的陸地區域。」基本上此一條款，與1958年的《領海公約》的規定並無二致。有關「島嶼」的定義要素，在國際法上仍有討論餘地，例如「漲潮時」一詞，存在「最高漲潮時」或「平均漲潮時」的論說[56]；「自然形成（naturally-formed）」的要件，最早係於領海條約的締約過程中，由美國政府所提出的建議[57]，其用意在於避免海床或低潮高因為人為的物理加工（例如建造燈塔或無線收發台等）而成為漲潮時高於水面，使得沿岸國藉此擴大領海範圍，進而縮小公海自由的範圍。所謂「自然形成的陸地區域」，解釋上即是為了和「人工形成的陸地區域」進行區別。然而，「自然形成的陸地區域」本身在解釋上如何界定或具體闡述，因為這涉及到「島嶼」的地形與構成該地形的形成方法；而後者所稱的「人工形成的陸地區域」中，無論人類社會的建築技術工法或建築材料如何發展先進，只要係以人為工法或材料添附等方式，使得原本係屬「低

(1983), p.274 (note 34).

[55] Barbar Kwiatkowska and Alfred Soons, "Entitlement to Maritime Area of Rocks which Cannot Sustain Human Habitation of Economic Life of Their Own", *Netherlands Yearbook of International Law*, Vol.21 (1990), p.179.

[56] 河錬，同上註，頁378。

[57] U.N. Doc. A-Conf. 13/C. 1/L.112.

潮高地」等海上地形物成為「漲潮時高於水面」的陸地,仍不得使其具有「島嶼」的性質[58]。

本條第2項規定,只要係屬第1項的「島嶼」,其「領海、鄰接區、專屬經濟區和大陸礁層應按照本公約適用於其他陸地領土的規定加以確定。」接著第3項規定,「不能維持人類居住或其本身的經濟生活的岩礁,不應有專屬經濟區或大陸礁層。」此一規定,造成其與第1項之間的解釋模糊,因為在此所謂的「岩礁」在公約上並未有明確定義,使得爾後的國家實踐上與學術見解上出現重大歧見[59]。

UNCLOS第121條的爭議除了該條第1項定義中的構成要件內涵如何解釋之外,更大的爭議在於第1項和第3項之間存在的關聯性問題,因為相對於第1項對於「島嶼」進行定義,但對於第3項的「岩礁」並未有明確定義。若此,解釋上,岩礁的定義是否必須以符合第1項中「島嶼」的構成要件為前提?換言之,所謂「岩礁」是否為「四面環水並在漲潮時高於水面的自然形成,但不能維持人類居住或其本身的經濟生活的陸地區域」的解釋?面對此一問題,正反的答案可視為兩種立場,亦即「結合說」與「分離說」。若問題的答案為肯定,則屬前者,認為所謂第3項的「岩礁」,亦是第1項「島嶼」的一種類型,因此符合第1項要件的「島嶼」亦應受到第3項的權利限制,包含日本學者在內的多數國際法學者以及國際

---

[58] C.R. Symmons, *The Maritime Zone of Islands in International Law*, Martinus Nijhoff Pub.（1979）, pp.30-36.不管1958年領海公約或UNCLOS,對於島嶼或低潮高地的定義上均排除人工構築物,然解釋上國家若對於原本即是自然形成且漲潮時浮於水面上的島嶼進行人為加工時,在此情況下之人工作為不應使得該島嶼喪失島嶼之地位。至於低潮高地,國家自然不能透過人為工事加工而使低潮高地取得島嶼的地位。在UNCLOS之下,同理,國家亦不能透過人為工事加工而使「岩礁」取得島嶼的地位。

[59] 誠如判決書中所提,有關UNCLOS第121條島嶼制度與岩礁的關係在學術討論上存在很多歧見, D.W. Bowett, *The Legal Regime of Islands in International Law* (1979); E.D. Brown, "Rockall and the Limits of National Jurisdiction of the UK: Part 1," *Marine Policy* Vol. 2, p. 181 at pp. 206-207(1978); J.M. Van Dyke & R.A. Brooks, "Uninhabited Islands: Their Impact on the Ownership of the Oceans' Resources," *Ocean Development and International Law*, Vol. 12, Nos. 3-4, p. 265 (1983); R. Kolb, "The Interpretation of Article 121, Paragraph 3 of the United Nations Convention on the Law of the Sea: Rocks Which Cannot Sustain Human Habitation or Economic Life of Their Own," *French Yearbook of International Law*, Vol. 40, p. 899 (1994); D. Anderson, "Islands and Rocks in the Modern Law of the Sea," in *United Nations Convention on the Law of the Sea 1982: A Commentary*, Vol. VI, pp. 307-21 (M. Nordquist, gen. ed., 2002); J.L. Jesus, "Rocks, New-born Islands, Sea Level Rise, and Maritime Space," in J. Frowein, et al., eds., *Negotiating for Peace*, p. 579 (2003).。參照Tribunal's Award,para.474, footnote (519).

法院的判決案例基本上支持此一論說[60]。若問題的答案為否定，則為後者的分離說，亦即認為第3項的「岩礁」，與第1項「島嶼」是各自獨立的條款規定，若依此解釋，只要是屬於第1項的「島嶼」，即不受到同條第3項的限制，無關乎「不能維持人類居住或其本身的經濟生活」的要件，均可依據第2項規定，享有「領海、鄰接區、專屬經濟區和大陸礁層。」而第3項的「岩礁」，則僅有在符合「能維持人類居住或其本身的經濟生活」的要件前提下，始得主張「專屬經濟區或大陸礁層」，否則即不得主張。

　　不過，不管何種論點，都是必歸結到第121條規範上內在的限制，也就是第3項「岩礁」一詞的解釋。僅以包含日本學者在內之多數國際法學者所認可的「結合說」而言，所謂作為「島嶼」的一種類型的「岩礁」究屬何物，仍需回歸到條約解釋的問題。在第3項前段的規定，「不能維持人類居住或其本身的經濟生活」僅是賦予區隔得否主張「專屬經濟區或大陸礁層」的判斷基準，但前提是「岩礁」仍須符合第1項「四面環水並在漲潮時高於水面的自然形成」的「島嶼」之定義。換言之，透過解釋論理，將「岩礁」定義為「四面環水並在漲潮時高於水面的自然形成，但不能維持人類居住或其本身的經濟生活的陸地區域。」[61]

3.仲裁判決的觀點

　　有關規定島嶼制度的UNCLOS第121條，仲裁判決本文進行詳細討論說明[62]。很明顯地，由於仲裁庭在上述有關UNCLOS第121條第1項與第3項的關係上採取的「結合說」，因此仲裁庭在前提上即將論述焦點集中在第121條第3項所謂「維持人類居住」與「維持其本身的經濟生活」的要件上，此部分在判決中有詳細的分析闡述[63]。

---

[60] Barbar Kwiatkowska and Alfred Soons, "Entitlement to Maritime Area of Rocks which Cannot Sustain Human Habitation of Economic Life of Their Own", *Netherlands Yearbook of International Law*, Vol.21 (1990), p.150.栗林忠男、〈島の制度第121条〉、《新海洋法条約の締結に伴う国内法制の研究》日本海洋協会（1984）第3號，頁119。小田滋，《海洋法（上卷）》有斐閣，（1979年）頁292。ICJ Case, Territorial and Maritime Dispute (Nicaragua v. Colombia), http://www.icj-cij.org/en/case/124,最終檢索日：2018/1/30。

[61] Barbar Kwiatkowska and Alfred Soons, "Entitlement to Maritime Area of Rocks which Cannot Sustain Human Habitation of Economic Life of Their Own", *Netherlands Yearbook of International Law*, Vol.21 (1990), p.153.

[62] Tribunal's Award,paras.385-648.

[63] Tribunal's Award,paras. 478-503.

　　換言之，對於仲裁庭而言，UNCLOS第121條規定下的島嶼制度，不存在上述「分離說」的問題，雖然判決內容上並未詳係言明此部分理由，抑或者僅是遵循之前的國際判決見解[64]。因此，仲裁庭認為國際海洋法上的島嶼制度，重點不在於「島嶼」或「岩礁」的稱謂，岩礁亦是島嶼的一種類型，若僅是將島嶼的要件侷限於地理學上的特徵，則任何「高潮高地（high-tide features）」即可被賦予廣大的海洋權限，此非UNCLOS第121條的本意[65]。在此前提下，舉凡無法滿足判決中所詳細闡述「維持人類居住」與「維持其本身的經濟生活」要件的海上地形物，均無法主張專屬經濟水域或大陸礁層，至多亦僅能主張12浬領海。因此即使太平島符合第1項的各種要件，但因不符合第3項的二要件，從而無法被認定具有「島嶼」的法律性格。

　　在實體判決中，在菲律賓所具體請求的海洋地形物中，黃岩島、北-南薰礁、西門礁、赤瓜礁、華陽礁與永暑礁被認定為岩礁，而渚碧礁、南-南薰礁、東門礁、美濟礁與仁愛礁被認定為低潮高地。此兩者的區別在於漲潮時是否高於水面或是沒入水中，因此第3項的岩礁，均是以第1項島嶼的要件作為前提，若具備此島嶼要件，但無法具備第3項之「維持人類居住或其本身的經濟生活」者，即屬岩礁，僅得據以主張12浬之領海[66]。

4.對於「沖之鳥礁」之影響

　　在UNCLOS第121條的解釋上，日本官方持續主張上述「分離說」立場，宣言凡是符合同條第1項者，即能主張同條第2項之海洋權利，而不受到同條第3項之限制。因此，日本政府主張「沖之鳥礁」滿足UNCLOS第121條第1項島嶼的要件。但是從多數學說所主張的「結合說」，以及此次仲裁判決中的整體論點來看，日本主張「沖之鳥礁」具備UNCLOS中島嶼的要件當中，目前其投入的相當的人力與物力，企圖使「沖之鳥礁」符合UNCLOS第121條第1項要件的努力，即使進行最為寬鬆的認定，認定其具備「四面圍水、漲潮時仍露出水面之天然形成之陸地」的自然要件，亦必須符合第121條第3項中透過客觀與歷史發展事實加以斷定的「維持人類

---

[64] Tribunal's Award, para. 480.

[65] Tribunal's Award, para. 481.

[66] Tribunal's Award, paras. 643-646.

居住或其本身的經濟生活」要件，才得主張200浬專屬經濟水域與大陸礁層。若從此次仲裁庭對於後者進行的嚴格解釋來看，相信更加大幅地削弱「沖之鳥礁」可以據以劃定專屬經濟海域與大陸礁層的合法性。

不過，在本案過程中，中國大陸在南海水域進行抽沙填海的人工島工程，企圖將原本的「低潮高地」加以「岩礁化」，從而主張12浬領海的事實。若此種國家意圖真實存在且日後成為具有指標性的國家實踐，對於日本而言，即使未來無法主張專屬經濟海域或大陸礁層，但透過相關海上工程，確保「沖之鳥礁」」至少可以確保12浬的領海，就海上軍事安保權益而言，亦有益於日本在西太平洋之國家權益。

伍、結語

此次中菲南海仲裁案，仲裁結果一出引發法律上與政治上的波瀾。此案從仲裁庭的組成、管轄權的有無以及本案判決，無不存在爭議的空間。南海議題由於涉及相關多的國家的利益，除了領有權的聲索國之外，由於該海域涉及其他重大海洋法上的權益，因此包含域外的美國、日本等，均紛紛有所表態。

在仲裁庭作成判決之後，日本所採取的幾項上述立場觀之，不管從國際政治上的日美同盟或日中關係的國際政治角度，或者南海和平穩定的國際法角度，或可理解上述立場符合日本的國家利益。然而，誠如上述所提及，日本對於仲裁內容所表明的立場態度對於其在東亞國際關係的議題處理上可能是一把雙面刃。首先在對於南海水域自由航行的立場主張上，不僅為確保國際航道的安全穩定，亦是符合美日同盟的戰略夥伴利益。然而，類似的適用邏輯或法理套用於東海水域或「沖之鳥礁」周邊水域，日本如何從此次仲裁法庭的法律解釋邏輯建構其爭端水域內的權利，可能成為日本政府未來必須思考的問題。因為，姑且不論爭議中的海洋地形物究屬「島嶼」或「岩礁」，　國在距離其國土甚遠的公海上單方面劃定大陸礁層或專屬經濟水域，都代表著公海水域的縮小，形同大幅削減其他國家在公海上原有的權利，可能違反國際經濟秩序的確立以及海洋資源的公平利用[67]。

---

[67] Barbara Kwiatkowska and Alfred H. A. Soons, "Entitlement to Maritime Areas of Rocks Which Cannot

　　再者，對於本案仲裁判決上日本政府立場較為曖昧模糊之處不外乎在
於海洋法上「島嶼」的認定爭議。儘管日本政府一再強調本案仲裁判決僅
拘束爭端當事國，本案仲裁標的亦僅以南海的海上地形物作為裁判客體，
不能一體適用於「沖之鳥礁」，不過日本國內官學人士仍對於日本政府未
來如何確保「沖之鳥礁」的法律地位提出質疑與憂慮。

　　綜上所述，就日本而言，南海水域係屬攸關其國家發展的海上生命
線，因此此區域的和平穩定，以及航行自由的利益確保，均是符合日本國
家利益的主張，在國際政治上透過美日安保陣線的加持，以及日本與東南
亞各國在海上警備能力方面經濟與技術層面的多元交流，日本政府或可在
南海海洋權益維護上取得優勢地位。當然，若就法律層面上而言，本案判
決中對於「島嶼」的定義，以及「岩礁」的海權主張要件的解釋，事實上
使得日本在其對「沖之鳥礁」的島嶼地位主張陷於尷尬的立場。即使日本
政府官方回應上仍持續堅持「沖之鳥礁」具備公約中島嶼的要件，但是就
連日本國際法學界的理論主張事實上仍與此種官方見解存在差距。[68]

　　本案仲裁另一個重點，也道出海洋領有爭端中，仍不得忽略海洋環境
保護與資源養護的論點。在判斷「維持人類居住或其本身的經濟生活」的
要件中，仲裁庭認為，此兩項要件乃係為了限制過度的海權主張以及保護
具有人類共同遺產性質的「區域」[69]。換言之，所謂「全球公共財（global
commons）」的概念[70]，不僅是此次中菲南海仲裁案中所體現領土或海域
領有權爭端的一種教訓[71]，也為當前存在的海域爭端的和平解決過程與論
述提供了另一種啟示。

Sustain Human Habitation or Economic Life of Their Own", *Netherland Yearbook of International Law*, Vol.21 (1990), p.150.

[68] 事實上，在日本的涉外事務方面，涉及國際法上的適法性判斷時，官方見解與學界見解時常出現相反局面，例如日本政府亦表態支持的2003年美國小布希總統對伊拉克發動的戰爭中，日本國際法學會有八成以上的學者會員均認為係違反國際法，http://eritokyo.jp/war-env/newyearcolum6.html。最終檢索日：2017/5/4。2014年日本在ICJ的「捕鯨判決」中敗訴，日本政府採取消極對應，執意繼續進行其所謂科學捕鯨，然日本不少學者認為此項舉動在國際法上可能構成危險，對於在國際事務上標榜「依法治理」的日本而言是否適當提出質疑。http://newsphere.jp/politics/20151026-1/。最終檢索日：2017/5/4。

[69] *Award*, para.550.

[70] https://www.iucn.org/global-commons，最終檢索日：2017/5/4。

[71] http://www.recordchina.co.jp/b149361-s0-c10.html。最終檢索日：2017/5/4。

宗教信仰自由與因組織犯罪而解散宗教法人
──評介日本最高法院第一小法庭
1996年1月30日裁定

李仁淼
中正大學法律學系教授

壹、事實概要

　　本件抗告人Y為宗教法人歐姆真理教（オウム真理教）。在其代表幹部松本智津夫（別名麻原彰晃）之指示下，該宗教法人之多數幹部企圖製造具有強大殺傷力之毒氣，因而符合殺人預備罪之要件。東京都地方檢察廳檢事正和東京都知事，以抗告人Y之上述行為符合日本宗教法人法第81條第1項第1款、第2款[1]所規定解散命令事由之要件，乃分別向東京地方法院提出將Y解散之聲請[2]。

　　Y在第一審，除在事實關係中爭論外，同時主張解散命令乃剝奪和本件無關之多數信徒的信仰場所，因而違反日本憲法第20條[3]所保障的宗教信仰自由。

　　一審東京地方法院容許解散請求，作出將Y解散之判斷。嗣後，Y向

---

[1] 日本宗教法人法在1995年經部分修改，於同年12月15日公佈。依當時修改後之法律條文，宗教法人法第81條第1項（內容與修改前完全相同）規定：「法院就宗教法人，在認定有合於以下各款事由之一時，得依所管官署、利害關係人或檢察官之請求，或依職權命其解散。
一、違反法令，作出明顯危害公共福祉之行為
二、作出第二條規定之，明顯脫逸宗教團體目的之行為，或經過一年以上，不行使該目的之行為。」有關日本宗教法人法修改之經緯之詳細，參閱高松典雄，宗教法人法の一部修正，時の法令1516號，1996年，頁6-26。

[2] 判例時報1544（1995年）頁43-45，判例時報1548號（1996年）頁26-33，判例時報1555號（1996年）頁3-5。

[3] 日本國憲法第20條規定：「宗教信仰之自由，對任何人均加以保障。任何宗教團體均不得自國家接受特權，或行使政治上之權利。
任何人均不得被強制參加宗教上之行為、祝典、儀式或行事。
國家及其他機關不得從事宗教教育及其他任何之宗教性活動。」條文參閱e-Gov，http://elaws.e-gov.go.jp/search/elawsSearch/elaws_search/lsg0100/，（last visited 3 Feb 2018），作者自行翻譯。

東京高等法院提出即時抗告，然卻被該法院駁回。本件乃Y對東京高等法院之駁回所作的特別抗告事件。日本最高法院在本件作出憲法判斷後，將Y之特別抗告駁回。

貳、判旨

宗教法人乃以禮拜設施、財產所有之目的，賦予宗教團體法人格。因此「由法律對宗教團體所作之規制，乃專以宗教團體之世俗面為對象，而其精神面、宗教面則為對象外。[4]」，並無意介入信徒在宗教上所作之行為等受憲法保障之宗教信仰自由[5]。

宗教法人即使因解散命令而遭解散，其信徒仍可使未具有法人格之宗教團體繼續存在，或是，亦無禁止其再次組織新教派。亦即解散命令完全未具有禁止或限制信徒之宗教上的行為之法效果。當然，在宗教法人之解散命令確定時，該法人之財產將受清算，其結果，對於使用這些財產繼續進行宗教行為之信徒，將會產生若干障礙。因而，有關宗教法人之規制，在考量到憲法所保障的精神自由之一環的宗教信仰自由之重要性，「憲法是否容許此種規制，必須慎重加以思考[6]」，然而在以大量殺人為目的之抗告人的行為之相對作為上，「將抗告人解散，使其失去法人格乃必要且適切。另外，因解散命令對於宗教團體歐姆真理教，或是其信徒所作之宗教行為，即使無可避免會發生若干障礙，然該障礙則僅止於附隨解散命令的間接性事實上之效果[7]」。

參、問題檢討

由於解散命令會使抗告人Y之信徒喪失其信仰生活之基盤，實質性地侵害其信徒的信仰生活。因此，此種解散命令是否違反日本憲法第20條第1項所保障之宗教信仰自由[8]乃成為本件訴訟的最大爭點。針對此一爭點，

---

4 判例時報1555號，1996年，頁5。
5 同註4，頁5-6。
6 同註2，頁6。
7 同註2，頁6。
8 參閱笹川紀勝，宗教法人の解散命令と信教の自由，法学教室188號，1996年5月，頁74。

本文將對以下三個面向進行檢討分析。（一）組織犯罪與宗教法人之解散、（二）信徒之當事人適資格、（三）宗教信仰自由與本件解散命令對日本憲法第20條之合憲性。

一、組織犯罪與宗教法人之解散

首先，於一審東京地方法院，主要爭點在：刑法上之犯罪，在何種情況下才會構成宗教法人解散命令之事由。此爭點又涉及到以下兩個面向：①宗教團體，要如何認定其組織犯罪行為、②可否因組織犯罪之理由，而解散宗教法人。有關①之論點，雖然對於法人之犯罪能力，學說上有種種議論，然而目前在日本刑法上，並沒有處罰法人之規定存在，因此法人無法成為刑法上的犯罪主體，學說上並無異論[9]。然而在東京地方法院的裁定中則指出：組織犯罪於「宗教團體構成員之大部分，或主要幹部在和宗教團體之組織或活動之間，於社會通念上，被認為有無法分離之密切關係時」則可成立[10]。

有關②之論點，東京地方法院首先指出：「犯罪行為在性質上，並非以經宗教法人之役員会（日本之役員為法人組織之幹部，在此所稱之役員相當於我國財團法人之董事或公益社團法人之理事）等正式機關承認為基準，應完全以自實質上看來，可否認為是宗教團體之組織行為作為判斷基準[11]」。其次，東京地方法院進一步指出：本件之殺人預備行為乃歐姆真理教教祖、宗教法人之代表幹部松本智津夫之指示，至少是在其承認下所進行者，因此符合日本宗教法人法第81條第1項第1款、第2款前段之解散命令事由。在一審裁定中，東京地方法院指出：即使在嚴格的意義上，並非法人之行為，但若是以宗教團體之組織行為所做的犯罪行為，則可構成宗教法人上的解散命令事由[12]。此亦為法院對此種因犯罪而解散宗教法人所作出的第一次判斷。

其次，二審東京高等法院則指出：宗教法人解散命令之意義乃在防止取得法人格之宗教團體，利用法人格進行犯罪行為所必須之相對措施。然

---

[9]　判例時報1544號，1995年，頁44。
[10]　同註9，頁49。
[11]　同註9，頁49。
[12]　同註9，頁49。

而，宗教法人因組織犯罪而被解散時，除其核心幹部外，愈是周邊人物，其在組織犯罪中之角色越是稀薄，同時多數信徒則大多與組織犯罪無關。因此，在追究責任時，應將必須承擔責任之少數核心幹部，和無須承擔責任之多數虔誠信徒加以區分[13]。

東京高等法院並隱約指出：抗告人Y若在其代表幹部代理人村岡達子之下，忠實地遵守宗教法人之目的，以宗教法人繼續活動，不再繼續從事犯罪行為，並修改該法人之組織章則的話，則即使曾經從事過犯罪行為，亦有不被解散之可能。雖然東京高等法院指出：抗告人Y並沒有滿足免於解散之要件。但卻似乎暗示著，只要可能由有別於組織犯罪核心幹部之多數虔誠信徒，依合於法人目的之章則產生真正的法人代表的話，則有駁回解散請求之可能[14]。

二、信徒之當事人適格

在原審東京高等法院之訴訟過程中，抗告人Y以解散命令乃對其信徒受憲法第13條[15]、第20條所保障之權利侵害為理由，主張解散命令違憲。有關此一主張，東京高等法院對於特定之第三人是否具有憲法上所保障之權利的當事人適格，在一般基準方面，對：①特定第三人之憲法上的權利性質、②當事人和第三人之關係、③第三人以獨立程序是否有機會自行保護該憲法上所保障之權利，以及④對該當事人否認第三人憲法上的權利之主張時，第三人權利之實效性是否有喪失之虞等具體論點進行綜合考量[16]。東京高等法院並引用日本最高法院1962年11月28日判決[17]，指出：

---

[13] 判例時報1548號，1996年，頁33。

[14] 同註8，頁74-75；同註13，頁35。

[15] 日本國憲法第13條規定：「所有國民均被以個人受到尊重，對於有關生命、自由以及幸福追求的權利，在不違反公共福祉之限度，在立法以及其他之國政上，必須與以最大之尊重。」條文參閱註3所揭書，筆者翻譯。

[16] 同註13，頁33-34。

[17] 該案乃被告人等企圖向韓國走私貨物，在博多港外打算將貨物搬進航向韓國之漁船，被海上警察發現，以涉嫌走私而遭逮捕。日本最高法院在本案判決中指出，在沒收第三者所有物時，對於沒收物品之所有者而言，均未給其告知、辯護、防禦之機會而奪取其所有權，殊極不合理，為憲法第29條、第31條保障規定所不容，而容許被告替第三人主張其權利，並判決變更日本最高法院1960年10月19日之判決。參閱判例時報319號，1936年，頁6以下；刑集16卷11號1593頁。相關判例評釋參閱松井茂記，第三者所有物の沒收と告知・聽聞，別冊ジュリスト—憲法

除非在認為有相當之必要性得賦予當事人前述之適格外，否則不應容許其主張之第三人有當事人適格。

　　在Y所主張之第三人權利侵害方面，有關侵害憲法第13條所保障之部分，由於Y並未作出具體主張，東京高等法院乃未賦予Y當事人適格，同時也沒有作出實質之憲法判斷[18]。

　　另方面，對於Y所主張之侵害憲法第20條所保障之信徒的權利，東京高等法院首先指出：「對宗教法人所作之解散命令，由於該宗教法人之信徒無法成為當事人，因此信徒沒有機會依憲法第20條維護本身的宗教信仰自由，並在考慮到該權利之實效性有喪失之虞。[19]」而賦予Y所主張的侵害第三人信徒之權利的當事人適格。然為對此作出具體之憲法判斷，東京高等法院並進一步指出：「國家行為對該信徒，要其放棄宗教上之教義，或不得已使其作出違反教義之行為時，有必要表明對其宗教信仰自由所課予之所有重大負擔，或限制等不利益……在前述所有事項尚未明確之前……對於前述之國家行為，尚不須做實質之憲法判斷[20]」。換言之，在和該事件之關聯上，東京高等法院認為，在現今之時點，由於對各個特定之信徒而言，會帶來何種影響，會存有何種程度之不利益尚未明確之前，沒有必要進入具體憲法判斷之層次。原審東京高等法院引用前述日本最高法院1962年11月28日判決，認為Y雖可替第三人之信徒主張其權利，但基本上乃以Y和其信徒並非居於同一利害關係為前提。然而，信徒乃該宗教法人之構成員，構成員對法人而言，是否居於第三人之關係，宗教法人和信徒間之關係可否以「法律上之個別存在」加以處理，是否適當，均有再加檢討之必要。

　　其次，信徒之地位得否享有法律上之地位，依過去之判例加以整理，在以下①-⑤之判決中，均判定壇徒等信徒具有法律上之地位。包含：①1969年年2月23日高松高等法院判決[21]中有關壇徒之地位。②1977年12

判例百選Ⅱ3版，1994年，第234、235頁；戶波江二，第三者所有物の沒收と適法手續き，樋口陽一＝野中俊彥編，法学教室增刊－憲法の基本判例，1996年2版，頁156-159；市川正人，違憲の爭點を提起しうる當事者適格，別冊ジュリスト憲法判例百選Ⅱ3版，1994年，頁404-405等。

[18] 同註13，頁33-34。
[19] 同13，頁34。
[20] 同註13，頁34。
[21] 判例時報527號，1968年，頁8。

月28日名古屋高等法院判決[22]中有關聖心布教會之會員的地位。③1977
年12月28日大阪高等法院判決[23]中有關神社之氏子及氏子總代之地位。
④1994年6月29日東京高等法院判決[24]中，有關大圖基督教會之信徒之
地位，以及⑤1995年7月18日最高法院第三小法庭判決[25]中有關壇徒之地
位。另方面，1993年4月30日高松高等法院判決[26]中，有關壇徒之地位，
則判定壇徒不具法律上之地位，而在1975年7月21日最高法院第三小法庭
判決[27]中，則判定神社之責任幹部及氏子總代具當事人適格，氏子則不具
此種法律地位。

自上述判例看來，信徒是否具有法律上之地位，判例上雖並無定論，
不過就本件而言，信徒乃宗教法人之「利害關係人」，在宗教法人之解散
命令程序上，賦予該法人所主張之，以侵害信徒之宗教信仰自由為理由，
替第三人之信徒主張其當事人適格，應為妥適之判斷。

三、宗教信仰之自由與本案解散命令之合憲性

（一）學說

有關日本憲法第20條第1項所保障的宗教信仰之自由，一般可再加以
區分為：①內心信仰自由、②宗教行為之自由、以及③宗教結社之三部分
加以探討。有關內心信仰自由之保障，如同思想、良心自由，乃不可加以
規制之範疇。其次，由於宗教行為並不僅止於內心之信仰，尚包含外在表
現和組織活動。對於宗教行為之外部活動，並無法絕對加以保障。以下將
日本有關對於宗教信仰自由的規制基準之主要學說整理如下。

首先，芦部信喜教授主張：在考慮到宗教行為之規制和內心信仰、宗
教信念有密切關係，因此除國家對宗教中立性之要求以及涉及自然犯之情
況外，對於規制之目的，應採嚴格之審查基準[28]。

其次，佐藤幸治教授指出：宗教行為往往和內心信仰有無法分割密切

---

[22] 判例時報1006號，1981年，頁58-63。
[23] 判例タイムズ748號，1991年，頁217-223。
[24] 判例時報1500號，1994年，頁170-173。
[25] 判例時報1542號，1995年，頁64-67。
[26] 判例集未登載。
[27] 民集49卷2號，頁231。
[28] 芦部信喜，信教の自由のの限界，法学教室150號，1993年3月，頁52。

之關係，因此即使是對宗教之中立性規制，在適用時也應要求慎重考慮到不涉及侵害宗教信仰之自由[29]。

第三、小林直樹教授認為：在對宗教團體等活動作具體規制時，應以認定確屬危害社會之明確事實，為必要之條件[30]。

最後，阪本昌成教授則指出：有關宗教行為和內心信仰有密切之關聯，因此外部行為若對該特定個人而言，若是有「本質性之關心事情、體驗之表露的話，則應賦予其受和內心信仰自由同等保障之強力推定」[31]。因此，若是要以公權力加以規制，則必須舉證，提出推翻前述推定之有力且明確之世俗理由。

由上述主要學說之整理可以得知，學說上均主張對宗教行為之自由的規制，至少應採和表現自由規制審查同等嚴格之審查基準。

（二）判例

有關宗教行為之自由的相關判例，以下舉出以下4件代表性案例進行探討。①1963年5月15最高法院判決（加持祈禱事件）[32]、②1975年2月20日神戶簡易法院判決（牧會活動事件）[33]、③1993年2月23日神戶地方法院判決（エホバの證人事件一審）[34]、④1994年年12月月22日大阪高等法院判決（エホバの證人事件二審）[35]。

上述判例①乃宗教家對精神病患施行加持祈禱，以線香之熱氣加於患者身上，並束縛患者手腳，導致患者心臟麻痺致死，而被以傷害致死罪起訴。日本最高法院對此種行為，認為：已「超出宗教信仰所保障之範圍」，另外並引憲法第12條、第13條之「公共福祉」之概念指出：「宗教信仰之自由並非絕對沒有限制」，而作出有罪判決。

其次判例②乃教會之牧師，接受涉嫌侵入建造物，準備凶器集結之兩名逃亡中之高中生的家長之請託，讓其住在教會一週，並說服其自動向警察當局投案，牧師因而涉及藏匿人犯罪之案件。神戶簡易法院在判決中首

---

[29] 佐藤幸治，憲法3版，青林書院，1995年，頁492。

[30] 小林直樹，憲法講義（上）新版，東京大学出版会，1993年，頁372。

[31] 佐藤幸治編，憲法Ⅱ，成文堂，1992年，頁147。[阪本昌成執筆]

[32] 判例時報335號，1963年，頁11-12。

[33] 判例時報768號，1975年，頁3、7。

[34] 判例タイムズ813號，1993年，頁134-145。

[35] 判例時報1524號，1995年，頁8-30。

先指出：「和內面信仰不同，有受公共福祉制約之情況自不待言」，然而牧師在本件中之行為，形式上雖然觸犯和刑罰有關之法規，但卻是「出於擔心兩位少年之靈魂的行為」，「在目的上，合於相當之範圍」，因而判定該行為「就整體而言，並無違反法秩序之理念，乃屬正當之業務行為，不構成罪行」。

　　另外有關判例③、④乃宗教團體「エホバの證人（耶和華見證人）」之5名信徒在神戶市立工業高等專門學校就讀時，依該教聖經之內容，拒絕修習必修科目體育項目之一的劍道實技，由於無法取得體育學分，而被處以留級，其後該5名信徒於次一學年再度拒絕修習劍道，而再度遭到留級處分，並依校規，連續留級兩次而被處以退學處分。此5名信徒對此乃提起撤銷原處分之訴，以及聲請停止執行原處分之訴。原審神戶地方法院判定：本件各處分之裁量，於行使時並未明顯逾越，乃駁回原告之訴。二審大阪高等法院判決則指出：學校當局沒有採取替代劍道項目之措施，致使原告蒙受重大不利益，其處分之理由以及處分之必要性已明顯逾越裁量權之範圍而容許原告之請求，作出撤銷原處分之之判決。判例③、④為有關基於宗教信仰自由的宗教活動，和世俗之國家的公的活動牴觸時，何者應該優先之案件。

　　自上開判例整理分析可以得知，歷來日本有關憲法第20條第1項所保障的宗教信仰自由之訴訟，特別是有關宗教行為自由的判例，幾乎找不出因解散宗教法人，而侵害到第三人之信徒的宗教信仰自由之案例。

（三）最高法院引用「加持祈禱事件判決」之先例的妥當性

　　日本最高法院在本件裁定中，首先對宗教團體和宗教法人加以區分，將取得法人格之宗教團體稱為宗教法人。並指出：「以法律對宗教團體所作之規制，乃專以宗教團體之世俗面為對象，而其精神面、宗教面則在對象外[36]」。亦即，日本最高法院於本件，將宗教團體區分為：①接受法律規制之世俗面，和②不受法律規制之精神面、宗教面之兩個層次進行司法判斷。

　　日本最高法院並進而指出：因解散命令不止可能「將宗教法人強制解散，使其失去法人格……宗教法人即使解散，信徒仍可使不具法人格

---

[36] 同註4，頁6。

之宗教團體繼續存在，或亦不妨害其重新組織新教。」[37]，並認為解散命令之世俗面的法規制，對信徒之精神面、宗教面即使會在「間接性事實上……無可避免的會產生若干障礙」，但那對Y也是「必要、不得已之規制[38]」。

　　在前開列舉之判例中值得注意的是，日本最高法院將「加持祈禱事件判決」以先例加以引用，並指出：「宗教上行為的自由，雖應在最大範圍內加以尊重，但並非絕對沒有限制[39]」，強調宗教信仰自由的界限。然而，「加持祈禱事件」，乃因宗教家之宗教行為致被害信徒死亡之案件。而本件，基本上並非因宗教行為致使信徒死亡，所引發出對宗教信仰自由限制之問題。而是以居於第三人地位Y之信徒，是否必須承擔因解散命令所帶來的間接性、事實上的不利益。亦即，在本件最高法院裁定中，雖將宗教團體限定在「僅以宗教團體之世俗面為對象」，然而對於Y之信徒的精神面、宗教面所帶來之影響，以及對信徒之宗教信仰的限制是否具有正當性，均不無疑問。另外，將不同次元之「加持祈禱事件判決」，引用到本件訴訟，是否恰當均有再加檢討之餘地。

肆、結語

　　在將上述之學說及判例整理之後，以下僅提出個人若干觀點作為本文之終結。

　　首先，自一審及原審之事實認定來看，Y之代表幹部松本智津夫（即麻原彰晃）和其多數之中樞幹部以組織團體從事犯罪行為，雖然這些重大犯罪之事實行為，嚴格而言不能將其直接認定是宗教法人Y之行為。不過，在事實上，Y之代表幹部松本智津夫等人之犯罪行為卻是和Y有密切之關聯性。此乃違反法令，明顯逾越宗教團體目的之行為，符合日本宗教法人法第8條第1項第1款、第2款之解散要件，因此，日本最高法院在本件訴訟中裁定駁回Y之抗告，應屬妥當之司法判斷。

　　其次，日本最高法院在本件訴訟中，雖指出：宗教法人法對宗教團體之規制，乃將其「精神面、宗教面排除在外」。然而，須留意者為，在宗

---

[37] 同註4，頁5。
[38] 同註4，頁6。
[39] 同註32，頁12。

教法人之解散命令生效時，一但開始進行清算程序，則歸屬於宗教法人之財產、禮拜設施，以及從事宗教行為所必須之用具將成為處分之對象，進而導致一般信徒將很難從事宗教行為。因此，即使因解散命令給信徒之宗教行為所帶來影響僅止於：「間接性、事實上」之障礙，然而在考慮到宗教信仰自由在人權體係中之重要性，為將此規制正當化，日本最高法院理應在本件訴訟中提出更具體之理由和證據。

最後，日本最高法院在導出本件司法判斷判決之前，理應提出對宗教行為限制之審查基準[40]，諸如：「選擇更寬鬆限制手段的檢驗標準」（Less Restrictive Alternative；LRA基準），或是比較衡量規制所得之公益和對個人宗教信仰所蒙受之不利益等憲法判斷之基準。然而，日本最高法院在本件訴訟中並未提出具體審查基準。日本最高法院在本件所作之判斷，雖賦予宗教信仰自由相關之判例一個新的方向。不過，在司法判斷之法理上仍留下許多必須再進一步件檢討的議題。

附記：本文原初為作者在日本北海道大學求學時，於1996年在「北大公法
　　　研究會」發表之報告。之後，將當時以日文發表之報告，經若干修
　　　改增補並再翻譯轉換為中文之判例評釋。欣逢許老師慶雄教授七秩
　　　壽誕，謹以本篇小論作為許老師古稀祝賀論文。
敬祝　許老師和師母，闔家身體健康，萬事如意。

---

[40] 東京高等法院在本案抗告審裁定中，曾提示比較衡量、LRA等審查基準。同註13，頁34。

日本對南海爭議的立場──以政府發言為中心

李明峻
新台灣國策智庫研發長

壹、前言

　　南海諸島或南海群島是指南海南北約1800公里、東西約900多公里範圍內諸多群島、沙洲、礁、暗沙和淺灘的總稱，北起北衛灘、西起萬安灘、南至曾母暗沙、東止黃岩島（另一說為海馬灘）。自北至南，大致可以分為東沙群島、西沙群島、中沙群島、南沙群島等四大群島[1]，但通常不包含同樣位於南海海域內的阿南巴斯群島與納土納群島，以及亞洲大陸的沿岸島嶼等（如海南島、香港島、新加坡島等）。從中東經馬六甲海峽入南海、再北上東海到日本的航路，是日本石油與貨品入口的主要海運路線，日本曾將其稱為「生命線」。因此，日本對西太平洋與南太平洋歷來有戰略性的高度重視。

　　在菲律賓共和國以中華人民共和國在南中國海（菲律賓稱西菲律賓海）中菲爭議海域基於「九段線」的海洋權益主張，以及近年的海洋執法和島礁開發活動已違反《聯合國海洋法公約（UNCLOS）》為由，向國際海洋法法庭提出仲裁案後，日本一直非常關注本案。雖然中國於2013年2月19日正式拒絕參與仲裁案，並聲稱仲裁庭對此案無管轄權，並於2014年12月7日發表立場文件，闡釋在南海仲裁案管轄權問題上的立場，但仲裁庭仍於2015年10月29日正式裁定對此案菲律賓提出的7項訴求擁有管轄權。2016年7月12日，仲裁庭公布仲裁結果，幾乎全部支持菲律賓在此案相關問題上的訴求後，中國表明其「不承認亦不遵守」的立場，認為南海問題提交仲裁庭實屬違反國際法。

　　對此，日本雖非本案當事國，但一再呼籲「當事國應遵守仲裁結果」，岸田文雄外相甚至表示，該結果是「以法律約束紛爭當事國。」

---

[1]　南海諸島總面積約164.74km²。其中東沙群島約1.74km²，西沙群島約10km²，中沙群島約150km²，南沙群島約3km²，但由於中國進行填海造陸，所以面積可能會隨時間有差異。

特別是2016年10月21日，菲律賓杜特蒂總統訪問北京，中菲雙方就南海問題達成「擱置爭議」的共識後，日本政府認為此舉「很可能會造成對國際司法裁決的輕視」，日方也擬呼籲菲律賓「尊重仲裁法院的裁決」。同日，日本官房長官菅義偉在記者會上強調，「南海問題是國際社會共同關心的議題，為了確保南海和平，希望能與菲律賓在內的國家展開合作。」。

　　日本不是南海領域的聲索國，也不是南海仲裁案的當事國，但自菲律賓向國際海洋法法庭提出仲裁案後，日本一直非常關注本案，甚至一再呼籲中菲兩國「尊重仲裁法院的裁決」。本文透過日本對南海仲裁案發展的政府發言，探討日本對南海仲裁案的態度，並分析日本在南海問題上的國家利益與政策。

貳、日本與南海諸島的淵源

　　日本對南海諸島的開發經營，可以追溯自19世紀末期。1895年的甲午戰爭讓日本取代中國成為亞洲第一大海軍國；1902年日本與英國簽訂日英同盟，日本海軍成為英國海軍在亞洲的代理人；1905年的日俄戰爭中，日本聯合艦隊殲滅俄國波羅的海艦隊與太平洋艦隊，日本晉升為世界級的海軍國，其後更發展為僅次於英、美的第三大海軍國。1910年代，日本開始進入南進的發展時期。此時期日本透過歐美各國的空窗期，在東亞獨占軍事地位，也高度擴展經濟，日本帝國在中國、滿州、蒙古、南洋等地快速擴張。

一、日本與東沙群島

　　日本漁民在1907年左右到達東沙海域活動。1907年8月，日商西澤吉治聚眾佔領東沙，插旗改名為「西澤島」，在島上修築碼頭、鐵軌等建物，目的在開採磷酸礦物、魚介貝類及海龜等水產資源，興建木造房屋20餘座，建海水淡化廠一間和水池供蓄及養龜，設電話線及吸水管路等設備。隔年，因英國欲在島上建置燈塔而生歸屬問題爭議，才迫使大清帝國正視東沙島為日人所佔之問題。

　　1909年，清政府向日本駐廣州總領事館交涉，最後提出《中國江海險

要圖》等相關典籍，證實東沙確為中國領土，並以16萬銀元償還日商西澤開發之費用，扣抵補償漁民損失的3萬元後，實付13萬元，並簽訂〈交還東沙島條款〉。其後，廣東海軍於同年10月派員登島驅離島上漁民，正式收回東沙島。

1909年11月19日，廣東省府蔡康在東沙島舉行立碑、升旗儀式，重申主權。廣東水師提督李準曾巡海至此。清政府接收東沙島後，規定各省漁民欲前往該島活動，必須獲得廣東省政府的許可令。二次大戰期間，日本佔領東沙群島，並興建小型機場和海軍罐頭工廠，於昭和十四年（西元1939年）3月將其劃歸高雄州管轄。

1945年，二次大戰結束後，中華民國國民政府先由台灣省行政長官公署接收管轄南海諸島，後再將此地劃歸廣東省管轄。1947年，國民政府亦明令公布南海諸島為中國領土範圍，刊載報刊昭告世人，並樹碑為誌[2]。1949年初，劃歸海南特別行政區管轄。1949年12月中華民國中央政府退居台灣，繼續控制東沙，1979年7月將此地連同南沙群島劃歸高雄市管轄。中華人民共和國則將此地仍歸廣東省。目前東沙群島為中華民國政府實際控制，並由海岸巡防署管理。

值得注意的是，根據昭和14年（1939年）3月30日之台灣總督府令第31號和台灣總督府告示第122號，新南群島定義之範圍為北緯7度以北、北緯12度以南、東經111度30分以東、東經117度以西之區域。換言之，新南群島僅限於今南沙群島之一部，不包括東沙、西沙群島。

二、日本與西沙群島

西沙群島（Paracel Islands），越南稱黃沙群島，中國古稱萬里石塘，主體由永樂群島和宣德群島組成，海岸線總長518公里。

20世紀初，中國與法屬印度支那開始出現主權爭端。1909年，清朝廣東水師提督李准率艦前往西沙群島巡航，給15座島嶼逐一命名，以示西沙群島屬於中國領土。1910年，李準著《廣東水師國防要塞圖說》，並奏請朝廷。1932年，西沙群島的永興島被法國控制。1937年中日全面戰爭，日

---

[2] 〈抗戰勝利海軍收復南海諸島〉，網際網路檔案館的存檔，軍史一頁，海軍軍官學校。https://zh.wikipedia.org/wiki/%E4%BA%92%E8%81%94%E7%BD%91%E6%A1%A3%E6%A1%88%E9%A6%86

本於1939年4月9日佔領西沙群島，並驅逐永興島的法國人員[3]。

　　1945年，中國國民政府接收西沙群島，由台灣省行政長官公署管轄。1949年，國民政府於國共內戰失利後敗退至台灣，雖然失去對西沙的實際控制權，但中華民國政府並未放棄對西沙群島的主權，仍將西沙群島劃入台灣高雄市的管核區。1950年5月，中國人民解放軍攻占海南島，中華民國國軍撤離永興島上的駐軍，中國人民解放軍於5月13日進駐西沙永興島。由於中華人民共和國海軍力量薄弱，西沙群島自1956年起由南越控制。

　　1951年9月8日，日本則於《舊金山和約》表示「日本放棄對西沙、南沙之一切權利、權利名義與要求。」，由於未言明其領土歸屬，從而造成其後各國的爭議。1958年9月4日，中華人民共和國發表關於領海的聲明。同年9月14日，越南民主共和國（北越）政府主席范文同在給中華人民共和國總理周恩來的照會中表示：「越南民主共和國承認和贊同中華人民共和國政府一九五八年九月四日關於規定中國領海的聲明，越南民主共和國政府尊重這一決定」[4]。但實際控制南沙群島的南越方面沒有承認中國對南沙及西沙的主權。

　　1974年1月19日，中越爆發西沙海戰，中國軍隊奪取整個西沙群島，驅逐南越軍隊，統治迄今。1996年，中華人民共和國國務院宣佈的國家領海基線中，包含實際控制的西沙群島，甚至於1997年開放西沙群島旅遊。2012年6月21日，中國國務院設立海南省三沙市，管轄西沙群島、中沙群島、南沙群島的島礁及其海域。如前所述，北越在統一越南前曾經承認中國擁有西沙群島主權，但在統一越南之後，改口對西沙群島提出領土主張，目前係爭國家主要是中越兩國。

三、日本與南沙群島

　　日本與南沙諸島（Spratly Islands）的關係始於20世紀初期。1907年，日本漁船開始到太平島附近作業。1917年平田末治等人登陸太平島調查礦產，1918年海軍中佐小倉卯之助率領拉薩島磷礦株式會社調查團登陸太平

---

[3]　1938年〈法入侵西沙日軍積極「維護」中國主權〉，大公報，2012-9-15http://www.takungpao.com.hk/military/content/2012-09/05/content_1052686.htm

[4]　1958年9月14日越南總理范文同致周恩來總理的外交文書；1956年越總理曾明文承認南海諸島屬中國，人民網，2011-7-18。http://history.people.com.cn/GB/205396/15179668.html

島。此舉在當時日本各大報紙均有報導。1919年，位在琉球的拉薩磷礦取得日本政府開發南沙的許可，最盛期在當地有約200名員工在太平島工作。

1921年，日本恒藤規隆博士將當時調查的南沙群島24個無人島（含太平島）命名為新南群島，此名稱在1938年正式被日本政府採用[5]。1928年川崎汽船的〈東裕丸〉[6]曾帶23名人員前往挖礦，並載運1550噸磷礦返回橫濱[7]。1929年4月，因島上蘊藏的磷礦已開採殆盡，日本人開始太平島進行硫黃採掘事業，但其後受到世界經濟危機的影響，日商宣告停止開採，但因在南海的捕魚與採貝業轉盛，故仍有部分人員駐留。1933年4月10日，法軍佔領太平島，趕走島上日商，並派遣30名越南人長住太平島。

1935年年初，日本人平田末治和台灣總督府設立開發太平島的開洋興行株式會社。1936年12月，日本的開洋興業公司再度派員前往探查磷礦。1938年8月9日，日本派遣軍艦，趕走島上法軍與越南人，建立石碑記載日本人開發經過。10月30日，日本派遣首批勞工登陸，更多日本人再於12月7日登陸。1939年4月，日本將其取名為「長島」，正式通告各國，依據無主地的先佔權利，將南沙群島（新南群島）編入領土，隸屬於大日本帝國台灣總督府轄下的高雄州高雄市[8]。在這期間，日本曾在1944年在島上建立潛艇基地，駐紮過陸戰隊、氣象情報隊、通信派遣隊和偵察機部隊。

1945年二次大戰後，先由台灣省行政長官公署接收管轄南海諸島。11月24日，中華民國政府派出「中業號」、「永興號」、「太平號」、「中建號」等4艘軍艦，前往西沙、南沙進駐接收。12月12日，中華民國政府設立「南沙管理處」隸屬廣東省政府管轄，並修建電台、氣象台。1946年

---

[5]　陳俐甫，〈論國際法上台灣對太平島主權先佔的歷史基礎〉，《台灣國際法季刊》第13卷2期，頁53-74。

[6]　日本川崎汽船株式會社（「K」LINE）成立於1919年，是日本三大航運公司之一，〈東裕丸〉排水量1236噸，比1945年中華民國派去南沙群島的太平艦還大。http://www.olascm.com/shippingcompany/kline.html

[7]　新聞記事文庫，土地（7-083），《萬朝報》，1928.4.27。http://www.lib.kobe-u.ac.jp/directory/sinbun/snlist/230l.html

[8]　日本主張南海主權的正當性，當時引用國際法案例，包括1933年國際法庭對東格陵蘭島主權歸屬之裁判，判給當時在當地移民較多，且實質經營事業的丹麥，而非歷史上較早發現格陵蘭，且在十世紀以前的維京人時代就發現格陵蘭，且經過格陵蘭到達北美洲哈德遜河口建立過殖民地的挪威。當時國際常設法庭將東格陵蘭主權判給丹麥，還強調管轄權的和平與持續不斷的行使，包括對其他國家和平的表現，透過這種佔有才成為有效的所有權根據。http://www.worldcourts.com/pci/eng/decisions/1933.04.05_greenland.htm。

10月5日，法國軍艦Chevreud號登陸南沙群島南威島和太平島，在島上建立石碑，當時中華民國政府提出抗議，並與法方決定於該月及翌年1月4日進行談判，但其後因法越戰爭緊張，法國自行放棄談判。

　　1951年9月8日簽訂的《對日和平條約（通稱舊金山和約）》，特別於第二條第六項規定：「日本政府放棄對南沙群島與西沙群島的一切權利、權利名義與要求。」，日本不再也不能對南海諸島提出聲索，但由於未言明其領土歸屬，從而引發其後各國的爭議。

參、南海仲裁案經緯
一、戰後主要衝突

　　戰後初期，湯瑪斯・克洛馬（Tomás Cloma y Arbolente）於1956年佔領南海60個島嶼、島礁和沙洲，並納入自由地領土，1971年菲律賓政府將該地命名為「卡拉延群島（Kalayaan Island Group」，對其提出主權要求。1974年11月，克洛馬被菲律賓政府逮捕，並被迫將自由地出售給菲律賓[9]。當然這些行為並不被國際社會承認。

　　在西沙群島方面，1950年中國人民解放軍佔領海南島之後三個月，永興島守軍向解放軍投降，解放軍駐守永興島。越南共和國（南越）則聲稱對西沙群島擁有主權，於1956年出兵佔領西沙永樂群島，1958年出兵佔領西沙群島全境。1958年9月，中華人民共和國重申西沙群島是中國領土，1959年南越守軍曾一度撤走，但佔據著部分島礁。1973年1月，關於越南問題的巴黎和平協約簽定，美國開始從越南撤軍，南越政府以美軍裝備再以武力佔據西沙群島全境，從而於1974年1月爆發西沙海戰（越方稱黃沙海戰）。其後，中國海軍取得制海權，並佔領西沙群島所有島嶼迄今[10]。

　　1988年3月14日，越南海軍利用低潮登上赤瓜礁，中國海軍隨即也派兵登上赤瓜礁，接著中越爆發赤瓜礁海戰（中國稱南沙之戰或3・14海戰，越方將這次海戰稱為長沙海戰），最終越南戰艦被擊沉，越軍死亡74人，中國佔領赤瓜礁，但越南方面亦搶灘佔領鬼喊礁、瓊礁，對赤瓜礁形

---

[9]　當時出售價格是一菲律賓比索。張濤，《南海諸島大事年表（1950年－1974年）》，南沙群島歷史點滴，2006年4月24日，南沙群島線上http://www.nansha.org.cn/history/3/nanhai_zhudao_chronology_1950_1974.html

[10]　https://zh.wikipedia.org/zh-hans/%E8%A5%BF%E6%B2%99%E4%B9%8B%E6%88%98

成夾擊之勢。這場爭奪南沙群島島礁的小規模戰鬥落幕[11]。

　　至1990年代末更形激化。2002年11月4日，中華人民共和國和東協10國在「10+1」會議簽署《南海各方行為宣言》，並承諾「保持自我克制，不採取使爭議復雜化、擴大化和影響和平與穩定的行動」，包括「不在現無人居住的島、礁、灘、沙或其他自然構造上採取居住的行動，並以建設性的方式處理它們的分歧」，有關各方願通過各方同意的模式，就有關問題繼續進行磋商和對話[12]。

　　2006年8月25日，中國根據《聯合國海洋法公約》第298條的規定向聯合國秘書長提交聲明。該聲明稱，關於《聯合國海洋法公約》第298條第1款（a）、（b）和（c）項所述的任何爭端（即涉及海域劃界、歷史性海灣或所有權、軍事和執法活動以及安理會執行《聯合國憲章》所賦予的職務等爭端），中華人民共和國政府不接受《聯合國海洋法公約》第十五部分第二節規定的任何程序[13]。

二、南海仲裁案源起

　　但2012年因黃岩島主權問題激化中菲衝突，菲律賓於同年9月12日正式將南中國海命名為「西菲律賓海」。2013年1月22日，菲律賓通知中國仲裁意向，並向中國發出訴求陳述[14]。菲律賓共和國正式以中華人民共和國在南中國海（菲律賓稱西菲律賓海）的中菲爭議海域，基於「九段線」的海洋權益主張，以及近年的海洋執法和島礁開發活動已違反《聯合國海洋法公約（UNCLOS）》為由，向國際海洋法法庭提出、再由時任庭長柳井俊二與菲律賓根據《聯合國海洋法公約》附件七任命仲裁人，並委請常

---

[11] https://zh.wikipedia.org/zh-hans/%E8%B5%A4%E7%93%9C%E7%A4%81%E6%B5%B7%E6%88%98

[12] Valencia, Mark J.; Van Dyke, Jon M.; Ludwig, Noel A. Sharing the Resources of the South China Sea. University of Hawaii Press. 1999: 36–38.

[13] Declarations or Statements upon UNCLOS ratification. The Government of the People's Republic of China does not accept any of the procedures provided for in Section 2 of Part XV of the Convention with respect to all the categories of disputes referred to in paragraph 1 (a) (b) and (c) of Article 298 of the Convention.中國根據《聯合國海洋法公約》第298條提交排除性聲明.中華人民共和國外交部. 2006-09-07 .

[14] Rothwell, Donald R. The Arbitration between the People's Republic of China and the Philippines Over the Dispute in the South China Sea. ANU College of Law Research Paper. 2015-01-30, （14-48）.

設仲裁法院提供場地和秘書服務的臨時仲裁庭，對中華人民共和國提起的
仲裁案。

2013年2月19日，中國正式拒絕參與仲裁案，稱中國於2006年根據公
約第298條作出的聲明排除該公約規定的爭端處理機制在海域劃界等問題
上對中國的適用，並認為此案所涉爭端實質上是超出公約調整範圍的領土
主權和海域劃界問題，故仲裁庭對此案無管轄權。

2013年7月11日，海牙仲裁庭第一次會議。2014年12月7日，中國發表
立場文件闡釋在南海仲裁案管轄權問題上的立場。2015年7月7日，仲裁庭
舉行首次聽證會；而中華人民共和國外交部同時發表聲明，不承認仲裁庭
對此案的司法管轄權，也拒絕菲律賓任何形式有關此案的和解提議。10月
29日，仲裁庭正式裁定對此案對菲律賓提出的15項訴求中的7項擁有管轄
權，包括黃岩島是不是島，美濟礁是否算作低潮高地等，並將對菲律賓其
他訴求的管轄權裁定留待審理時作出。

仲裁庭擁有管轄權的理由為中華人民共和國與菲律賓都是《聯合國海
洋法公約》的締約國，而本案為兩國對於此公約的解釋與適用產生糾紛，
因此駁回中方認定「超出司法管轄權限」的陳述。仲裁庭根據《聯合國海
洋法公約》爭端強制仲裁機制組成，不同於《聯合國憲章》第十四章寫明
有司法管轄權的國際法院，不需要原被告雙方同意，仲裁團的組成及仲裁
程序以第十五部分第二節訂明的附件七進行，因此即使中華人民共和國拒
絕仲裁，並不影響仲裁的進行。

三、仲裁法官的選任

2016年7月12日，仲裁庭公布仲裁結果，支持菲律賓在此案相關問
題上的幾乎全部訴求。仲裁庭5名仲裁員一致裁定，在《聯合國海洋法公
約》下中國對南海自然資源不享有基於「九段線」的「歷史性權利」。仲
裁庭還裁定中國在南海的填海造陸給環境造成不可挽回的損失，並要求中
國政府停止在南海的活動。

這個做出裁決的常設仲裁法院是1899年第一次「海牙和平會議」通
過《和平解決國際爭端公約》，在荷蘭海牙和平宮設立的常設仲裁法院
（PCA）。該仲裁法院為國家、國家實體、政府間組織、私人主體間的仲
裁、調解、事實調查及其他爭端提供解決程序，迄2016年底為止全球有

121個會員國。常設仲裁法院並無固定的法官，僅有常設理事會、類似書記處的國際事務局，以及各締約國任命之仲裁員。當爭端當事國向常設仲裁法院提請裁決時，法院須成立專門仲裁法庭，仲裁員可能是1人、3人或5人。

這個仲裁判決具有法律約束力，爭端當事國皆須遵守判決結果[15]，只是因仲裁庭不屬於國際法院或其他聯合國系統司法機構，其裁決並不能依照《聯合國憲章》第十四章關於國際法院的規定提交聯合國安全理事會申請強制執行。當事國若對結果不滿，亦可提出訴訟，但通常成效有限，特別是國與國之間的爭端，既定結果將難以改變。若當事國無視或不遵從象徵「國際意見」的法院裁決，將被視為「失去信用」的國家。

在中國拒絕參與仲裁後，菲國依聯合國海洋法公約（UNCLOS）附件七，要求國際海洋法法庭（ITLOS）協助成立五人仲裁小組。菲方指派德國籍法官Rudiger Wolfrum[16]擔任仲裁員，但由於中方拒絕參與，菲方於是要求ITLOS庭長、日本籍的柳井俊二[17]指派波蘭籍法官Stanislaw Pawlak[18]擔任中方仲裁員。五人小組另外三人為：法國籍法官Jean-Pierre Cot[19]、荷蘭籍法官Alfred Soons[20]和首席仲裁員[21]迦納籍法官Thomas Mensah[22]。

---

[15] 常設仲裁法院已對逾70件仲裁案做出裁決，正在審理的案件有116件。近期判決的案件包括伊利托利亞和衣索比亞的邊界爭議、模里西斯與英國的查戈斯群島海洋保護區案，以及印度與巴基斯坦針對吉薩岡哥河水力發電計畫案的紛爭等。

[16] 1996年起擔任國際海洋法法庭法官，於2005年至2008年獲選為國際海洋法法庭庭長，現為德國國際法協會會長。

[17] 柳井俊二從東京大學畢業後就進入日本外務省，多次出任西方國家的大使，是最有實力的幾位日本外交官之一，於1997年擔任日本外務省次官。1999年至2001年，柳井俊二出任日本駐美大使。2005年，柳井俊二成為國際海事仲裁法官。2007年，他成為日本首相安倍晉三發起的「修改集團自衛權憲法解釋委員會」委員長。2011年他被選為國際海事仲裁裁判長。

[18] 他從2005年10月起成為國際海洋法法庭的成員，曾任波蘭駐聯合國大使，1985年曾率領波蘭代表團與前蘇聯談判海域劃界事宜。

[19] 他曾是歐洲議會議員，2002年起為國際海洋法法庭法官，2008年至2011年任海洋環境爭端分庭（Chamber for Marine Environment Disputes）的庭長，也參與過國際法院多宗領土爭議及劃界案，如喀麥隆對奈及利亞的邊界糾紛、羅馬尼亞對烏克蘭的黑海劃界案等。

[20] 荷蘭烏得勒支大學國際法教授，曾任荷蘭國際法協會會長、荷蘭外交部公共國際法常設諮詢委員會主席，曾參與「北極日出號」案的仲裁。

[21] 本來南海仲裁案的首席仲裁員原為斯里蘭卡籍法官Chris Pinto，但他因為妻子是菲律賓籍而請辭避嫌。

[22] 現年84歲，1996年至1999年出任國際海洋法法庭首屆庭長。他是知名國際海事專家，獲得眾多國際海事獎項及榮譽，參與過國際海洋法法庭的孟加拉與緬甸劃界案，以及在仲裁法院審議的孟加拉與印度海洋爭議。

由於指定中方仲裁員的是日籍的國際海洋法法庭庭長柳井俊二，因此中國媒體有批評日本人擔任此案仲裁庭長是不可能公平的，但事實上這項宣傳南海仲裁庭庭長是日本人的說法錯誤的，此次仲裁庭的法官沒有日本人，中國媒體所指的日本法官柳井俊二是隸屬於國際海洋法法庭的法官，而國際海洋法法庭是在德國漢堡，與此次仲裁南海爭端的海牙仲裁法院是完全不同的國際機構。

肆、南海仲裁案判決後的日本政府發言

2016年7月12日，仲裁庭公布仲裁結果之後，日本政府和輿論紛紛表示歡迎南海仲裁結果，並敦促中國服從判決。一直密切關注事態發展的日本外相岸田文雄於翌（13）日發表聲明，表示「仲裁法庭裁決是最終結果，對爭端當事國具有法律約束力。當事國要遵從這一裁決」。外相岸田文雄呼籲，當事國應該服從裁決，又強調日本堅守法治原則。岸田文雄在聲明中說，「日本強烈期待裁決能有助於和平解決南海爭端」。他表示，日本支持法治並以和平方式解決爭端，而非以武力解決海洋主權爭端[23]。

另外，日本官房長官菅義偉針對南海仲裁結果指出：強烈期待這次仲裁結果能夠帶來南海紛爭的和平解決。此次仲裁是最後的結論，所有的當事國應該服從這個結論。同時，防衛大臣中谷元亦發聲明表示，日本自衛隊將密切監察中國大陸在東海的活動，並呼籲各方克制，切勿惡化事態的發展。日本認為重要的是國際規範的不斷積累。這次判決是具有歷史意義的，會使國際上能夠比較容易達成共識。有關中國對此次仲裁結果的反應，日本認為中國如此的態度是無法解決問題的，應該考慮如何靈活對待這次判決，如何帶來這一地區的和平與安定。

2016年9月8日，東協（ASEAN）與日美中等共計18國元首出席的東亞峰會在寮國首都萬象召開。美國總統歐巴馬首次明確要求中國遵守南海仲裁結果，表示中國有義務接受對中國不利的海牙國際仲裁法庭的南海仲裁。日本首相安倍晉三也向中國國務院總理李克強提出同樣的要求，稱中國應遵守國際仲裁法院否決中方在南海的主權主張的仲裁結果。日美兩國

---

[23] 〈南海仲裁案：各方對仲裁作出的最新回應〉，BBC中文網http://www.bbc.com/zhongwen/simp/world/2016/07/160713_south_china_sea_ruling_latest_reax

在東亞峰會上強調仲裁結果具有法律約束力。安倍還稱：「應該克制加劇緊張的行動，基於國際法追求問題的和平解決。」。這是南海仲裁結果出爐後日美中與東協10國領導人首次齊聚一堂舉行會議。此前召開的東協高峰會議以及中國與東協高峰會議通過的聲明，強烈反映出中國拒絕日美等域外國家干涉的意向，未提及仲裁結果[24]。

但當中國國家主席習近平、菲律賓總統杜特蒂2016年10月20日在北京人民大會堂舉行會談，雙方同意暫時擱置南海爭議後，日本政府對該共識感到相當憂心，認為（中菲擱置爭議）很可能會造成對國際司法裁決的輕視。日方呼籲菲律賓「尊重仲裁法院的裁決」。有日本外務省官員甚至表示，「基於國際法的裁決，不是單憑中國、菲律賓就能擱置的。」。日本官房長官菅義偉同日在記者會上強調，「南海問題是國際社會共同關心的議題，為了確保南海和平，希望能與菲律賓在內的國家，展開合作。」，日本首相安倍晉三考慮試圖說服菲國「和日本與美國加強合作才符合其國家利益。」[25]。

2017年5月26日，七國高峰會（G7）在義大利召開，會後聯合聲明中對東海和南海局勢表示關切，一致警告不要在有爭議的南海進行軍事化，堅決反對任何可能加劇緊張局勢的單方面行動。七國集團領導人在聯合聲明中希望「透過外交和包括仲裁在內的司法途徑和平解決海洋爭端。」中國認為是日本推動七國集團領導人發表上述警告。由於日本與中國在亞洲爭奪政治影響力，因此日本利用各個不同的地區和國際論壇，宣傳北京正在南海修建人造島礁用於起降戰鬥機和安裝雷達系統，強調中國的軍事擴張和相關活動[26]。

對於南海仲裁案，中國基本上是想讓這個問題平息的，如果七國集團能不提有關南中國海的任何事情，那對中國來說是最好的狀況。在海牙國際仲裁庭判決北京聲稱對南中國海95%的水域擁有主權的聲索缺乏法律依據之後，中國政府尋求與四個專屬經濟區與中國聲索區域有重疊的東南亞國家進行對話。具體而言，北京向菲律賓提供發展援助，與越南討論合

---

[24] 〈日媒：東盟集體避談南海引發日美憂慮〉，多維新聞網http://news.dwnews.com/global/news/2017-11-15/60023881.html

[25] 〈共同社：日本敦促菲律賓遵守南海仲裁結果〉，2016年10月21日，https://www.letscorp.net/archives/111547

[26] http://www.cssn.cn/gj/gj_gjwtyj/gj_gjzz/201705/t20170526_3532699.shtml

作，向汶萊和馬來西亞提供資金，希望和東協就為避免海上意外的南海行
為準則架構達成一致。

　　但也有日本學者認為南海仲裁案的判決對日本不利。日本橫浜市立大
學名譽教授矢吹晉，是在中日兩國著名的中國研究學者，他認為這一判決
對國際海洋秩序的深遠意義和日本面臨著不利前景[27]。矢吹晉教授論證國
際法庭不承認中國在南海造島的合法性，那麼日本在西太平洋建設的「沖
之鳥島」及其周邊40萬平方公里排他經濟海域也勢必不符合國際法的論
點[28]。國際裁判所的判決比預計更嚴厲，說明國際海洋裁判所相當憂慮蔓
延的造島行為會導致海洋主權範圍重疊、紛爭，令公海範圍減少、國際自
由航行受威脅。研究海洋法的東海大學教授山田吉彥也說：「用這次判決
標準來衡量，沖之鳥島周邊200海里排他經濟海域就有疑問，日本可能喪
失漁業和海底資源開發等優先權利」，他也同樣指出尖閣諸島定義危機，
認為應該儘快整頓住人等管轄體制。

　　《國際海洋法》規定，擁有島嶼主權，就擁有島嶼周邊12海里領海和
200海里排他經濟海域（EEZ），各國造島主要謀200海里。如果是礁岩，
主權範圍就縮小到礁岩和周邊12海里。1994年生效的《國際海洋法》第
121條第一項規定島的定義是「自然形成的陸地，漲潮時也露出海面」，
第三項規定「不能維持人類居住或經濟生活的礁岩不擁有排他經濟海域或
大陸礁層。」加入《國際海洋法》公約的日本以第一項為依據，向聯合國
大陸礁層委員會申請沖之鳥島主權和200海里排他經濟海域，同樣加入公
約的中韓兩國以第三項為依據，反對日本主張。2012年大陸礁層委員會發
出「勸告」，實際上擱置日本申請。因此，南海仲裁案判決對日本也可能
造成不利。

伍、結語──日本對南海的戰略考量

　　從1990年代初開始，日本積極關切中國在南海的軍力部署。1993年，

---

[27] 矢吹晉，《南中國海領土紛爭和日本》，日本花壇社，2017年6月。
[28] 沖之鳥島是1565年西班牙人發現的珊瑚礁，1931年被日本命名並收歸管轄。經過二戰和戰後美
國管轄，1968年回歸日本時，面積已減小。1987年前日本運輸大臣石原慎太郎決定建設沖之鳥
島，來維護被風化和海水侵蝕後退潮時只剩下一張雙人大床面積的島定義。至今日本政府造
島、建設港灣等費用超過750億日元（約7億美元），目的是為了囊括周邊40萬平方公里，比日
本國土還大的排他經濟海域。

日本衛星率先曝光中國在西沙永興島建設機場。1995年，中菲發生美濟礁事件後，菲律賓與日本在次長級會議討論該事件後，日本隨後就在中日次長會議上向中方提出和平解決的要求。2000年後，日本對南海的關注持續增加。2010年7月，時任美國國務卿希拉蕊在東協地區論壇上稱，美國在維護南海航行自由方面擁有國家利益。與會的日本外務大臣岡田克也表態支持希拉蕊的聲明，聲稱南海爭端和平解決也事關日本國家利益。

2012年12月，安倍晉三出任日本首相。次年初，菲律賓片面提出仲裁案。5月下旬，仲裁案的重要推手之一、時任菲外長德爾羅薩里奧訪日，安倍首相表示日本政府支持菲律賓提出的按照《聯合國海洋法公約》提出的仲裁，日本還承諾繼續支持菲律賓提升海上安全能力。南海問題不但是關乎日本的海上交通航線，日本也擔心國際社會在中日東海對立問題上接受中國的主張，因此日本政府將東海和南海問題合流，並展開外交攻勢。日本自衛隊前艦隊司令香田洋二稱，中國的南海戰略實現的話，將會打破亞洲軍事均衡，會改變中美力量均衡。

安倍的目標就是擺脫戰後體制、修改和平憲法，讓日本變成正常國家。因此，批評中國在南海的行為是中國威脅論，是推進新安保政策的重要理由。其次，2014年4月1日，日本內閣會議決定通過「防衛裝備轉移三原則」，大幅放寬對外輸出日本武器裝備和軍事技術的條件。同時，日本插手南海事務可以轉移緩解在東海和釣魚島海域面臨的壓力。此外，日本相當關注中國在南海的態度和做法，是為應對釣魚島爭端做參考。

根據日本國際問題研究所研究員福田保的看法，日本的南海戰略包括參與、強化合作、地區秩序形成這三階段。雖然日本在南海沒有任何主權問題，但美國強調航行自由，所以只要與美國同步調強調「海洋和平與安全」。此外，日本要與東協其他國家強化關係，要在南海問題上將形成東亞秩序這一任務納入其中，日本一定要在海洋安保上顯示出日本的影響力。

實際上，日本介入南海主要是加強與部分南海爭端國的軍事安全合作關係，以及與其他域外國家在南海舉行聯合軍演。2015年以後，美國軍方連續表態歡迎日本自衛隊參與南海巡邏，日本方面也積極迎合。自衛隊聯合參謀部在2015年5月制定具有軍事作戰計畫性質的內部文件，研究自衛隊干預東海和南海的方式。日本前防衛相稻田朋美2016年9月15日在訪美期間表示，日本計劃與美國在南海進行聯合巡航訓練。只是「聯合巡航」

是否真正進行，美國的真正態度至為關鍵，而且除非南海發生危及日本的國際事件，否則日本國內民意支持度並不高。

另一方面，日本也利用多邊機制推動南海問題國際化。中國一向主張雙邊協商解決，反對第三國干涉，但日本不但自己積極涉入，更試圖影響其他域外國家加入。東亞峰會已經好幾年都提起此一問題，日本首相安倍晉三雖不用點名方式批評中國，但都稱「期待對有損和平與穩定的行為進行自我克制」，呼籲避免採取改變現狀的行動。美國也一貫稱，鑒於除當事國之外也有第三國利用該海域（即自由航行等主張），要求根據國際法解決紛爭。[29]2015年6月的G7會議上，安倍以歐洲能源生命線烏克蘭比擬南海，遊說西方國家一起關注。日本2016年5月主辦G7峰會時，更積極提出南海議題。

當然一般日本民眾與政治人物對南海興趣不大，但日本政府高官在會談中雖表明不參與美軍作戰的基本立場，但也對中國在南海推進軍事基地化提出強烈批評。此前日本政府曾於2007年派艦南下，參加麻六甲海峽，多國打擊海盜演習；2009年決定向索馬利亞海域派遣兩艘護衛艦為本國船隻護航，但2016年11月1日決定自衛隊護衛艦從2艘減至1艘。日本政府之前表示雖然不計畫參加「航行自由行動」，但對基於安全保障相關法護衛美國軍艦一事，則以「僅限有益於防衛我國的場合，在（不與美軍）一體化行使武力的範圍內能夠付諸實施」，並未否定向南海派遣自衛隊巡航的可能性。

最早當類似「美日聯合巡航南海」構想被提出時，中國駐日大使程永華在2016年六月下旬南海仲裁案結果出爐前，曾向日本警告，日方若派遣自衛隊參與美國在南海的「航行自由行動」，將跨越中國「不可退讓的界線」，中方絕不容忍，暗示不排除以軍事手段對抗。這是中國對日本可能的南海行動最嚴厲的警告。但日本一貫支持南海仲裁案判決的立場，在戰略上對中國形成強大的壓力，為自己在釣魚台問題以及東海油氣開發與劃界問題上增加籌碼，因此日本已成為南海爭端中至關重要的外部因素之一。

---

[29] 〈東亞峰會海洋爭議日美和中國各執一詞〉，BBC中文網http://www.bbc.com/zhongwen/simp/china/2014/11/141113_asiansummit_asean_china_usjapan

立憲主義國家學問自由保障
──以日本國憲法為主之檢討

胡慶山
台灣憲法學會理事兼財務長
淡江大學國際研究學院日本政經研究所專任教授
兼日本研究中心主任

壹、前言

　　學問自由保障的重要性在於人類的不斷進步係針對真理不斷進行研究所獲致的結果。全世界立憲主義的民主自由獨立的主權國家皆保障學問自由，但由於歷史的發展與各國對學問自由的保障與其他人權保障關係的看法不同，所呈現的形式條文的保障方式意有所不同。本文先針對歐美各先進立憲主義國家的學問自由保障規定進行介紹後，再詳細地檢討日本國憲法的學問自由保障，最後針對韓國與台灣（中華民國憲法）進行建議，並以此作為本文的代結語。

貳、歐美各先進立憲主義國家的學問自由保障

　　在英國，學問自由所保障的內容，係以表現自由等的問題受到討論，特別的範疇並不存在。美國並無明文的學問自由規定，乃是以自由權的層面，特別是言論自由的對象加以保護；而大學自治則是以表現目的的結社自由之憲法修正第一條加以保障。然而，要求積極地進行學問的制度與費用補助措施之權利，則不受到承認[1]。針對接受聯邦資金補助的大學要求禁止性別歧視的義務，由於大學得以拒絕補助因此不違反憲法修正第一條。此外，針對在大學校園內禁止軍方招募活動的高等教育機關，禁止聯

---

[1]　Grove City College v. Bell (465 U.S. 555 (1984).

邦資金的支出，並不符合言論的制約或強制[2]。

德國基本法第五條第三項保障「學問、研究、教學的自由」。就上開自由的結構而言，所謂的「學問」在解釋上係指，「由內容或形式觀之，針對真理的探究進行認真且有計畫的嘗試」[3]；就共通的上位概念而言，對於相互連結的「研究」與「教學」的自由，具有指導性的意義。透過以真理的探究為目的的每日研究活動，得以帶來學問的發展，並針對已獲得的學問知識進行教學。因此，對於並非大學（Universität）的專科大學（Fachhochschule）的活動，原則上否認其保護領域性。大學教員、研究助教甚至是學生，只要是從事固有的學問活動，即被賦予基本權的享有主體性，只要是學問研究的從事者，大學或學系本身亦是如此。對社會的用性或危險性雖非直接影響到上開的保護領域性，但基本法第五條第三項所保障的自由必須遵守憲法的內在制約。就大學自治的對象而言，一般可舉出包括研究與教育計畫、研究與教育項目的提案以及協調、博士學位與教授資格的賦予在內。招聘教員時州政府的拒絕，唯有在重要的理由時，始受到承認[4]，暫時會以基於共識決的方式加以解決。然而，德國聯邦憲法法院，關於大學之結構此種的法地位是否受到基本法第五條第三項所保障，並未受到釐清，此點有必要加以注意[5]。

在法國關於學問自由的特定內容，與針對學問研究的憲法上定位，乃是一九九四年七月二九日的憲法法院判決，其根據為一七八九年人權宣言第十一條。此外，在此判決之前，憲法法院在審查規範涉及生命倫理研究之法律時，承認「人類尊嚴擁護」原理，乃是具有憲法價值的原理，做出上開重要的判決[6]。

在北歐五國中，芬蘭憲法明文保障學術、藝術與高等教育的自由及大學自治。此外，瑞典統治典章（憲法）明文規定針對高等教育實施公共機關的責任，且研究自由受到法律的保護。

歐盟基本權憲章第十三條規定，藝術與學術研究不受拘束，學問自由應受到尊重。然而，上開憲章第三條明文規定禁止再造複製人，基因或關

---

[2] Rumsfeld v. FAIR (547 U.S. 47 (2006).

[3] BVerfGE 35, 79, 112.

[4] BVerfGE 52, 313, 318.

[5] BVerfGE 35, 79, 116.

[6] Déc. No. 94-343/344 du 27 juillet 1994.

於生殖的研究有時會受到規制。

　　歐盟營運條約第一六五條規定，關於大學教育，「藉由獎勵學問文憑及在學期間大學間的承認，獎勵學生與教師的移動性」、「促進教育機關間的合作」等，乃是歐盟活動的目的。關於學術研究，上開條約第一七九條規定，研究活動的促進，與科學性及技術性基礎的強化，乃是歐盟的目的；第一八○條規定歐盟應從事「企業、研究所及大學間的合作，並彼此間的合作促進之研究、技術開發及實驗計畫的實施」，以及「歐盟研究者的培育與移動獎勵」。

參、日本國憲法的學問自由保障
一、學問自由的意義

　　學問此一精神的營運作為，就內心的活動而言，受到思想與良心自由的保障，在成果發表的層面上，則受到表現自由的保障。儘管如此，特別在日本國憲法設立獨立的條款加以保障之，主要的理由如下：

　　第一，學問的特性在於，針對既存的知識、體系與秩序加以質疑進行探討。因此，對於既有的秩序權威有促使其動搖的危險，容易受到權力的鎮壓。實際上，在日本第二次世界大戰以前，明治憲法並未保障學問的自由，一九三三年瀧川事件與一九三五年天皇機關說事件的鎮壓事件多所發生。因此，未求防止上開事件再度發生，因而特別在憲法條款中設立此項特別規定。

　　第二，為求促進人類福祉的發展，學問的發展乃是不可或缺，因此學問自由的保障乃是最佳的方法。重視學問，讓人類得以享受最大限度的學問成果，創設上開社會，亦是在憲法規定的意義所在。

　　第三，在憲法規定的最重要意義在於，賦予大學此一學問核心場所特別得自由。學問本身雖是任何人任何地點皆可進行，但若僅限於上開意義的學問自由，則以思想與良心自由及表現自由即可充分加以保障。然而，今日的學問，大部分已超過個人的營運作為的層次，必須是共同研究，並且是在需要巨額經費的設施與器材為前提下，始能進行的活動。得以實踐上開活動的場所，即為大學。因此，學問自由唯有在大學必須受到最大限度的保障。加以實現的是，大學的自治。日本國憲法雖僅明文規定「學問自由，保障之」，但在憲法解釋上承認大學自治的保障。在憲法的意義

上，與其說是保障個人的自由權，無寧是應理解為制度性的自由保障。

二、學問自由的內容

　　主要保障的內容是，研究及其成果的發表自由。研究雖須選擇對象，
並以適合上開對象的方法加以執行，除應絕對受到保障的內心思索與思考
外，關於對象的選擇，自倫理的觀點，並非不能受到限制。舉例而言，大
量殺戮武器的研究等。大學在內部的自律決定下，例如亦得以自行限制，
不進行軍事研究。雖要求對大學構成員的尊重，但最終仍是應委諸於研究
者個人道德的問題。另一方面，就方法而言，對他人有所妨害的方法不受
承認，此乃理所當然。舉例而言，人體實驗無庸贅言，對周圍環境造成危
險的方法或實驗，即受到制約，即使是在與個人的資訊控制權的關連上，
亦得以提出困難的調整問題。例如，在未經本人的同意下，將關於疾病的
資料使用於研究的情形等。關於研究對象與方法的制約，今後會越發成為
重要的問題，可預想而知的是，生命科學的領域，但目前國家仍應避免莽
撞的介入，而應委諸於研究者團體的自律性對應。

　　關於研究成果的發表，基本上與表現自由的保障雖無太大的差異，
但在大學課堂講授的形式進行公開發表時，基於教育上的考量，有可能受
到制約。「講授的自由」原則上雖亦須受到尊重，但仍是在教育制度的框
架內，越過上開框架的自由並非一定受到承認。此外，初等與中等教育機
關，如小學、中學、高中的教師，雖有主張其「教育的自由」亦為學問
自由的一環，應受到保障，但教師的教育自由，其本身並非人權，無寧是
學生接受教育的權利，甚至是學習權此一不可或缺的前提下，所構成的自
由權。

　　關於學問自由之性質，大致上有兩種的掌握方式。其一，將學問自由
視為是在國民乃至於是一般人皆受到保障的思想與良心的自由、表現的自
由中，特別保障以學問領域為對象的權利。若採納此種方式，關於學問的
自由，憲法學上，不存在應該特別加以檢討的論點。若將思想與良心的自
由、表現的自由此種的一般原理適用到學問此種特殊的對象時，即可解決
問題。此外，將大學此種的高等研究教育機關中的教學自由，與中學高中
及其以外的教育機關的教學的自由加以區別的討論，亦無任何的意義。之
所以將學問自由特地在日本國憲法加以規定的理由是，尋求在大日本帝國

憲法下，對學問，特別是社會科學的壓抑歷史，如天皇機關說等的平衡所致。

其二，將學問自由此項權利特別給予以大學為典型的高等研究教育機關的構成員。若採取此種的方式，上開的「特權」應僅針對部分的人的根據，其保障範圍及其保障程度（考量到與他者的對立，而受到制約的違憲審查基準的內涵，即成為問題的所在。同時，在上開的方式下，與「大學的自治」在憲法上，以何種的形式受到保障之問題，亦有直接的關聯性。

三、學問自由與大學自治保障的關係

在日本早期的憲法學說主張，「進行學問自由之處，主要是在大學」為由，因此「大學自治」與學問自由有著「密切不可分割的關係」，日本國憲法第二三條保障學問自由的前提要件是，承認大學自治[7]。

今日日本主流學說認為，「大學自治的觀念源自於歐洲中世以來的傳統，為求充分保障大學的研究教育自由，大學的內部行政應交由大學的自主決定，大學內部的問題排除外部勢力的干涉」，「此乃學問自由保障中理所當然的『制度性保障』之一」[8]。要言之，大學自治無法獨立於學問自由之外，大學自治的具體內容雖可由法律加以規範，但不得用法律將上開大學自治加以廢止，或對其本質內容加以制約[9]。針對此點，日本最高法院的判決指出，「大學學問的自由與自治，係基於人學作為學術中心探求高深的真理，在本質上教授研究專門的學藝」[10]。

---

[7] 法学協会『註解日本国憲法上巻』（有斐閣、1953年）462頁。該書的舊版法学協会『註解日本国憲法上巻』（有斐閣、1948年）227-228頁指出，學校行政應尊重研究機關，特別是高等研究機關的自主性，對於教師與研究者在某種程度上應承認其享有一般官吏以上的身分保障。

[8] 芦部信喜〔高橋和之補訂〕『憲法〈第4版〉』（岩波書店、2007年）162頁。

[9] 種谷春洋「学問の自由」芦部信喜編『憲法Ⅱ人権（1）』（有斐閣、1978年）394-395頁。所謂的制度性保障係指，相對於憲法保障的個人權利，特別是自由權本身的一定的制度，給予特別的保護，即立法亦不得侵害其核心乃至於其本質性內容，客觀地保障上開制度的本身（芦部信喜『憲法学Ⅱ人權總論』（有斐閣、1994年）87頁）。

[10] 昭和三八（一九六三）年五月二二日日本最高法院刑事判例集十七卷四號三七〇頁。

四、大學自治的意義

係指大學的構成員自主地進行大學的管理與營運，不受大學設置者與資金提供者的干涉。此外，「大學自治乃是為求實效地確保學問、思想、言論等的自由，歷經過去幾多的試煉培育而成的方法，在我國（日本）可謂是已確立的制度性習慣受到承認」[11]。

學問在大學，必須是在大學此一制度的框架內進行。因此，大學的制度管理與營運，若由大學設置者與資金提供者，如國家、地方公共團體或私立大學設置者進行時，則透過其管理與營運的權限，將會產生對學問自由不當地制約的危險。為求避免上開的危險，因而產生將大學的管理與營運委諸於大學的自治的習慣行為。

大學自治此想法的本身，早已在歐洲中世紀教授陣容與學生專業職能共同體的自治權下成立，但此自治權與學問自由的連結而逐漸受到理解，乃是在一九世紀後半的德國，其後逐漸地受到各國的採用。日本在第二次世界大戰前，雖努力地確立大學的自治，但最終未能充分確立，受到政府屢次的介入。根據上開的歷史經驗，在日本國憲法的解釋下，大學自治受到學問自由規定的保障。

五、大學自治的內容

就大學自治的具體內容而言，包括教員人事、對象與方法等在內的研究內容之決定、課程編製等教育內容決定、就學者決定等學生管理、預算管理、設施管理、校內秩序維持等的自律性在內。

日本關於大學的人事自治習慣的確立，可追溯到一九一四年（大正三年）的澤柳事件[12]。日本京都帝國大學總長澤柳政太郎，於一九一三年（大正二年）是否就任總長，醫學、工學、文學、理學各分科大學七位教授，在未詢問相關教授會的意向下，即以「老朽」的理由加以罷免。對此，法科大學的教授與助教授發表「教授任免應獲得教授會的同意」之意

---

[11] 東京地方法院昭和二九年五月十一日判例時報第二六號第三頁。
[12] 可參照畑博行「学問の自由」『日本国憲法──30年の軌跡と展望』『ジュリスト』638號（1977年）290頁。

見書。由於澤柳總長不承認上開的主張，法科大學的教授與助教授全體向總長提出辭呈。當時憂心事態嚴重的日本奧田義人文部大臣，召喚法科大學的教員全體至東京進行商議，席上指出，「關於教授的任免，總長在職權的運用上不妨與教授會進行協定，且為妥當」，使得教授會關於教授人事的自治加以確立，並作為教授任免制度運用上的原則。然而，上開教授會的人事自治習慣，在一九三三年（昭和八年）日本文部大臣在未經教授會的同意下，將刑法學者瀧川幸辰教授交付停職處分，因此一日本京都大學瀧川事件而崩潰。

在上開的歷史背景下，日本將人事自治定位為大學自治中最重要的地位[13]，且受到在第二次世界大戰後的一九四九年（昭和二四年）制定的教育公務員特例法加以具體化。若確認日本國立大學法人化之前的二○○三年修改前的教育公務員特例法的規定可知，校長（由評議會選任之）、系所主管（評議會決議後，由校長任命之）的採用與教員的採用與升任（由該系的教授會決議後，由校長任命之），由選考進行之，系所主管由該系的教授會決議後，由校長任命之（第四條第一至五項）。校長、教員與系所主管的轉任、降職與免職，校長與教員方面，由評議會決定之，系所主管則是尊重其意願，但必須是基於「校長審議的結果」（第四條第一項與第五條第一項）；若在懲戒方面，校長與教員方面，仍是由評議會決定之，系所主管則是必須是基於「校長審議的結果」，否則得以不接受懲戒

---

[13] 然而，就比較憲法的觀點而言，人事自治未必受到憲法強力的保障。舉例而言，根據松元忠士「大学の自治」芦部信喜編『憲法の基本問題（別冊法学教室）』（有斐閣、1988年）237頁指出，「關於教員的人事、教員的採用、升等、轉任、降職與免職等的不利益處分等的選任考核或審查」此種的「人事事項是否成為憲法上的自治內容，嚴格而言，並非無異義」，「我國（日本）的身分保障制度，與各國不同，傳統上被認為是作為學問自由的保護機能，其具體內容由教育公務員特例法加以規定」。此外，高柳信一・大浜啟吉「学問の自由」有倉遼吉・小林孝輔編『基本法コンメンタール憲法（第3版）』（日本評論社、1986年）102頁指出，「在學問自由與大學自治理念的母國德國，令人略感意外的是，大學的教員人事自主權並非太強」，「邦的文教大臣對大學教員的任命，通常是依據大學當局所推薦的三位候選人名單加以進行」，「在大部分的情況下，會任命第一順位的候選人，但有時亦不會侷限於推薦的順位」。再者，山本悅夫「大学改革と大学の自治——オーストリアの大学改革を中心に——」樋口陽一・上村貞美・戶波江二編『日独憲法学の創造力上卷——栗城寿夫先生古希記念——』（信山社・2003年）594頁以下指出，「在奧地利，關於大學自治是否受到憲法保障的問題，見解有歧異」。承認大學自治作為憲法上的制度保障之見解認為，「大學的自律事項包含，校長等大學機關的選舉、教授後繼人選的決定、學位的賦予、大學的教育與考試等」在內，但一九七七年憲法法院教務委員會判決卻否定大學自治作為憲法上所保障的制度性保障」（607-608頁）。

處分（第九條）。由上開規定可知，當時日本政府依法必須尊重大學的自主判斷與教授會的人事自治。

此外，日本學校教育法第五九條規定，「在重要事項的審議上」，大學必須設置教授會。至於重要事項的內容為何？關於此點，日本法律雖未給予明確的規定，但一般認為有以下的內容：關於學科的課程、大學生的入學・考試・畢業的相關事項、學位與稱號的事項、教員的任免與其他的人事事項、學系內的規制事項、其他校長的諮詢事項等[14]，承認教授會的自治。再者，學校教育法皆適用於日本的國公私立大學，關於私立大學的教授會，其人事雖不適用教育公務員法，但其權限則與國公立大學幾乎相同[15]。舉例而言，贊成的學說主張，私立大學與國公立大學同樣地，具備「公共性質」在「審議重要的事項」上，必須設置教授會（上開學校教育法第五九條），「無庸贅言地，關於人事的大學自治受到保障，但由於是私立大學，得以享有獨自的教育方針，關於教員的人事，即使設立與國公立大學不同的特別規範，只要具有合理性，並非不可能」[16]；理所當然地，即使是在私立大學，教員人事的自治在與設置者的學校法人間的關係上受到保障，教員人事的決定權在教授會上[17]。儘管如此，私立大學的教員乃至於校長的任免，是否必須經過教授會的審議，關於此點，日本下級審的法院判斷並非全然一致[18]。

關於秩序維持，在與警察權的關係上，即發生過問題乃因警察經常地監視下，不可能存在大學自治與學問自由。因此，警察進入大學校園，若無大學當局的要求下，原則上不應受到允許。然而，大學並無治外法權，因此當警察取得法院的令狀，並進行事先通告下，大學當局不得拒絕警察的進入。

警察未經許可進入大學校園的案例，有所謂的波波羅事件。此事件為一九五二年在東京大學的教室由東大所公認的學生團體「波波羅劇團」

---

[14] 有倉遼吉・天城勳『教育關係法Ⅰ』（日本評論社・1958年）214頁（天城執筆）。有倉遼吉編『基本法コンメンタール　新版教育法』（日本評論社・1977年）167頁（山崎真秀執筆）指出，由大學自治的歷史沿革與條理觀之，此處所列舉的事項皆包括在內。

[15] 有倉遼吉・天城勳・前揭書・215頁（天城執筆）。

[16] 芦部信喜『憲法学Ⅲ人権総各論（1）〔増補版〕』（有斐閣、2000年）227頁。

[17] 長尾一紘『日本国憲法（第3版）』（世界思想社、1997年）212頁。

[18] 松元忠士「大学教員の採用人事と教授会自治」永井憲一・中村睦男編『大学と法』（大学基準協会、2004年）191頁以下；千葉卓「医科大学学長解任事件」、前揭書、198頁以下。

進行以松川事件為素材的戲劇發表會時，學生發現有四名喬裝觀眾的便衣警察後進行暴力攻擊的案件，當時學生自取得的警察手冊中得知，警察已連日進入校園並對校園內各團體的活動等進行情報收集。學生雖以違反當時的暴力行為等處罰法第一條第一項而受到起訴，但第一審[19]以及控訴審[20]，皆重視警察對大學自治的侵害，而判被告人無罪。對此，日本最高法院的多數意見是，「本案集會並非真正地為著學問的研究與發表，乃是實際社會的政治性與社會性的活動，且是公開集會或者是準公開集會，必須是未享有大學的學問自由與自治。因此，警察進入本案的集會，並未侵犯大學的學問自由與自治」，做出上開的判決，駁回控訴審發回更審[21]。然而，本案的學生活動，若是受到大學的公開承認，則大學當局的判斷應受到尊重。日本最高法院大法庭判決[22]指出，「在保障大學學問自由的目的下，傳統上大學自治受到承認。上開自治特別是關於大學的教授及其他的研究者之人事，受到承認，大學校長、教授及其他的研究者係根據大學自主性的判斷而受到選任。此外，關於大學的設施與學生的管理，亦在某種程度上受到承認，關於上開方面，在某種程度上，大學自主秩序維持的權能受到承認」。

　　誠然，大學自治的承擔者或主體為教授及其他的研究者，但經常會受到檢討的是，教員以外的構成員，特別是學生應如何在大學自治中定位？關於此點，波波羅事件日本最高法院大法庭的判決是，「大學的設施與學生，上開（學問）自由與（大學）自治的效果下，設施受到大學當局自治性的管理，學生的學問自由與設施的利用受到承認」。因此有見解主張，學生並非大學自治的主體，學生不過是造營造物的利用者而已；相對於此種的見解，具有妥當性的批判意見[23]指出，營造物利用者說的錯誤在於，將大學視同為如其他的文化營造物，例如美術館、博物館、圖書館等，大學不同於其他的文化營造物，其作為研究與教育場所的特殊性受到承認，學生除向教員學習的同時，「亦給予教員學問上的暗示此種精神與精神的交流過程，正是大學的特色」所在。此外，亦有見解主張[24]，學生乃是學

---

[19] 同前註。

[20] 東京高等法院昭和三一年五月八日高等法院刑事判例集第九卷第五號第四二五頁。

[21] 昭和三八（一九六三）年五月二二日日本最高法院刑事判例集十七卷四號三七〇頁。

[22] 同上註。

[23] 有倉遼吉『憲法秩序の保障』（日本評論社、1996年）166頁。

[24] 高柳信一『学問の自由』（岩波書店、1983年）279頁。

問研究與學習的主體，享有固有的權利；亦即，由於大學「依賴政治・產業社會的資金，大學在研究與教育上要獲得真正的自由日益困難，大學自由的確保必須要由大學全體構成員一致的努力與合作始有可能」，「當大學的自由受損，其研究教育機能受損時，如同學生無法學習真理，因此亦應承認學生具有大學自治的主體性」。再者，日本學校教育法第五八條第六項關於教授職務的規定是，「教授的工作乃是教授學生，指導其研究，並從事研究」[25]，其前提是學生作為研究與學習的主體。關於學生地位的學說[26]有，學生是「教授對象者與營造物權力服從者」、「批判的學習者」、「固有的大學構成員」、「學問共同研究者」、「教育要求者」、「主體的學習者」，其中的一個有力學說是「批判的學習者」，並非基於學生參加大學管理運作的制度化主張[27]，而是基於「學生自治」[28]的「抵抗權」[29]想法。日本東北大學事件仙台高等法院一九七一年五月二八日判決[30]指出，「學生乃是大學不可或缺的構成員，為學習學問接受教育者，其既然與校園環境、條件的維持及相關改革有著重大的利害關係，對於大學的運作提出希望、批判與反對乃是理所當然的權利，教員團體負有充分傾聽的責務」；學說[31]亦對此加以支持。

---

[25] 山崎真秀「大学の自治」清宮四郎ほか編『新版憲法演習2〈改訂版〉』（有斐閣、1989年）35頁。

[26] 兼子仁「大学における学生の地位」日本法社会学会編『大学問題の法社会学的研究』（有斐閣、1970年）4-15頁。關於大學自治與學生地位的資料，可參照伊ケ崎暁生・永井憲一編『大学の自治と学生の地位ⅠⅡ』（成文堂、1970年）、田畑茂二郎ほか編『大学の学生自治と参加権〈大学門愛総資料集Ⅴ〉』（有信堂、1989年）

[27] 大學自治的保障未必直接連結到學生參加大學的管理運作（森田明「大学の自治の内部問題」奧平康弘・杉原泰雄編『憲法学2』（有斐閣、1972年）。學生參加大學行政受到批判的原因主要有以下四點：第一，判斷學問研究與教育必要事項的經驗、資格與能力，在於教員而非學生；第二，判斷學問研究與教育必要事項的責任，在於教員而非學生；第三，學生自治與大學自治的層次不同，大學以教育的觀點承認學生自治下的學生自治組織，承認與學生本身有關的事務得以自治處理；第四，基於現實，學生運動所造成的結果，不得不採取否定的見解（橋本公亘「大学の自治」『公法研究』29號1967年61-62頁）。

[28] 村上淳一・石井紫郎・三谷太一郎「『学生参加』と『学生自治』」『朝日ジャーナル』1968年12月22日號109頁以下。

[29] 亦有見解主張，應以日本國憲法的學習權（第二六條）、學問自由（第二三條）、表現自由（第二一條）、人格權（第十三條）等為根據，擁有一定程度的自治權（如自治會營運權等），但此處的學生自治權，「並非構成大學自治的內容，乃是與大學自治的對抗關係」（參照長尾一紘、前揭書、21頁以下）。

[30] 判例時報645號55頁。

[31] 芦部信喜『憲法学Ⅲ人権総各論（1）〈増補版〉』、前揭書、228頁。

　　大學自治過去在日本主要是大學與國家間關係的問題而受到討論。然而，大學自治若是應擔保學問自由的制度性保障，不可或忘的是，不僅是對外的問題，亦存在著內部的問題。要言之，大學自治在排除國家不當干涉此問題的同時，亦存在著大學內部構成員自治的問題，如何組織與運用內部自治，更為重要。就日本最近的動向而言，內部的管理者的地位與權限的強化日益顯著，二〇〇三年施行的日本國立大學法人化所規定的組織，即反映出上開的強化，其如何運用即受到關注。此外，大學內部組織的基本原則在法律上應如何規定？日本現行法制是否符合憲法的要求？即使是在私立大學亦仍存在著問題。

六、日本國立大學法人法與大學自治

　　根據波波羅事件日本大法庭判決，大學的自治「在傳統上」受到承認，「目的是保障在大學中的學問自由」。二〇〇四年四月日本開始實施國立大學法人化，將國立大學作為國家的行政機關，轉換為具有法人格的國立大學法人，進行大學的重大變革。此種基於國立大學法人法的國立大學法人制度，究竟與日本國憲法第二三條規定的學問自由下，憲法解釋主流學說主張的大學自治保障，有何關係？即受到憲法學界的矚目。以下的日本國立大學法人法的規定，是否符合上開大學自治的旨趣？

　　該法第12條規定，大學校長的任命係根據國立大學法人的申請，由文部科學大臣進行。2前項的申請，由以第一款揭櫫委員及第二款揭櫫委員各自同數所組成的會議（以下稱為「大學校長選考會議」）所進行。第一款規定：由自第20條第2項第三款揭櫫者中在該條第1項所規定的經營協議會上所選出者；第二款規定：由自第21條第2項第三款或第四款揭櫫者中在該條第1項所規定的教育研究評議會上所選出者。3前項各款揭櫫者外，根據大學校長選考會議之規定，大學校長或理事得以在大學校長選考會議中擔任委員。但其人數不得超過大學校長選考會議委員總數的三分之一。

　　第20條規定，設置經營協議會，作為在國立大學法人內審議關於國立大學法人經營的重要事項之機關。2經營協議會，由以下揭櫫的委員組成：一、大學校長；二、大學校長指名的理事與職員；三、該國立大學的主管或職員以外者，自關於大學具有廣泛且高度見識者中，在聽取次條第1項規定的教育研究評議會的意見後，由大學校長任命之；3前項第三款的

委員人數，必須是經營協議會委員總數的二分之一以上[32]。

　　第21條規定，在國立大學法人內，設置教育研究評議會，作為審議關於國立大學教育研究之重要事項之機關。2教育研究評議會，由以下揭櫫的委員組成：一、大學校長；二、大學校長指名的理事；三、自學部、研究學院、大學附設的研究所暨其他教育研究上的重要組織主管中，由教育研究評議會選定者；四、其他根據教育研究評議會之規定，由大學校長指名的職員[33]。

　　日本國立大學法人法的規定，究竟應如何以日本國憲法所保障的大學自治加以評價？首先，關於該法第十二條「大學校長選考會議」的組成與校長的資格認定的規定僅以該條第二項至第七項簡略的規定，就實定法而言，大學校長的任命程序的規範密度，顯得過於薄弱[34]，因此僅能委諸於實際的運作。該條針對大學校長任命程序規定的薄弱規範密度，與前述日本國立大學法人化之前的二〇〇三年修改前的教育公務員特例法的規定（校長由評議會選任之），並無太大的差異[35]；然而，實際上，就大學自治的原理而言，大學校長的選考過去皆是以教員的投票進行之[36]。日本文部科學省關於國立大學法人化調查檢討會議的最終報告[37]指出，關於校長與教員的人事，基本上源自憲法上所保障的學問自由之大學自治，即「由大學本身進行自主性與自律性的判斷」，揭櫫大學自治的原則。

　　再者，國立大學對國家社會的說明責任，以及附加校長在營運層面上的責任等，上開國立大學法人化調查檢討會議的最終報告指出，日本各大學在策定校長的選考基準與選任程序時，在具體的校長選任過程中，除校內的意見外，應反映與納入校外即社會的意見；其次，亦應進行聽取校內人士意向的程序，如投票等，或是成立校長選任委員會，其下設置包括校外有識之士在內的調查委員會，自校內外廣泛地調查候選人，鎖定候選人後即可進行聽取意向程序，此程序適用的對象，由於是選任大學或法人營

---

[32] 4-6項省略。

[33] 3-5項省略。

[34] 塩野宏「国立大学法人の学長選考制度」『IDE現代の高等教育』475號（2005年）19頁。

[35] 中村睦男「国立大学の法人化と大学の自治」『北海学園大学法学研究』第43卷第3/4號（2008年）24頁。

[36] 塩野宏、前揭論文、19頁。

[37] 国立大学等の独立行政法人化に関する調査検討会議『新しい「国立大学法人」像について』（平成14年3月26日）29-32頁。

運的最高責任者，應限定在對於教育研究或大學營運上擁有相當經驗與責任者。儘管在上開國立大學法人化調查檢討會議的最終報告提及，校內者的投票程序並非絕對必要，具有任意性[38]；然而，由日本大學自治的傳統觀之，校長既是教學之長，因此期待其選任應更多反映出教員的意向[39]。

　　在教員的人事方面，由於日本國立大學法人法的制定，國立大學的教員已非公務人員，不再適用教育公務員立法，而由各個大學的就業規則加以取代。大學自治的問題，不再是針對國家，而是針對校長的學系等的教授會自治。要言之，得以正確評估學問專門能力與知性誠實性的同僚教員研究者即教授會，必須確保教員的人事權，此乃大學自治確立的核心課題[40]；乃因大學自治的核心在於教授會自治[41]所致。就實定法而言，日本學教育法第五九條規定，大學必須設置「審議重要事項」的教授會[42]，必須思考的是，國立大學法人法與學校教育法的關係；要言之，國立大學法人法第三條規定在此法的運用上必須經常考量國立大學「教育研究的特性」，因此學校教育法上規定大學必設機關教授會的教員人事角色並未變更[43]。

---

[38] 塩野宏、前揭論文、21頁。此外，上開論文亦指出，在日本國立大學法人法下所想定的校長選任制度的具體模式有選仟會議、重點放在教授團、教員與職員的階層、教員與職員平等的四種。

[39] 常本照樹「大学の自治と学問の自由の現代的課題」『公法研究』（2006年）1頁指出，大學的組織模式可區分為同僚制（在方針決定與實施上具有寬容與模糊的組織文化，尊重自由，重視對政府為主的外部統制的自律性（3頁）；同僚中首席的校長選任過程，確保教員的參與管道（14頁））、官僚制、法人制與企業制四種。此外，田端博邦「『国立大学法人法案』批判」『世界』713號（2003年）223頁針對校外人士參與校長選任會議加以批判，將作為大學自治象徵的校長選舉制度改變成由校外人士參加的委員會的選任；再者，中富公一「大学の自治の再構等と学長選考制度」『岡山人学法学会雑誌』56巻3・4號（2007年）99頁以下亦批判指出，校長選任時，儘管進行校內意向投票，但校長選任會議卻不尊重上開投票結果，實質上行使其權限的大學有岡山大學與新瀉大學，由學問自由理所當然的狹義大學自治之教授會自治，走向廣義的大學自治之大學自律下的校長選任制度。

[40] 山元一「大学の自治」小山剛・駒村圭吾編『論點探究憲法』（弘文堂、2005年）185頁。

[41] 松田浩「『大学の自律』と『教授会の自治』」憲法理論研究会編『憲法と自治』（啟文堂、2003年）113頁以下指出，將過去視為大學自治一體的「大學自律」與「教授團自律」加以區別後，後者優先於前者，至於後者的腐敗與錯誤的危險性，則應尤其自律;持同樣觀點的常本照樹（前揭論文16頁）亦指出，各個學系教授會的人事與教育研究事項的自律性，作為同僚制的組織文化的核心，應受到尊重。

[42] 塩野宏『行政法III〈第三版〉』（有斐閣、2006年）95頁。

[43] 大浜啟吉「学問の自由と大学の自治」同編『公共政策と法』（早稻田大学出版会、2005年）52頁指出，關於國立大學法人法教育研究評議會的審議事項與學校教育法上教授會的審議事項間的競合，由於國立大學法人法的規定是，教育研究評議會的權限乃是「審議」而非「決定」，因此構成日本國憲法上「大學自治」內容的「教員人事」或「研究教育內容」的自主決定權限應在教授會。

　　儘管日本國立大學法人法，無論在個人或是團體或是法人的組織，皆未納入學生地位的規定，但上開國立大學法人化調查檢討會議的最終報告指出，大學營運除要重視教育研究的供應層面外，亦必須重視學生、產業與區域社會發展等的需求層面，特別是針對學生的教育機能的強化。二〇〇〇年公布的日本文部省高等教育局「大學學生生活充實調查研究會」（座長為廣中平佑山口大學校長），在其『大學學生生活充實方策』報告[44]中指出，過去大學教員關心的是自己的研究，並未充分地意識到對學生教育的責任，今後整體上要由「教員為主的大學」轉換為細緻指導教育多樣學生的「學生為主的大學」[45]；同時，重要的是要將大學生的期望與意見適切地反映到大學的營運上，透過大學生對大學營運的積極參加，過著具有主體性的大學生活，得以期待促進大學生的社會成長[46]。

　　關於教育研究的內容與方法的自主決定權方面，對於由主務大臣決定指示日本國立大學法人的期中目標，此乃獨立法人通則法的機制，有許多討論質疑有違反大學自治之嫌[47]。日本國立大學法人法第三十條第三項規定，文部科學大臣確定期中目標或企圖加以變更時，事先必須要聽取國立大學法人等的意見，考量該意見的同時，亦必須聽取評鑑委員會的意見」，此與上開最終報告書的「事先各大學向文部科學大臣提出原始提案的同時，文部科學大臣充分尊重上開提案」的記述相比，在文字表現上大學的自主性不但未進步且是退步。關於此點，若結合日本國立大學法人法總則第三條規定「國家在運用此一法律時，必須經常考量國立大學暨大學共同利用機關內部教育研究的特性」之解釋，則可與上開最終報告的含意無實質上的差異[48]。再者，評鑑目的有二，一是有助於改善教育研究等的

----

[44] 此報告受到高度的評價（中村睦男「大学と学生」『IDE現代の高等教育』487號（2007年）17頁以下。

[45] 大学における学生生活の充実に關する調査研究会『大学における学生生活の充実方策について』（平成12年6月14日）3-4頁。

[46] 前揭書，16-17頁。

[47] 例如，以下的見解受到矚目，即目標‧計劃‧評鑑此種的機制，係採用預算措施的想法，由於國家所期待各國立大學的事業有必要確保之確認程序，日本「國立大學法人法規定，文部科學大臣提示出各大學的中期目標，根據此目標，由國家認可由各大學所策定的中期計畫，至於其成果是否真如同所期待，由文部科學省的評鑑委員會進行評鑑。國家所期待各大學的事業，以及在教育研究內容上尊重大學自主性最適當，追求上開兩件事同時滿足的制度架構。

[48] 關於此點有許多的批判意見：如目前此次係由各國立大學提出期中目標與期中計劃的原始提

各種活動；二是善盡對社會的說明責任，但值得注意的是，評鑑結果涉及
財源分配利用的問題[49]。關於評鑑是否有違反教育研究內容與方法的自主
決定權之問題，由於上開自主決定涉及大學自治的本質內容，因此教育研
究內容的評鑑，必須根據事前的審查[50]。實際上日本獨立行政法人通則法
第三四條第二項與日本國立大學法人法第三五條規定，文部科學省的國立
大學法人評鑑委員會評鑑時，要求大學評鑑與學位授予機構，實施關於國
立大學的教育研究狀況的評鑑，且必須尊重上開評鑑的結果。大學評鑑與
學位授予機構為求適切地評鑑國立大學法人的教育研究狀況，關於國立大
學法人的教員與國立大學法人的教育研究活動，必須是以「具有卓越見識
的賢達人士進行的事前審查為核心的評鑑」加以進行[51]。

七、大學自治制度保障下的特色與特權

　　有見解認為，大學自治乃是卡爾‧舒密特作為威瑪共和國憲法的解釋
所提倡的制度體保障的一種[52]。自上開的見解，關於大學自治，將可導出
何種的特色？亦有見解將學問的自由視為是保障高等研究教育機關所屬人
員的特權，若承認上開的特權將會導致一般國民權利的減縮，即一般國民

案，但將來若「聽取意見程序在實際上非提出原始提案時，僅是單純地聽取意見義務將會形式
　化，可想而知目標設定的自主性與主體性將無法受到保障（日永龍彥「大学の評価と財政問
　題」『日本教育法学会年報』33號（2004年）154頁）；再者，將「尊重」改為「考量」，兩
　者有極大的差異，等同於大學自行自治的決定權能已受到剝奪（大浜啟吉「学問の自由と大学
　の自治」同編『公共政策と法』早稲田大学出版会（2005年）42頁）；針對上開差異更具體的
　批判是，最終報告將大學的原始提案規定為「充分尊重」的期中目標制定程序，法案卻矮化為
　僅針對「意見」加以考量，且法案第三十條第一項規定期中目標的策定權限主要由文科大臣擁
　有，日本國立大學法人的意見僅止於是不具拘束力的「考量」對象而已；「企劃成案」的機能
　大轉換成文部科學省，此正意味著大學關於研究教育的自治受到減縮（田端博邦「『国立大学
　法人法案』批判」『世界』713號（2003年）223頁）。
[49] 川口昭彥『大学評価文化の展開』ぎょうせい（2006年）14頁。
[50] 即使是退讓百步，無法避免人學與大學共同利用機關的獨立行政法人化時，根據「憲法原
　理」，就說明責任與透明性確保的具體方法而言，唯一想到的是，目前正在進行籌備中的大學
　評鑑機關之「大學評鑑與學位授予機構（暫稱）」的評鑑系統，將教育研究內容相關事項的評
　鑑全面地委託上開機關處理的方法（石井紫郎「大学共同利用機関の『独立行政法人』化問
　題」岩崎稔‧小沢弘明編『激震！国立大学』未来社（1999年）152-153頁）。
[51] 川口昭彥「評価のデザイン——評価機關の立場から——」『IDE現代の高等教育』490號
　（2007年）12頁。
[52] 石川健治『自由と特権の距離〔増補版〕』（日本評論社‧2007年）。

即使是透過民主的過程，亦無法對上開特權的內容與範圍表示意見。何種的根據得以做為上開特權的基礎？

根據長谷部恭男指出，學問自由乃是承認以大學做為典型的高等研究機關之構成員，在憲法上的特權，並非是人生來即享有的人權。受他者所賦予的地位，並在接受他者財政支援下，且說自己想說的自由，應不包含在每個人生而平等享有的表現自由中。上開特權受到承認的根據，可舉出以下的兩點：

第一，承認高等研究機關享有上開的特權，結果會對客觀真理的探究有所貢獻，且有助於科學技術的發展。上開的論述雖有其說服力，但即使是在未保障學問自由的社會，科學技術並非不能發展，究竟經常地上開經驗性的論述，是否得以做為學問自由此一特權的基礎，則有其模糊性存在。此外，由上開的論述觀之，亦無理由保障闡述既已由學說的定見認為是錯誤的學說之自由。

第二，著重於學問自由的象徵性意義。承認高等研究機關的構成員上開的特權，相對地即意味著真理的探究此一職業倫理與隨之而來的責任，必須針對各個研究者加以課處，研究者必須面對通常社會生活上經常一般人會容易陷入因循守舊（conformism）的窠臼中，因而期待其呈現出自律性個人的模式。應探究自己所相信的真理，進行最佳的努力，公諸於世向社會傳達，此乃研究者的倫理與責任，因而支持上開活動的學問自由受到保障。研究教育機關經常容易有變成為教條式的意識形態之再生產機構的危險，課處研究者必須具備上開職業倫理，更具有其意義。

無論是上開何種的論述，之所以承認學問自由，乃因其與重要的社會公共利益有密切關係。若是如此，則當與其他同等的或更為重要的利益相衝突時，此乃是不得不讓步的權利。就基因工學而言，基因重組實驗將會對人類與環境造成嚴重且廣泛的影響，以此為理由，上開領域的研究活動自由受到制約，亦有其正當化的可能。

對於上開的想法，有以下的批判：「研究的自由即使是特權，研究者進行何種研究如何研究，基本上構成學問研究此精神作用的核心，研究者的自由必須特別地受到強而有力的承認。因此，在解釋上，規制研究內容，必須要有強而有力的正當化理由。學問研究的自由總體而言追求社會公共利益的權利保障，由此觀點言之，說明基因技術研究制約正當性的邏

輯，不被解釋為正當」[53]。

就學問研究的自由乃是社會公共目的下的權利保障之觀點言之，說明基因技術研究的制約正當化之邏輯為何不具正當性？由上開的邏輯可知，是否意味著不需「規制研究內容特別需要強烈的正當理由」之論述？

複製人的產生係違反人類尊嚴不受到許可，此種見解廣泛地受到承認。上開的見解是否可謂正當？為何複製人的產生違反人類尊嚴？設若上開的見解前提是人類的複製應該皆是藉由「自然」的手段，則受否「人工授精」亦是違反人類尊嚴？「自然」與「人工」的界限是否在先天上即受到固定？設若具有同一基因組合的複數個體存在係違反人類尊嚴，則單卵雙胞胎又如何？若其理論根據是複製生產技術的不穩定性與不確定性時，上開技術性的難題若受到克服，問題是否可加以解決？

由上開長谷部的學說觀之，高等研究教育機關的構成員所受保障的學問自由，則必然伴隨著受到保障的一方其高度倫理需受到維持，此一結果將會受到承認。是否有類似上開的法制度？

賦予與一般國民不同的特權，並受到課處與上開特權相對應的倫理義務之團體，即高等研究教育機關，在內部的爭端上，即使藉由法的適用得以解決，但盡可能司法不加以介入的選擇亦可能存在。關於大學內部的爭端有所謂的部分社會論[54]，上開的理論是否得以說明？針對上開理論的批判是，若是如此，則會造成一般國民應受保障的接受裁判的權利將欠缺實效的保障。

肆、代結語

在韓國，包括研究的自由、研究活動的自由、教授的自由、研究結果發表的自由。大學的自由（自治），在規定教育的權利之第三一條明文保障「大學的自律性」。自治的主體為教授、教授會與大學本身，人事的自治、管理與財政的自治、學務的自治皆包含在內，但不包含國立大學的存廢決定權在內。

在台灣（中華民國憲法），講學（教授）自由（第十一條）乃是學

---

[53] 戶波江二「学問の自由と科学技術の発展」『ジュリスト』1192號（2001）116頁。
[54] 日本最高法院判決昭和52年3月15日民集31-2-234刊載的富山大學學分不認定事件。

問自由，所有人皆享有的自由。根據大法官會議的解釋[55]，「講學自由的規定，目的是保障學問的自由。學問自由的保障乃是，大學組織或其他制度所確保的制度性保障。保障大學的學問自由，承認大學自治，研究、教授、學習等的活動，不受不當的干涉，大學享有關於組織經營的自治權限，個人享有學問的自由」。

大學自治作為制度性的保障，包括學問自由在內，在私立大學大體上皆為名校相當顯著的英美各國，私校理事會（大都為宗教家）與教授會間的鬥爭歷史，因此並無明文的憲法規定；相對於此，除此之外的其他國家，主要的大學皆為國家設立的傳統下，皆有其憲法上的規定。日本雖無大學自治的規定，但在解釋上並無爭論。結果造成私立大學的討論尚未成熟。

台灣在目前的中華民國憲法下，並未在「憲法」中明文規定學問自由與大學自治的保障，雖以大法官會議解釋的方式在講學自由中承認教授自由，但就實際的運作上，仍以「大學行政管理機關」為主體，而非以「教授會」為大學主體。實質上的大學自治制度保障，雖有四十二個條文的大學法，但其中第十七條明定由「教育部」決定「分級、資格、聘任、解聘、停聘、不續聘、申訴、待遇、福利、進修、退休、撫卹、資遣、年資晉薪及其他權益事項之辦法」，明顯違反本文立憲主義國家的學問自由與大學自治憲法層次的保障。此外，上開大學法第一條規定大學應受學術自由之保障，但後段卻將自治權限縮在「法律規定範圍內」，同樣地違反本文立憲主義國家的學問自由與大學自治「憲法層次」的保障。

期待不久的將來，立憲主義國家的學問自由與大學自治保障能納入由台灣所有二千三百五十萬人制定的台灣共和國新憲法規定中，藉此建立新國家後，加入國際社會最大的國際組織聯合國，以落實立憲主義國家應有的學問自由與大學自治保障此一普世人權價值。

（本篇論文獻給台灣憲法學會理事長暨恩師許慶雄教授之七十華誕壽辰，以表祝賀之意）

---

[55] 司法院大法官會議解釋380號。

國際法「人性化」的發展趨勢？
以《集束彈藥公約》的簽署為例探討

蔡育岱

中正大學戰略暨國際事務研究所教授

摘要

　　冷戰的結束對於國際人道法帶來一些新的發展變化，這些新的特徵藉由人道干涉、難民維護、國家保護責任的實行，象徵是人權的國際化（internationalization of human rights）與國際法人性化（humanization of international law）已經從理論到實踐的進化。緣此，本文係屬前導式文章，主要目的在於闡述是否國際社會在國際法上具有人性的實踐？這使當代國際法有朝向國際法人性化的趨勢，並藉由國際社會2008年批准的《集束彈藥公約》（CCM）為個案分析，證明其的簽訂在國際人道規範上的新意義。

壹、前言

　　國際人道法起於19世紀，是國際戰爭下的產物，隨著海牙公約、日內瓦公約等條約體系簽訂，二戰後主要軍事法庭的建制，到1990年代國際刑事法院（International Criminal Court, ICC）的建立達到高峰。[1]相較之下，國際人權法（International Humanitarian Law）肇始於20世紀二戰的歷史，一直到今日則演變為國際法文書的體制依託，而一般法律原則、條約與國際法的現有框架與國家的責任，儼然成為產生人權法的重要基石。國際人道法與國際人權法是兩個不同但卻互為補充的法律概念。冷戰結束，讓國際人道法的發展有了一些新的轉向。人道關切與以人為中心（people-centric）概念發揮了重大的作用，並對國際關係與國際法做了重新的詮釋，這些新

---

[1] 蔡育岱、譚偉恩，《國際法之延續與變遷（二）當代公法》（台北：鼎茂出版社，2009年），頁35。

的特徵藉由人道干涉、難民維護、國家保護責任（Responsibility to Protect, R2P）的實行，象徵人權的國際化（internationalization of human rights）與國際人道法人性化（humanization of international humanitarian law）已經從理論到實踐的進化。[2]

其中，集束彈藥的禁止使用是一個重要的里程碑。2008年5月，於愛爾蘭首府都柏林（Dublin）簽訂的《集束彈藥公約》（the Convention on Cluster Munitions, CCM）是一項禁止使用集束彈藥的國際公約，該公約於2010年8月1日正式生效。[3]公約的生效，除了是國家間共同合意的結果，亦是國際社會包含非國家行為者等勢力的展現，是當代國際法人性化趨勢的一個證明，並表明國家對於軍事性原則所擁有的自主行動正受到人道規範的約束，人道與人權價值的動態變化，正對國際法演進產生重大的影響。緣此，本文主要目地在於闡述國際社會在國際法上具有人性的實踐，使當代國際法有朝向國際法人性化的趨勢，並藉由國際社會2008年批准的《集束彈藥公約》（CCM）為個案分析，證明其的簽訂在國際人道規範上的新意義。

貳、國際法人性化的解釋

由於國際法是動態的持續過程，傳統上是以國家間的互動往來準則、法律規章為依歸，而本文闡述國際法人性化主要是指這種以國家本位的國際法，在當代越來越重視個人，並以個人為群體的法律地位，使得當代國際法有朝向人性化的傾向。其中學者福塞斯（Forsythe）試著透過7個面向推斷人權的國際化（internationalization of human rights）、建制化與法規化，從二次大戰災難後，聯合國的建立使人權理念得以走向國際化與法制化。[4]而日本阿部浩己教授則提出了所謂「國際法的人權化」用語

---

[2] Daniel Moeckli, Sangeeta Shah, Sandesh Sivakumaran, and David Harris eds., *International Human Rights Law* (Oxford, Oxford University Press, 2014), pp. 494-495; Michael J. Perry, *Human Rights in the Constitutional Law of the United States* (New York: Cambridge University Press, 2013), chapter 1.

[3] United Nations Treaty Collection: Convention on Cluster Munitions, http://treaties.un.org/Pages/ViewDetails.aspx？src=TREATY&mtdsg_no=XXVI-6&chapter=26&lang=en，最後瀏覽日期2018/01/31。

[4] David P. Forsythe, *The Internationalization of Human Rights* (Lexington, Mass.: Lexington Books. 1991).

（human-rightization of international law），[5]強調國際社會自1990年代後人權議題的蔓延，已成為一種人權主流化，涵蓋範圍涉及國家主權、國家承認、主權豁免和外交保護的範疇，不論是人道法、刑事法、難民法，抑或是環境法，皆有元素滲透到人權學說中。[6]

　　至於什麼是國際法人性化？本文主張國際法人性化不僅是道德導向（morality-oriented）也是當代國際法的一個趨勢。學者梅隆（Theodor Meron）指出人權和人道主義法在普遍國際法上的影響就是國際法人性化。[7]換言之，國際法人性化是對國際公法的一種修正與擴張。一個人性化的方向可以在當代國際法中看出端倪，最明顯的就是難民法、人道主義法和國際人權法，同時，這些國際人道主義的準則與建制已經被設計來保護個人權利。[8]學者安東尼奧（Antônio）認為今日個人權力的擴張，單純國家間互動的國際法已成過去，國際法人的擴充，不只是國家與國際組織，也包含個人（peoples、individuals、humankind），國際法建構的概念正朝著個人進行，一種普世的新國際法，即國際法人性化。[9]1999年NATO在前南斯拉夫的軍事行動與人道干預，在國際法引發廣大討論，也延伸說明了國際法人性化朝向的趨勢。[10]

　　傳統上，國際法一直關注著相互承認原則。國家主權和國際義務是國際法的核心要素。只有國家和有限的國際組織，是國際法主體。因此，國際法是通過由國家持有的權利，個人權利是國家的一部分。[11]然而，隨著

---

[5] 阿部浩己，〈国際法の人權化〉，發表於日本《2011年度国際法学会秋季研究大会》報告要旨，http://jsil.jp/annual_documents/2011/fall/2011fall_summaries.pdf，最後瀏覽日期2018/01/31。

[6] 蔡育岱，《人類安全與國際關係：概念、主題與實踐》（台北：五南出版社，2014年），頁198-199。

[7] Theodor Meron, *Humanization of international law* (Leiden: Brill Academic Publishers, 2006).

[8] Barbara von Tigerstrom, *Human Security and International Law* (Oxford and Portland: Hart Publishing, 2007), p. 65; 蔡育岱，前揭書，頁198-199。

[9] Antônio A. C. Trindade, "The Humanization of Consular Law: The Impact of Advisory Opinion No. 16 (1999) of the Inter-American Court of Human Rights on International Case-law and Practice," *Chinese Journal of International Law*, Vol. 6, Issue 1 (2007), pp. 1-16; 蔡育岱，前揭書，頁198-200。

[10] Peter Hilpold, "Secession in International Law: Does the Kosovo Opinion Require a Re-assessment of This Concept?" in Peter Hilpold ed., *Kosovo and International Law: The ICJ Advisory Opinion of 22 July 2010* (Leiden: Nijhoff, 2012), p. 74. (47-78)

[11] Alex Chiang and Yu-tai Tsai, "A New Interpretation for the Relevance of Sovereignty and Human Rights: the Case of Responsibility to Protect," *Tamkang Journal of International Affairs*, Vol. 14, No. 3 (2012), pp. 61-62.

冷戰的結束國際社會普遍認知「個人」原則上是國際法客體，但20世紀個人在某種程度上具備了國際法主體的性質，尤其是來自國際人權保障，[12] 這種對人權保障、以人為中心的集體認同，來自於社會實踐過程中對人權觀念重視的建構，隨著現代國際法的發展，有關人權的範疇已不再是單純國家內政問題，例如人道干預的案例促使了國際社會將國際法與個人產生直接的連結關係。[13]換言之，主權國家導向（state-sovereignty-oriented）途徑已經逐漸被個人（human-being-oriented）途徑所取代。[14]

參、國際法人性化的實踐探討

近期國際社會一些新的現象論證著國際法人性化從理論朝向實踐。下【表1】闡述著國際法人性化的演進可以分為三個部分探討：分別是人道原則的轉換、國際法主體的轉換、主權概念的轉換。[15]首先，在人道原則的轉換部分，國際社會是從初期、早期、晚期至近期相關戰爭法、案例、武器管控公約等法規確立，包含「馬爾頓條款」（Martens Clause）、科孚海峽案（Corfu Channel 1949 ICJ）、西南非案（South West Africa, 1966 ICJ）、1997年《反地雷公約》（Mine Ban Treaty）的簽訂、2008年《集束彈藥公約》（CCM）的簽訂等，促使國際法嵌入了人道與人性規範、原則，以防止和減輕人類痛苦，確立了所謂「人道的基本考慮」（elementary considerations of humanity）人道法原則；其次，在國際法主體的轉換部分，國際實踐初期是排除個人為國際法的主體，中期則可讓渡給國際組織，到近期個人可以為國際法的主體，並透過一系列實踐案例，例如1950年《歐洲保護人權和基本自由公約》、1963年《消除種族歧視公約》、1979年《消除對婦女的歧視公約》、1984年《禁止酷刑公約》等；最後，在主權概念的轉換過程中，從早期主權論（Machiavelli、Jean Bodin、Thomas Hobbes、Jean J. Rousseau），說明國家與個人關係的演變，從最初的國家權力至上到政府與人民的契約關係，進而最終「保護責

---

[12] 許慶雄、李明峻，《國際法概論》（台南：泉泰出版社，2009年），頁20；俞寬賜，《國際法新論》（台北：啟英文化，2002年），頁378。

[13] 蔡育岱，〈人權與主權的對立、共存與規避：論述《國家保護責任》在人道干涉上的意涵及重要性〉，《東吳政治學報》，第28卷第4期（2010年），頁19。

[14] Antonio Cassese, *International Law* (Oxford: Oxford University Press, 2001), p. 330.

[15] 蔡育岱，前揭書，頁200-202。

表1：國際法人性化的演進

	人道原則的轉換	國際法主體的轉換	主權概念的轉換
原始權利	國際法也包含人道與人性規範、原則[16]	排除個人為國際法的主體	主權國家可以為了國家利益有權去剝奪個人的權利
演化過程	從武器控管、保護武裝衝突中的平民，以防止和減輕人類的痛苦	從國家到國際組織再到個人	從主權論（Machiavelli、Jean Bodin、Thomas Hobbes、Jean J. Rousseau）到R2P的報告出爐
核心意義	人道原則被接受，人道考慮可能是法律規則上鼓舞人心的基礎	個人可以為國際法的主體	國家主權隱含責任，國家主要責任在於保護其公民
實踐案例	戰爭法中的「馬爾頓條款」[17]（Martens Clause）、科孚海峽案（Corfu Channel 1949 ICJ）、[18]西南非案（South West Africa, 1966 ICJ）[19]、1997年《反地雷公約》（Mine Ban Treaty）的簽訂、[20] 2008年《集束彈藥公約》（CCM）的簽訂	1963年《消除種族歧視公約》、1979年《消除對婦女的歧視公約》、1984年《禁止酷刑公約》、以及1989年《兒童權利公約》。至於區域性質的人權條約有：1950年《歐洲保護人權和基本自由公約》、1948年《美洲人權和義務宣言》、1969年《美洲人權公約》以及1981年《非洲人權和人民權利憲章》	聯合國安會決議出兵利比亞的案例（SC Res. 1970/1973）2011年3月，聯合國安理會第6498次會議，在中國、俄國不反對的情況下通過S/RES/1973號制裁利比亞決議，這是國際衝突干預的一項典範。根據《憲章》第七章採取行動，設立了禁航區（no fly zone），[21]在英、美、法聯軍以「奧德賽黎明」（Odyssey Dawn）為名的軍事行動下，使得利比亞的軍事強人格達費（Muammar Gaddafi）垮臺。

資料來源：蔡育岱，《人類安全與國際關係：概念、主題與實踐》（台北：五南出版社，2014年），頁201。

---

[16] Theodor Meron, "The Martens Clause, Principles of Humanity, and Dictates of Public. Conscience," *The American Journal of International Law, Vol.* 94, No. 1 (2000), pp. 78-89.
[17] 「馬爾頓條款」說明在國際公約或其他協定所未包括的情況下，平民和戰鬥員仍受「習慣、人道原則與公眾良心」所要求的國際法原則的保護和支配。
[18] 本案例其中確立了所謂「人道的基本考慮」（elementary considerations of humanity）之國際人道法規則。
[19] 本案確定《世界人權宣言》的習慣法地位。雖然《宣言》本身無法律拘束，但是屬《聯合國憲章》人權條款之詮釋與適用依據。
[20] 1997年渥太華《反地雷公約》（Mine Ban Treaty）的簽訂，會議前的協商可視為國際社會因人道考量而禁止某種武器使用的開始。蔡育岱，前揭書，頁205-208。
[21] 請參考聯合國安理會決議S/RES/1970；S/RES/1973。

任」（R2P）的報告出爐，這些事件除了看見國際社會維護人道主義的精神外，也確立聯合國以「保護公民」（protection of civilians）為行動的準據，埋下了人權高於主權之伏筆，隱含當一國的動亂造成大規模對人權的剝奪時，構成對國際和平之威脅，因此針對此情況使用武力成為合法，亦使得「國家主權、內政不容干預原則」鬆動，不再是扞格不入。[22]

肆、案例分析：《集束彈藥公約》的簽署

　　國際社會最早呼籲停止使用集束彈藥（Cluster Munitions）起於1970年代，但正式透過官方外交合作的討論是進入21世紀。尤其1999年NATO針對前南斯拉夫，以及2001-2002年美國在阿富汗使用集束彈藥，皆引發國際社會的關注與譴責。[23]在此之前國際社會針對傳統武器控制和人道主義的訴求是圍繞在1983年生效的《特定常規武器公約》（Convention on Certain Conventional Weapons, CCW），該公約具有11條內文，並附有5個議定書，[24]也是各國初期討論集束彈藥問題的主要框架。《特定常規武器公約》（CCW）目前共有109個國家批准或加入，惟該公約內文（共11條）並沒有直接禁止任何一種武器，而是以通過附加議定書這種開放性架構，分別對特定種類的武器加以限制或禁止。[25]

　　2008年2月，82個國家在紐西蘭首都惠靈頓（Wellington）會議上簽署《惠靈頓宣言》（Wellington Declaration），聲明決定在2008年簽署一份禁用集束彈藥、裁軍及軍備控制的國際合約。[26]最終，《集束彈藥公約》（CCM）於2008年5月30日在都柏林獲得通過，各國政府、集束彈藥聯盟等國際組織與聯合國機構，以反地雷條約為參考藍本，進行緊密的合作，禁止這類武器被使用。《集束彈藥公約》（CCM）主要依循《特定常規

---

[22] 蔡育岱，前引文，頁19。

[23] Bonnie Docherty, "The Convention on Cluster Munitions," in Robert E. Williams Jr. and Paul R. Viotti eds., *Arms Control: History, Theory, and Policy* (Santa Barbara, CA : Praeger, 2012), pp. 267(265-283)；蔡育岱，前揭書，頁205-208。

[24] 請參考《特定常規武器公約》（Convention on Certain Conventional Weapons, CCW）條文網址：http://www.unog.ch/80256EE600585943/（httpPages）/4F0DEF093B4860B4C1257180004B1B30？OpenDocument，最後瀏覽日期2018/01/31。

[25] 蔡育岱，前揭書，頁205-208。

[26] 請參考有關《惠靈頓宣言》（Wellington Declaration）網址：http://www.stopclusterbombs.org.nz/the-conference/，最後瀏覽日期2018/01/31。

武器公約》（CCW）的模式，不過與《特定常規武器公約》（CCW）不同的是，相較於《特定常規武器公約》（CCW）在於避免戰爭的爆發，《集束彈藥公約》（CCM）的核心價值在於維護戰爭行動的人道問題。[27]2010年8月1日《公約》產生法律效力，如今已有108個國家簽署加入與83個國家批准。[28]《集束彈藥公約》（CCM）的簽訂強化了公民免於武裝衝突的災害，象徵國際人道法（International Humanitarian Law）與國際人權法（International Human Rights Law, IHRL）的互補性結合。[29]

　　《集束彈藥公約》（CCM）是一個涉及禁止使用、轉讓和儲存集束彈藥的多邊條約，公約主要內容包括序言和正文共23條。[30]序言中重申了《奧斯陸宣言》（Oslo Declaration）中對集束彈藥與其產生的災難認知，以及禁止集束彈藥的立場，[31]正文內容更是展現了維護人性尊嚴的價值。下【表2】所示，《公約》對國際法人性化的意涵在於下列幾項：

　　首先，排除傳統國際法以國家為主體性的法律地位，《公約》彰顯了對「個人」的重視，以「個人」為保護主體意涵相當濃厚，除了在序言開宗明義點出個人的重要──「深切關注在武裝衝突中平民人口和平民個人。」正文也提出對受害者的救助，這是在國際人道法中第一次提出對受害者的救助（§5、6、7）。其次，在維護人道的立場上，《公約》做出較為嚴格和明確的定義（§2），每一締約國均承諾在任何情況下，決不使用集束彈藥（§1-1），尤其對使用、生產、轉移和貯存集束彈藥作出了明確的禁止性規定，強調事後清理集束彈藥遺留爆炸物的重要性（§3-4）。因為據「國際助殘組織」（Handicap International）統計，在武裝衝突集束彈

---

[27] Mirko Sossai, "Disarmament and Non-proliferation," in Nigel D. White and Christian Henderson eds., *Research Handbook on International Conflict and Security Law* (Massachusetts: Edward Elgar Publishing Limited, 2013), p. 65.

[28] United Nations Treaty Collection: Convention on Cluster Munitions, http://treaties.un.org/Pages/ViewDetails.aspx?src=TREATY&mtdsg_no=XXVI-6&chapter=26&lang=en，最後瀏覽日期2018/01/31。

[29] Amrei Müller, *The Relationship between Economic, Social and Cultural Rights and International Humanitarian Law* (Leiden, Brill Academic Publishers, 2013), p. 292.

[30] 請參考《集束彈藥公約》內容，http://www.clusterconvention.org/files/2011/01/Convention-ENG.pdf，最後瀏覽日期2018/01/31。

[31] 2007年2月，挪威政府發起所謂「奧斯陸進程」（Oslo Process），規劃於2008年創建一個新的武器管制國際條約，並獲得澳洲、羅馬教廷、愛爾蘭、紐西蘭、墨西哥與祕魯等國的支持。當時簽署了，《奧斯陸宣言》（Oslo Declaration）開啟了《集束彈藥公約》的簽署程序。請參考相關資料網址：http://www.clusterconvention.org/files/2012/11/Oslo-Declaration-final-23-February-2007.pdf，最後瀏覽日期2018/01/31。

藥所造成的傷亡總數（包括在武裝衝突中和衝突後）中，平民的比例高達98%。停火後因地雷或未爆彈造成的傷亡有97%是屬於集束彈藥造成。[32]

再者，《公約》重申要求國際人道法中的區分原則（principle of distinction）與比例原則（principle of proportionality），規定交戰國在戰爭、或武裝衝突中區分平民和交戰者、戰鬥員和非戰鬥員、有戰鬥能力的戰鬥員和喪失戰鬥能力的戰鬥員、軍用物體和民用物體、軍事目標和民事目標，以及交戰者使用的作戰手段和方法應與其預期的具體軍事利益相稱，避免過分和不必要的傷害。此外，《公約》對於人權保護的堅持相當強烈，有別於多邊條約的締結規定，《公約》（§19）設定了不得保留條款，締約國不得對公約的條款作任何保留；另外，《公約》釐清與非締約國間在軍事合作上的關係（§21），例如公約§21-3指出「每一締約國均應將其根據本公約承擔的義務通知本條第三款提及的所有非本公約締約國政府，應促進落實公約訂立的規範，並應盡一切努力勸阻非本公約締約國使用集束彈藥」。顯示出《公約》不僅對於締約國的行動自由加以多方面的限制，而且試圖從不同方面對非締約國產生影響，以便普遍實踐《公約》之宗旨。換言之，這些在《公約》上所挹注的條件設定，亦是一種人性化傾向和維護人道的必然結果。[33]

事實上，一直以來，在國際社會的限武談判與裁武會議中，集束彈藥都是討論議題之一，惟各國的國家利益和立場分歧，始終無法制訂規範專門的集束彈藥架構，2008年的《集束彈藥公約》（CCM）簽訂，透過國際非政府組織，像是「集束彈藥聯盟」（Cluster Munitions Coalition, CMC）等，約300個來自80多個國家的組織合作，除了向公眾宣揚集束彈藥的危害，並對各國政府進行遊說或施加壓力，藉由參加政府間國際會議等手段，積極推動制定此份全面禁止集束彈藥的新公約。[34]針對《集束彈藥公約》（CCM）簽訂的案例上，非國家行為者（Non-state Actors, NSAs）扮演相當重要的推動角色，[35]主要將人道考量設定在議程上，他們

---

[32] 請參考「國際助殘組織」（Handicap International）網址：http://www.landmineaction.org/resources/Foreseeable%20Harm.pdf，最後瀏覽日期2018/01/31。

[33] 蔡育岱，前揭書，頁207-208。

[34] Matthew Bolton and Thomas Nash, "The Role of Middle Power-NGO Coalitions in Global Policy: The Case of the Cluster Munitions Ban," *Global Policy*, Vol. 1, No. 2 （2010），pp. 172-184; 蔡育岱，前揭書，頁211-212。

[35] 在整個《集束彈藥公約》（CCM）推動的過程中，具有代表性的非國家行為者，例如「門諾中

表2：《集束彈藥公約》（CCM）相關內容

序言	實質條款	對國際法人性化的意涵
——深切關注在武裝衝突中平民人口和平民個人。 ——基於國際人道主義法原則和規則；並基於衝突方在任何時候應區分平民人口與戰鬥人員，區分平民目標與軍事目標，因此作戰時僅針對軍事目標的規則，在軍事行動過程中，應時刻注意避免傷害平民人口、平民個人和平民目標的規則，以及平民人口和平民個人享受全面保護，以防軍事行動帶來危險的規則。	§1一般義務和適用範圍 §2定義 §3-4有關集束彈藥處理 §5對受害人的援助 §6-7國際合作和援助、措施 §8-9尊約義務 §10爭端解決 §11-12定期會議 §13條文修正 §14行政庶務 §15-16簽署、加入、批准 §17-18生效／暫時適用 §19不得保留 §20退出條款 §21與非締約國的關係	1.較為嚴格和明確的定義 2.全面禁止武裝衝突使用集束彈藥 3.區分原則、比例原則 4.考量事後的清理和銷毀 5.對受害者的救助 6.保護機制設立 7.釐清與非締約國間在軍事合作的關係

資料來源：蔡育岱，《人類安全與國際關係：概念、主題與實踐》（台北：五南出版社，2014年），頁208。

的貢獻包含資料收集、直接對政府與決策者溝通、施壓。[36]此外，非國家行為者對於《集束彈藥公約》（CCM）條文修訂、普世規範建立與政策辯論具有重大貢獻。[37]由此可知，經由國際社會多年角力權衡、延宕，最終影響主權國家、政府間與非政府間等組織共同合作，對「人性價值的維護」共識，才是簽訂條約主要的決定性力量。

伍、結語

　　國際社會針對戰鬥人員或平民所造成過度的人道主義傷亡，已有長達150年在規範和禁止武器上的討論歷史。[38]尤其集束彈藥在過去半個世紀

央委員會」（Mennonite Central Committee, MCC）、「減少武器暴力行動基金會」（The Action on Armed Violence, AOAV）、「國際助殘組織」（Handicap International）、「紐西蘭集束彈藥聯盟」（Aotearoa New Zealand Cluster Munition Coalition, ANZCMC）與「國際特赦組織」（Amnesty International）、「武器管控協會」（Arm Control Association）等。

[36] *Supra Note* 41, p. 180.

[37] Thomas Nash, "The Role of NGO Activism in the Implementation of the Convention on Cluster Munitions," *Disarmament forum*, No. 1 (2010), p. 45; 蔡育岱，前揭書，頁211-212。

[38] Bonnie Docherty, "The Time Is Now: A Historical Argument for a Cluster Munitions Convention,"

中，更是世界儲藏武器中所熱門討論的項目之一，因為其對平民所造成的傷害，引來了不少批判，使著國際社會關切集束彈藥是否違反國際人道主義法的規範，不過2008年《集束彈藥公約》（CCM）的簽訂，增添一筆人性維護至上的實踐，象徵武器禁止達到新的里程碑，[39]也是國際人道法近年來最大的成果。儘管主要大國如美國、中國、俄羅斯等沒有參加公約的制訂與簽署，要達到全面禁止集束彈藥仍需要許多的努力，但2008年的簽訂已不失國際社會共同朝向人道主義的精神與目標。

在推動《集束彈藥公約》（CCM）的進程中，上述國際非政府組織稱其為「人民的條約」（people's treaty），也讓國際法的人性化，成為當代國際法的一種趨勢，就如同環境法的討論目前皆涉及人權問題，而國際經濟法（International Economic Law）已經開始討論人權與國際貿易的關係。[40]當代國際法的演進更貼近人們（humankind），也是來自我們所處的環境所致，相較以往純粹國家間層面的問題，當今國際法律人格不斷擴大，除了國家、國際組織、民族團體，個人皆成為國際法的主體，人類隨著追求的普遍價值觀的意識不斷增長，也帶來了國際法根本性的變化。[41]從強調國際法的英國學派（English School）而言，國際社會隱含了兩個層面，一是視國家中心的多元主義（Pluralism），二是以個人為主的團合主義（Solidarism）精神，尤其後者認為國際社會最終的主體是個人，國際社會將為人權的普世價值而規範武器使用的禁止。

本文提出動態國際法正朝向人性化的演進。在國際安全研究中，也有學者提出以人為中心的安全研究正持續的影響著國際法的發展，甚是導致國際法的人性化。[42]從近期國際社會的實踐上而言，不論在國際法或國際關係領域，以人為本的深層意涵已達到聯合國當初所創始的目的。[43]尤其

Harvard Human Rights Journal, Vol. 20 (2007), pp. 53-87.

[39] Daniel Joseph Raccuia, "The Convention on Cluster Munitions: An Incomplete Solution to the Cluster Munition Problem," *Vanderbilt Journal of Transnational Law*, Vol. 44, Issue 2 (2011), pp. 465-497.

[40] Teraya Koji, "Multifaceted Conceptions of Implementation and the Human Rights Approach," in Teruo Komori and Karel Wellens eds., *Public Interest Rules of International Law: Towards Effective Implementation* (Burlington: Ashgate Publishing Limited, 2013), p. 80.

[41] Antônio Augusto Cançado Trindade, *International Law for Humankind: Towards a New Jus Gentium 2nd* (Dordrecht: Martinus Nijhoff Publishers, 2013), pp. 9-30.

[42] Cristina G. Badescu, *Humanitarian Intervention and the Responsibility to Protect* (New York: Routledge, 2011), p. 34; 蔡育岱，前揭書，頁211-212。

[43] C. Flinterman and Gutter J., "The United Nations and Human Rights: Achievements and Challenges,"

是2008年的《集束彈藥公約》（CCM）簽訂與2011年聯合國S/RES/1973號制裁利比亞決議，最終顯示了國際法傳統的國家為中心模式正在接受到挑戰，並讓位給新型以人為本的法律制度，[44]是當代國際法人性化的新意義。

---

in *UNDP Paper* No. 48 (2000), p. 24.

[44] Anne Orford, *International Authority and the Responsibility to Protect* (Cambridge, Cambridge University Press, 2011), pp. 27-28; 蔡育岱，前揭書，頁211-212。

日本權力分立問題之序說

鄭明政

國立勤益科技大學基礎通識教育中心專任助理教授

逢甲大學土地管理學系兼任助理教授

日本北海道大學法學研究科法學博士

壹、前言

Power tends to corrupts, and absolute power corrupts absolutely，意即權力使人腐化，絕對的權力造成絕對的腐敗，此名句為英國艾克頓爵士（Lord Acton）所言，可說是精準地點出了人性的宿命弱點，而英國正是近代憲法之母國，其影響後起之憲法自不待言。無獨有偶的，法國啟蒙思想家孟德斯鳩（Charles-Louis de Montesquieu）在其著作『論法之精神[1]』一書中亦提到：「從不斷的經驗中顯示，所有的權力都常遭濫用，任何權力都會被用到極致」。基於此，權力分立（separation of powers）一開始就是認為是為防止權力濫用，讓國家作用分屬不同機關來行使，藉以互相抑制與均衡（check and balances）來保障國民的權利，而此想法也成為現今立憲主義國家之基本思維[2]。在實踐上，1789年的法國人權宣言第16條

---

[1] 亦有將此書名譯為『法意』。本書於1748年發表於世，是以批判絕對王政出發，從權力濫用的經驗法則強調為保護人民之自由必須抑制權力，因而主張將國家權力分成立法、執行、審判等三個權限或作用分離，並使這些權力各自獨立、自律以相互掣肘。此權力分立論爾後被各國憲法所採用，成為立憲主義的核心。大沢秀介編『確認憲法用語300』成文堂，2009年，頁3（稻葉実香執筆）。然，孟氏雖有此思想但未曾將此理論稱之為權力分立或三權分立。若論權力分立之起源，早先亞里斯多德（Aristotle）雖曾將都市國家的任務區分為有討論、命令、裁判這三個作用，但並非明示將國家作用分散於不同的機關，故近代權力分立論的起源應要追溯至洛克（John Locke），因洛克最早於1960年所著之『政府二論』中，明確地依國家作用性格之不同區分立法權（自然法的解釋權）、執行權（行政權與溶於行政之司法權）、聯合權（交戰涉外權）等權力。杉原泰雄編『新版体系憲法事典』（高橋和之執筆）青林書院，2008年，頁162以下。

[2] 清宮四郎『權力分立の研究』有斐閣，1950年，頁2。此種以毒（野心‧權力）攻毒的「抑制」關係，近來阪本昌成教授將之視為是一種權力「作用的分散」（dispersal of function），而非是「作用的分立」（separation of function）。阪本昌成『權力分立——立憲国の条件』有信堂，2016年，頁124以下。

即明言：「一個沒有權利保障，沒有權力分立的社會，就不能說是有憲法的社會[3]」。簡單的說，現今的民主政治就是一種保障人權的政治體制[4]，而觀察近代國家從君權神授思想過渡到天賦人權思想的民主化過程中，政治體制的設計無不以限制王權或國家權力來保障人權自由與權利為出發點[5]，也因此，近代立憲主義國家的憲法乃是由保障人民的「權利篇章」和劃分政府權限的「統治機構」兩部分所組成的，其中統治機構的最基本的原理就是國民主權與權力分立，然究其權力分立主義和立憲主義皆同源於英美，再傳至歐亞，一般被認為是「自由主義的政治組織之原理」，最終揭示的仍是以保障人權為目的，故不與民主政治（國民主權）有所矛盾，反而是融合而成為統治機構的基本。

　　一般而言，權力分立傳統的具體作法便是按國家機關的性質分割出立法、行政（執行）、司法（裁判）這三種權力組織使之分離可獨立運行，然而，事實上如何區分權力性質的不同使之分離也必未是清楚的。此外，也有以分創權力作用的觀點來禁止一人擔負二種以上不同權力作用之分權方式，故權力分立之想法與在各時代以及各國的實踐之中形態各有不同，但大抵的二大要素不外乎就是「權力的分割」與「抑制和均衡」[6]。若從形式上的國家組織看來，從現今一般政府體制的組織分權型態來看可大致分為「議會內閣制」與「總統制」二大類[7]，後者有如美國總統制般的三權嚴格分立，前者則如日本等採取行政權與立法權具有一定相融緊密關係的議會內閣制國家。從限制權力的原點出發，不論採取何種型態，只要能使國家權力運作均衡，避免權力集中以確保人權保障都可說有達到權力分立的效果，惟要注意的是，權力分立是具有多層次的概念用語，有憲法制定權與依憲法所劃定的權力之權力分立概念，也有一般所指涉的三權機關間的水平式權力分權，還有中央權力與地方權力間的垂直式權力分權，以

---

[3] 許慶雄『憲法之基本原理』獨立作家出版社，2015年，頁100。

[4] 鄭明政「行政民主」收於鄭麗君等編『民主觀察2013』青平台出版社，2015年，頁28。

[5] 以「有限政府」來實現人民的自由是權力分立的一開始的基本想法，但在各國實踐的實況仍有很大的不同，參閱吳庚等『憲法理論與政府體制』作者自版，2016年，頁359以下（陳淳文執筆）。

[6] 大林啟吾等編『憲法用語の源泉をよむ』三省堂，2016年，頁201。

[7] 另外有所謂的法國第五共和憲法類型的「總統內閣制」（亦有稱之為「雙首長制」或「半總統制」），係指在權力運作上以總統為中心，基本上是種立基於立法與行政權之上的「超級總統制」的權力運作方式，實為一有權無責的政治型態，因此是否仍可謂之為權力分立體制之範疇亦遭受到質疑。參照許慶雄『憲法概論～日本政治與人權～』新學林出版社，2013年，頁275。

及組織內部的分權制衡等，都可說是權力分立的樣態形式，而本文僅就採議會內閣制的日本政府三權機關間的水平權力分立關係，分別就組織靜態面及法律動態面的兩個面向來探討日本憲法下權力分立之若干問題。

貳、組織靜態面的權力分立問題

　　日本是實行議會內閣制的國家，而內閣制最重要的特色就是設計有信任制度、副署制度、責任制度。內閣最主要核心便是基於國會的信任由國會議員選其精英入閣負責行政權之執行（憲法第65條），故須對國會負責，也就是所謂的內閣連帶責任（憲法第66條第3項），並且按憲法第67條、第68條之規定，內閣成員過半數須具有國會議員之身分，足見其混合政體的性質。而國會擁有指名內閣總理大臣的權限（憲法第67條），並可藉由法律議決權（憲法第59條）、財政監督權（憲法第第83條）、國政調查權（憲法第62條）、彈劾法院設置權（憲法第64條）、內閣不信任決議權（憲法第69條）等來制衡內閣。相對於此，內閣制衡國會最主要的手段就是國會解散權[8]。此外，內閣於國會制定法律的過程中，對認為礙難執行之法律介入加以阻止亦可視為一種制衡手段，反之，亦可積極促成想要通過之法律，藉此來平衡彼此關係[9]。此等設計即是一般內閣與國會間的制衡關係[10]，然而，就靜態的三權分立關係來看，日本內閣與國會在憲法上存在著以下的問題。

一、內閣的法律案提出權的問題

　　國會所擁有的「立法」權通常是指具有制定「國家法律」之權能。日本國憲法第41條規定：「國會是國權的最高機關，也是國家的唯一立法機關」，條文中即明白規定立法權歸屬於國會。申言之，不同於戰前以日本天皇為「統治權總攬者」的體制下，天皇可為獨立命令或緊急勒令，日

---

[8]　李鴻禧『李鴻禧憲法教室』月旦出版社，1994年，頁72-76。

[9]　許慶雄『憲法講義』知英出版社，2002年，頁197。

[10]　有些總統制的國家中，總統則有法案的「否決權」，如美國總統可否決並退回法案，除非國會再以三分之二多數通過該法案，否則該法案即不成立。許慶雄『憲法講義』知英出版社，2002年，頁198。

本帝國會議只不過是天皇的協贊機關，依當時憲法所明定的天皇裁可權規定，法律在程序上最後都必須經由天皇裁可方可成立，可見當時的國會立法權是有所保留的。然而，依現行憲法明定國會為「唯一的立法機關」，意指除憲法明文之例外規定外[11]，只有國會才能立法，亦即所謂的「國會中心立法[12]」與「國會單獨立法[13]」之原則。而依憲法第58條2項的議院「規則」制定權，或是憲法第77條規定的法規「規則」制定權，以及依憲法第73條6項內閣「為了實施憲法及法律的規定」或「法律委任時」的「政令」制定權等立法作用皆不以「法律」稱之，故國會立法權可謂是由身為國民代表機關的國會獨占制定「法律」之權能[14]，此處所稱之法律係指按憲法之規定，國會所制定之「一般性、抽象性」的法律規範[15]。

　　國會中心立法或單獨立法之原則既為憲法之要求，內閣（行政）是否有法律案的發議權或提出權即成為問題。亦即法律案的提出究竟是否為立法程序的一部分，此問題可說涉及了國會與內閣間的權限分配之問題，事實上，在日本戰後新憲法成立後的第一次國會上，內閣向眾議院提出三個法律案後隨即引起在野黨對此問題的疑慮，因為根據日本國憲法第41條規定：「國會是國家的唯一立法機關」，而法律案之提出若認為是立法程序或是立法過程的一部分，似應將法律案的提出權視為立法權之一部分。又，日本國憲法第72條也有對總理大臣的職務規定：「內閣總理大臣代表內閣向國會提出議案，報告一般國務及外交關係，並指揮監督行政各部

---

[11] 此處所言之例外是指日本憲法第95條所規定的住民投票的特別法。亦即「只適用於某一地方公共團體的（地方自治）特別法」之法律成立要件必須要有「其他地方公共團體住民投票過半數之同意」的規定，是為國會單獨立法原則之例外。

[12] 如清宮教授所言：「國會的立法皆須透過國會，以國會為中心而為」清宮四郎『憲法I（第三版）』有斐閣，1979年，頁204。然而何謂「中心」語意亦未明，故有學者認為應將解為以「權限分配」為主的意思。參照戶松秀典等『判例憲法3～裁判に憲法を活かすために～』第一法規，2013年，頁4（原田一明執筆）。至於憲法第74條（法律、政令的署名）規定的法律或政令須國務大臣的署名，或內閣總理大臣的連署，並非法律成立之要件，故不能視為是國會單獨立法的例外。

[13] 亦即在法律成立的程序上否定戰前天皇的裁可權，凡法律案從提出到公布的所有立法過程皆在國會內部完成。戶松秀典等編『判例憲法3～裁判に憲法を活かすために～』第一法規，2013年，頁5（原田一明執筆）。

[14] 通過國會立法手續除了有所謂的「法律（Law）」外，亦有可能是「法案（Act）」，後者是只拘束行政機關的「政策法案」。參照許慶雄『憲法概論～日本政治與人權～』新學林出版社，2013年，頁310。

[15] 井上典之編『憲法の時間』有斐閣，2017年，頁182-183（井上典之執筆）。憲法第41條所指的「立法」通說認為不應只是依憲法第59條1項所定程序而成立之「形式意義的立法」，而應視為國會所制定具有一定內容與特質（如一般性、抽象性特質）的「實質意義的立法」。

門」，據此，內閣總理大臣的職務是若只限於憲法第73條所列舉之內閣事務範圍內，那麼憲法第72條所指的「議案」是不是不應該包含「法律案」呢？因為日本國憲法對此並未明白規定承認內閣可提出法律案，因此有論者主張內閣法第5條：「內閣總理大臣代表內閣向國會提出法律案、預算及其他議案，以及一般國務及外交關係之報告」為違憲之法律規定[16]。此等否定內閣法律提案權的主要理由為：（1）因法律案的提出屬制定法律之作用，依憲法第41條所揭示的國會單獨立法原則不應屬於內閣之權限。（2）憲法第72條所說的「議案」是指歸屬於內閣權限作用的議案，不包含「法律案」，是為反對政府立法之主張[17]。但相對於此一消極的反對論點，當時金森國務大臣在國會上也曾認為法律案原則上是由國會作成，但政府亦可作成法律的提案，此雖未如預算提出權明訂於憲法由政府獨占，但政府做出法律案後，即以議案的形態提至國會審議，因此並未違憲，只是對內閣的法案提出權須以慎重態度提出為是，也就是認為憲法上承認內閣的法律提案權[18]。

　　如此，主張憲法第72條所言之「議案」包含法律案之積極說所持之理由主要有：（1）憲法上有明定內閣單獨擁有預算提出權，概屬行政權的範圍，因此對於預算案所「伴隨」的法律案，當然亦有提出的權利。（2）即使內閣提出法律案，最後仍須通過國會審議才可成為法律，因此國會亦可對內閣所提之法律案加以修改或廢棄並做最終的決定，故不能說是侵犯到立法權。（3）憲法第72條所說的「議案」雖未言及是法律案，但也無根據說不含法律案。（4）日本是採取議院內閣制，不同於美國的立法和行政組織是採取嚴格的權力分立制，內閣既與國會為融合性的協同之關係，當然須要承認其發案權[19]。換言之，肯定說主要是將內閣的法律提案視為是立法的「準備」行為，並非是種立法作用，而在事實上，身為內閣成員的國務大臣多具有國會議員之身分，因此否定內閣的法律提案權實際上似也無太大的實益[20]。

---

[16] 佐藤功「日本国憲法における三権分立の問題」，收於有倉遼吉等編『憲法の基本原理』三省堂，1977年，頁220-226。

[17] 佐々木惣一『改訂日本国憲法論』有斐閣，1952年，頁227。

[18] 佐藤功「日本国憲法における三権分立の問題」，收於有倉遼吉等編『憲法の基本原理』三省堂，1977年，頁220-221。

[19] 橋本公亘『日本国憲法』有斐閣，1980年，頁522-524。

[20] 然而日本不全然如英國內閣制般，日本的內閣成員准許可以找不具國會議員身分的民間人士擔

　　日本今日的主流見解雖然承認內閣的法律提案權，而事實上縱觀近代國家較之昔日更致力於社會福利、環境等行政，在規制各種行政和公共建設等各式各樣的行政分工專業化與技術化下，行政權的肥大化自然形成所謂的「行政國家」。如此發展下，相較於國會議員本身的專業領域和人力上的界限，內閣（政府）的法律提案實際上當然遠遠超過國會議員提案，況且在整個立法過程中，行政部門皆占有極高的參與角色，是以現今的行政體系是不同於以往只是對法律成立輸出之後的部分才產生作用，更進一步地對法律案的形成、審查過程等輸入的部分積極參與介入，例如藉由內閣法制局的立法品質之管控來制定出不會被司法部門宣告違憲之法律，同時也確保可順利地確實的執行法律。然而在現實上，現今政黨政治的形成受限於發展與黨紀以及「委任立法[21]」的盛行，都使得國會與內閣的均衡關係為之傾斜。因此，回到權力分立的觀點，要如何維持均衡，加強議員的專業素養以及政黨的政策能力，活化議員立法以便強化其法律發動的主導地位，避免使立法機關淪為只是確認或承認法律成立之機關，是為現代憲法所須面對的一個課題。而近來日本有關兒童買春處罰法、漢生病問題基本法等超黨派的議員立法，似乎也為議員立法開拓了新的契機，值得吾人注目[22]。

二、臨時國會召集請求權的問題

　　日本國會的活動型態依憲法及國會法可區分成常會、臨時會、特別

　　任，故成員不全然皆具有國會議員之身分。永田秀樹「内閣の法律案提出権」收於大石真等編『ジュリスト増刊法の争点』有斐閣，2008年，240頁。

[21] 立法機關以外之國家機關（尤其是行政機關）基於法律之委任，代替立法機關制定和法律同效力之規章。但因立法事務漸為複雜化、專業化以及地方特殊情況等都使議會無法細密規定，故國會於通過法案時不得不以廣泛的委任立法授權行政機關，結果是造成法律的本身大多只是原則性、大綱性的宣示。謝瑞智『憲法大辭典』千華，1993年，頁247。日本國憲法第73條6項（內閣的職務之規定）即明示委任立法的形式根據（除了法律特別授權者外不得制定罰則）。內閣法第11條規定：「政令若無法律委任，不得課以義務或限制權利之規定」。另外從議員的角度來看，大量的委任立法不只減少了草擬法案的負擔，亦可藉此觀看行政機關的行政效果以及民意的方向，倘若效果不錯民意反應良好，即可聲稱是自己所通過的法案。反之，情況不好時也可能會落井下石，去苛責行政機關以撇清責任。

[22] 永田秀樹「内閣の法律案提出権」收於大石真等編『ジュリスト増刊法の争点』有斐閣，2008年，241頁。

會三種。常會又稱為「通常國會」一般於一月中召集，每年召開一次，會期為150日（會期中若遇議員任期屆滿時，以屆滿時為會期結束日），若兩院一致同意可延長。特別會（特別國會）則是在眾議院大舉後的30日內召集，主要是用以選出內閣總理大臣。而臨時會（臨時國會）則是在常會外認為有必要臨時召集的國會，內閣原則上可自行決定是否召開臨時國會，惟受以下之情況拘束。一種是依國會法在眾議員屆滿進行總選舉時，自任期開始須在30天內須召開臨時會（國會法第2條之3），以及在參議院進行通常選舉時，自任期開始30天內也要召開臨時會（國會法第2條之3第2項）[23]。另一種則是依憲法第53條規定：「內閣得決定召集國會的臨時會議。如經任一議院全體議員四分之一以上要求，內閣須決定召集臨時會」。如此看來，若議院有此要求的話，那麼內閣就必須負有召集臨時國會的法律義務。但問題是在現行日本國憲法條文之中並沒有明定召集的具體日期，因此何時召開，內閣可否延遲召開等即成為問題。

事實上在1949年（昭和23年），當時的在野黨民自黨130位議員曾於該年7月27日要求召開臨時會，但內閣當時並沒有立刻決定召集。於是議員提案並送交「要求召集臨時國會之補充書」指定10月1日要求內閣召集臨時國會。但內閣仍遲至10月11日才召開。同樣的事情亦發生在1959年（昭和34年）7月，這次更比指定日期遲了有二個月，也引發了一連串的爭議和國民的護憲運動[24]。而內閣所持的理由是認為召集臨時會無非是要審議法案[25]，所以內閣需要時間為提出法案做準備，所以只要在不損其要求目的的限度下，原則上內閣得以做為行政權主體的立場來決定召開日期，退步而言，若有不當時亦可訴諸人民追究其政治責任。

日本召集臨時國會的事由非常多樣，然就現實狀況而言，在議院內閣制之下，國會多數派要召集臨時國會並不會發生什麼問題，而通常會違反內閣之意要求召集國會顯然是在野黨才會做的要求。若執政黨挾多數來壓制少數的在野黨而不理會其要求則顯然不妥，因此交由輿論民意的決定似為最好的方法。倘若人民認為有其必要召開臨時會的話，也可使少數

---

[23] 依國會法第3條之規定，要求召開臨時會需要有各院總議員的四分之一以上的議員連名，經議長向內閣提出要請書。

[24] 佐藤功「日本国憲法における三権分立の問題」，收於有倉遼吉等編『憲法の基本原理』三省堂，1977年，頁223。

[25] 當時主要的議題是針對稅制改革所進行的補正預算案。

黨依靠民意的支持要求召開臨時會。但無論如何，一經議員要求內閣是一定要召集臨時會的，倘若遲遲不決定召集的話，那麼憲法第53條後段（各議院議員達四分之一以上議員之要求時即可內閣召開臨時會）就形同具文了。因此准許內閣有一定時間之準備，但臨時國會召開的日期務必要在社會通念上合理的範圍內才行[26]，也因此少數派議員若能滿足憲法第53條後段的四分之一議員之要求，應將之視為是保障少數派議員的臨時國會召集權[27]。

三、解散權的問題

有學說指出議會內閣制的本質在於承認內閣須對國會負責，而從權力分立的觀點來看，內閣具有解散眾議院[28]的權限是種維持內閣與議會間均衡的本質，然而此見解仍難以說明為何大選（眾議院議員總選舉）後內閣必須總辭，且國會乃是國權最高機關[29]，內閣亦由國會任命，故內閣解散國會的權限是否有違權力分立，其正當性似也不明[30]。但若代表國民意思的國會無法代表民意造成國會運作失靈時，是不是自然得以解散國會以尋求新民意。理論上，內閣制國家透過解散的制度，不只可讓內閣取得可以抗衡國會的監督以維持均勢，同時亦可在重要的紛爭時點上進行大選，以新的民意解決爭端尋求信任，是非常符合國民主權的基本原理。但是，由於日本國憲法上解散權依據不甚清楚，導致在有關日本國會解散制度在新憲實施後常有激烈的爭論。

日本國憲法第69條規定眾議院若不獲內閣信任時，在國會通過內閣不信任案後可解散國會，此種解散可說是種被動式的解散。然而實際上，日本內閣常以憲法第7條第3項來主動解散國會，若從憲法第7條第3項來看，天皇得依內閣的建言和承認來解散眾議院。但是這種行為是否屬於象徵天皇制中的國事行為？其本身究竟是一種形式上、儀式上的行為，或是其有

---

[26] 橋本公亘『日本国憲法』有斐閣，1980年，頁575。

[27] 野中俊彥等『憲法II第5版』有斐閣，2012年，頁116（高見勝利執筆）。

[28] 日本國會分別由眾議院與參議院二院組成，然眾議院相較於參議院在議決效力上具有優越地位，故在國政運作上仍以眾院為主，因而又被稱為「一院制型的二院制」之國會。佐藤幸治『日本国憲法論』成文堂，2011年，頁442。

[29] 參照佐藤幸治『日本国憲法論』成文堂，2011年，頁429以下。

[30] 石埼学等『リアル憲法学〔第2版〕』法律文化社，2013年，頁223（石埼学執筆）。

高度的政治性行為，是不是具有實質的決定權等問題經常成為爭論焦點。
但從近來的實務上看來，執政黨的黨魁去職內閣總理大臣時，時有未解散
國會而是逕由執政黨內選出新的黨魁來繼受內閣總理大臣之位。理論上如
此繼受方式在政權的基本性質上可說已產生變化，若長期不解散眾議院以
尋求新的民意基礎的話，民主正當性並非無疑，故有學者認為日本如此將
解散權視為是內閣專有之權可任意為之或不為之實有牴觸民主主義原理之
虞，是為日本制度設計之不備[31]。

　　關於內閣的眾議院解散權，其實質的決定權的所在究竟為何，一般在
學說上有如下的三種說法[32]：

　　（1）憲法第69條說（被動解散說）：此說認為憲法第7條第3項日本
　　　　天皇解散眾議院之規定，是種依內閣的助言及承認所為的「形
　　　　式」解散權，從中並無法導出內閣的「實質」解散權，所以解
　　　　散權只能依憲法第69條規定來解散[33]，因此內閣只有「被動」
　　　　進行解散之權限。但是事實上，內閣乃是由多數黨所組成，通
　　　　常要通過不信任決議案的可能性不大，所以此說大大地限制了
　　　　解散權的行使，在實務上也不為所採。

　　（2）自律解散說：解散國會依憲法第69條在內閣不信任案被通過時
　　　　才可「被動」進行，但基於國會自律亦認為眾議院也可自行決
　　　　議解散，故內閣本應具有「自主性解散權」。此說之問題在於
　　　　有身為國會多數的內閣在看好政局情勢而主動解散國會時是否
　　　　會形成多數議員強行剝奪少數議員地位的疑慮，況且在憲法上
　　　　亦無明文規定，做為制衡之手段似有不足，目前為少數說。

　　（3）憲法第7條說（條文不備說）：此說認可內閣主動的實質解散
　　　　權，認為憲法第69條說只限定於內閣須在不信任案通過時才能
　　　　被動發動解散權是不符合「解散權」的本意，主張除了憲法第
　　　　69條的被動情況外，內閣也可依據憲法第7條（天皇國事行為規
　　　　定）來主動解散眾議院。此說目前為通說，所持之理由是基於

---

[31] 許慶雄「台湾及び日本の憲法体系に関する一検証─社会権保障及び解散制度を中心に─」北
　　大論集第63卷第5號，2013年1月，頁1317-1317（鄭明政訳）。

[32] 橋本公亘『日本国憲法』有斐閣，1980年，頁576-578。

[33] 日本國憲法第69條（內閣不信任案決議的效果）規定：「內閣在眾議院通過不信任案或信任案
　　遭到否決時，如10日內不解散眾議院的話就必須總辭」。

天皇的國事行為明定須受內閣的「建言與承認」才能為之，但
所謂的內閣的建言與承認同時包含了必須由內閣做出做實質的
決定權（例如：任命總理人臣或最高法院法官等行為[34]），以
及無須由內閣做實質決定權（例如：單純的認證、接受、儀式
等行為）的形式行為，而由於日本憲法上對於解散權的歸屬並
不明確，因此在條文依據上只能以憲法第7條說為解散權之依
歸。此說為目前的通說。

　　如此，解散權所在的問題在日本看來已有所定見，事實上日本在新憲
法下第一次行使解散權的吉田茂內閣是因在野黨通過不信任案後才被動解
散國會，但吉田內閣在第二次解散國會時則是依據憲法第7條來主動解散
眾議院，對此司法亦曾有並不違憲之判斷[35]，但要注意的是司法是以「統
治行為論」來回避其憲法判斷，一般而言否定統治行為論的見解通常是採
取嚴密的權力分割之觀點，而肯認統治行為論通常是強調維持權力間的均
衡[36]，故從此亦可看出日本法院對權力分立的看法。但不管如何，爾後日
本內閣主動解散國會逐漸形成一種憲法慣行，然而回到憲法文本之上，就
日本國憲法整體篇章結構而言，憲法第7條畢竟規定於第一章「天皇」篇
章之中，原意本為規範天皇的權能，倘若據此解之為可違反國會的意思而
任意解散國會，還是會給人有強化天皇的實質權限之印象，因此仍必須謹
慎行之。況且，內閣若過度的行使解散權，易使政治形成混亂，恐會失去
民心進而危及政權。歷來內閣多在有利於自己的民意下才進行解散，以有
利大選的選情。但縱使承認內閣有主動發動解散權的權能，也不能為了一
黨之私而任意發動[37]。

---

[34] 日本國憲法第6條（天皇的任命權）規定：「天皇基於國會的指名任命內閣總理大臣。天皇基於內閣的指名任命最高法院院長」。

[35] 許慶雄『憲法概論～日本政治與人權～』新學林出版社，2013年，頁362。

[36] 權力分立的兩面性可參照鈴木陽子「権力分立（三権分立）論をめぐる研究と問題の整理」東洋法学第57卷第2號，2014年1月，頁107以下。

[37] 解散權除限於憲法第69條之外，尚須界限在以下情況：（1）內閣的重要議案（法律案、預算案等）在眾議院遭到否決，或審議未終了時。（2）因政界重組內閣性格大為變化時。（3）紛爭議題必須是在之前的大選中未曾爭議之重大政治議題（如重要之立法、締結條約等）。（4）內閣的基本政策有根本性的變化時。（5）時期接近議員任期屆滿時。芦部信喜『憲法〔第5版〕』岩波書店，2011年，頁325。

四、人事院獨立行政機關的問題

日本在戰後民主化過程中，仿照美國引進了獨立行政委員會（Independent Regulatory Commisiion）的制度，基本上此一樣態的行政機關為一合議制，強調獨立運作不受上級行政機關指揮，亦享訂立規則的準立法權，以及仲裁、強制執行等準司法權之作用，是為因應傳統三權分立所無法對應之問題所形成的一種新制度[38]。而日本的人事院即是設置於內閣下的一獨立之人事行政機關，自1948年開始運行，由人事官及事務總局所構成，其主要目的是對目前公務人員的勤務條件、人事行政方面等行政事務進行改善，並有權限可做出諸如勸告、懲戒等處分。同時也可對國會和內閣，以及相關國務大臣或其他機關首長提出必要之勸告和意見（人事院勸告），另外對制約公務人員的團體交涉權、爭議權可進行代償措施，對院事規則或指令也有制定之權限。

為維持獨立行政機關的中立之運作，內閣對人事院僅有人事官的任命權和人事院的預算編成權，人事院基本上不受上級行政機關的指揮與監督來獨立行使職權，也因此跟其他的獨立行政委員會一樣，如此樣態在傳統的三權分立體系下似難以定位，對其制衡與監督亦成為問題。同時，又因為這些獨立行政委員會的任務有實行、裁決、審議等準司法作用（例如：公平交易委員會、公安審查委員會），以及可制定規則等準立法作用機關（例如：委員會的規則制定），故也被質疑是否有越權破壞權力分立之虞。但是基本上，特定相關行政事項為排除政黨等壓力，以及追求行政中立，獨立的行政委員會還是有其存在的必要性，且行政機關所擁有的行政權並非是「所有的」行政權，況且國會還是有掌握人事任命的同意權以及預算權等監督制衡的管道，其規則制定權也受到國會的立法拘束，其判定也不會拘束到司法的審判，故應不能視為有違權力分立，然為保持其獨立的正面效果，要注意的是國會僅能間接干預人事院的人事權和預算權[39]。

---

[38] 獨立行政機關的形成發展可參照許慶雄『憲法概論～日本政治與人權～』新學林出版社，2013年，頁373。

[39] 人事院並不適用國家行政組織法，而是適用於國家公務人員法。許慶雄「日本行政部門設置機關之研究」法政學報第5期，1996年1月，頁122。許慶雄『憲法概論～日本政治與人權～』新學林出版社，2013年，頁374-375。

有關獨立行政委員會設置的合憲性乃至合理性之問題，有學者參照美國憲法第2條第8項就職宣誓條件中所言：「吾必忠誠實執行美國總統職務（I will faithfuly execute the Office of President of the United States）」，從中解出行政雖負有法律執行義務，但基於此「忠誠執行條項」，若遇有政府失敗（忠誠執行受挫）時，可據此由行政執行部門再分出可忠誠執行之獨立機關，因此對比日本國憲法第73條第1號有「忠誠執行法律、總理國務」之文言，此規定即為日本的忠誠執行條項，故設置獨立行政委員會除有此憲法根據外，在行政肥大化的現況下更是一種抑制與均衡的法理體現，忠誠執行之獨立機關不只可修正政府的失敗（忠誠實行的挫折），更為審議式民主所需[40]。

參、法律動態面的權力分立問題

前述已有所言，憲法明定國會是國家唯一立法機關，代表國家的立法權自然歸屬於國會，這意謂著國家的法律全都必須皆經國會來同意制定，究其意旨就是要以國會為中心進行立法，以便排除其他機關立法的可能性（國會中心立法），同時國會立法不用與內閣協同完成，國會自己即可單獨完成立法（國會單獨立法），而以此為中心所產生出的憲法上機關間的權限分配或依據之問題，可謂是種分割性的靜態權力分立之觀察，然而，在憲法上仍有諸如修改憲法、條約、政令以及最高法院規則、地方特別法等立法權都明定非屬於國會。對於這些不同的法律規則制定機關所各自管轄事項之分配，以及其權限間相互的優劣關係也可以說是種動態的權力分立，本文最後即以此為中心進行初步的探討。

一、法律與政令的關係

政令是內閣所制定的「命令」。在現行憲法下，內閣可制定為能執行法律所必要細則的「執行命令」，以及受法律委任而為的「委任命令」。至於其他像是與法律具有同等效力的「代行命令」，以及與執行法律或與

---

[40] 駒村圭吾『権力分立の諸相』南窓社，1999年，頁246-248。

法律委任無關係的「獨立命令」都是憲法上所禁止的[41]。雖說依據日本國憲法第73條6項已明白規定行政機關有政令的制定權[42]，但如此是否會與憲法第41條國會為唯一立法機關之規定而有所矛盾呢？

　　對此，一般認為是不會的，因為首先就立法的概念而言，一般可區分為由國會依憲法所定手續所制定的「形式」意義的法律，以及著眼於法規範的內容，是具有一定內容之法規範的「實質」意義的法律。在學說上若同時使用這二種法律概念解釋憲法容易產生不必要的混亂，所以多數認為憲法第41條所說的「立法」應解為實質意義的法律。然而值得注意的是，阪本昌成教授認為通說對一般性、抽象性法律規範所採所的是以「形式／實質」的區分方式來識別立法，但所謂的「實質意義」之內容事實上也未必真具有實質，立法與法律間的相互交換使用除徒增混亂外，通說所言的國會單獨立法或國會中心立法彷如將所有立法行為皆視為憲法第41條的國會權限，因此反對以「形式／實質」之方式識別立法，同時為真正探究國家統治作用之「實質」，主張以「手續／實質」來識別是否為憲法第41條稱之立法[43]。但不管如何，就通說而言，委任行政等機關制定必要的細則或手續事項之法律則為形式意義之法律，可將之視為是行政權的一部分，因此並不違反國會唯一立法的精神。況且，內閣法第11條亦明定：「政令若無法律委任，不得課以義務或限制權利之規定」。由此可知，政令一定要有法律的依據，不只不能課以義務或限制人民權利，相對的亦不可解除人民義務或賦加權利，以及制定罰則，而此種性質的政令正是執行政令。但，憲法第73條文言中的「為實施憲法……得制定政令」，不應解為可直接援引憲法，否則引起以政令限制基本人權，豈不是背離了立憲主義要求保障基本人權的最根本之目的[44]。

---

[41] 長谷部恭男『憲法』新世法，2008年，頁393。

[42] 日本國憲法第73條6項（內閣的職務）規定：「為實施憲法及法律之規定得制定政令。然而，在政令中除法律有委任外不得制定罰則」。

[43] 阪本教授之所以會如此思考是認為憲法第41條並非為權限歸屬的規定，而應是「立法」的實體權限賦予之規定，因此要追求的是做為權力分立構造中的實體權限之立法概念，而在考慮實體時，將國民（市民）的權利義務置於不顧是不合適的，並言「所謂的議會實體的立法權限，是指規制個人間的權利義務關係，或是國家與國民（個人）間的權利義務或法律關係的立法制定權」。阪本昌成『権力分立──立憲国の条件』有信堂，2016年，頁175-176。

[44] 佐藤功「日本国憲法における三権分立の問題」，收於有倉遼吉等編『憲法の基本原理』三省堂，1977年，229。

二、法律和最高法院規則的關係

　　憲法第77條第1項所規定的最高法院規則制定權，就其趣旨乃是從權力分立的觀點，為保障法院完整的自立性權限以及強化最高法院於司法機構中的統制權和監督權，因此就訴訟的手續性、技術性的細目事項，以及律師和法院內部事項（例如：人事、事務、組織等事項），在尊重其專業性的判斷能力為基礎上而賦予憲法上的保障。就此，上述這些規定制定權的主要根據有二個，一是為確保司法權的獨立，另一個鑑於司法機關是最了解實際司法訴訟的機關，所以內部自律制定規則可視為是專屬於司法權的「固有領域」，故是為法律所不能侵犯的。同時，這也是一種單純的技術性細目事項，無關於實體法的規定，故依然不損及國會為唯一立法機關的精神[45]。

　　但問題是，在法的效力上，法院所制定的規則內容事實上仍是會拘束到法官、律師、檢察官、訴訟當事者以及旁聽人等，而若法院所制訂的規則違反法律時，二者的從屬關係究竟為何呢。日本學說上基本上認為，基於法律是由國會依民主程序制定而成而法規不是，因此一般仍是認為要以法律為優先[46]。

三、法律和議院規則的關係

　　國會擁有所謂的議院自律權，此因國會匯集了各種不同的意見與利害，為統合議會之多元意思，自然會制定自律性的規則並照其規則自律地營運，若有違反規則時亦有必要接受自律性的懲罰[47]。而日本國憲法第58條第2項規定：「兩議院各自可制定關於其會議、其他手續及內部紀律之規則……」，這些乃屬各議院的國會自律權，如同最高法院規則一樣，皆屬於「固有領域」，因此是為法律所不能侵犯的。然而，議會規則不同於法律，是由各個議院自行規制，不像一般法律必須經眾議院和參議院兩院

---

[45] 佐藤功「日本国憲法における三権分立の問題」，收於有倉遼吉等編『憲法の基本原理』三省堂，1977年，頁230。

[46] 橋本公亘『日本国憲法』有斐閣，1980年，頁635。

[47] 穴戸常寿『憲法解釈の応用と展開』日本評論社，2014年，頁234。

一致通過才能制成法律，故在性質仍是不太相同的。但是，當初日本要制定新憲法時，當時的麥克阿瑟草案（GHQ草案）原本是採取一院制國會的，因此並沒有預想到要制定國會法。但日本後來採取了二院制，這自然也必須制定一部可使兩院議會平順運行的國會法。而國會法此一「法律」與憲法上所明文之「議院規則」的關係為何，若國會法和議院規則相抵觸時，究竟何者較為優位？

關於此點，通說是還是採取法律優位說，但不可輕忽規的是，所謂的國會法優位說是基於國會畢竟是由兩院所一起所組成的，在國會法的修改慣例上也並不適用眾議院優位原則，此乃因各議院所擁有的「固有領域」，是法律所不能侵犯的，所以有學者指出較為恰當的作法應該是修改法律使之符合國會所規定的規則才較為妥當[48]。

肆、結語

憲法制定的最大目的便是保障基本人權，而權力分立可說是人權保障不可欠缺的前提手段。現今人權保障的觀念與目的多為世人所接受，但權力分立的手段與方式則依時代與國家而有所變化，只是不管是任何時代，國家的權力作用一定要有其界限並加以分權才能確保人權。

然而權力分立的面向多並不是只限於立法、行政、司法三權之分立，重點應放在防止權力過於集中遭濫用，故使權力機關間乃至於機關內的相互制衡，時時保持牽制與均衡的發展，換言之便是維持多元的監督均衡的動靜態關係。現行的日本國憲法在實行之初，因經驗尚淺且某些條文未明確規定而有些爭議，但本著權力分立的理念，及各種學說的確立逐漸形成慣例，在實踐與理論上雖仍有些爭議問題，但大體不至會影響到憲法的運行。然而，面對現今國家的行政肥大化，仍應持續關注權力分立的問題並思考新的權力分立方式以防彼此權力失衡（失靈），此既是立憲主義的原點亦為吾人學習與研究公法之初心。

---

[48] 芦部信喜『憲法〔第5版〕』岩波書店，2011年，頁306。

從民主轉型到能源轉型
——從台灣的民主啟蒙及深化看核能發電的終結及後核能時代的關鍵議題

辛年豐

逢甲大學土地管理學系副教授

國立台灣大學法學博士

摘要

　　台灣在1978年開啟核能發電的序幕，到2017年1月修正電業法，宣告2025年前停止一切核能發電設施，相當程度為爭議已久的核能發電是否存在於台灣定調。究竟台灣如何從對核能發電一片讚揚的聲浪中將核能發電推向終點？在能源領域上又將面臨何等挑戰？對此，本文回顧核能發電的重要歷史事實，分析台灣社會與核能政策及法律間的互動關係，發現核能發電的廢止與台灣民主化的進程有緊密扣合的關係，分別展現在人民於公共空間言論自由的保障、公民投票、政黨政治上，除此之外，幾個國際上的核安事故也成為台灣廢除核能發電的助攻手，共同成為台灣分階段廢除核能發電的推手。然在此之後，能源問題也必須透過民主的方式進一步解決，包括核廢料的處理、替代能源的發展、能源價格的設定等，都有賴台灣市民社會進一步投入，以深化民主的態度來謀求能源問題獲得具有社會共識的解決。

壹、前言

　　台灣於2017年初透過電業法的修正，確定於2025年即將邁入非核家園的新時代，在這之前，台灣歷經了以水力、火力發電為主的年代，也經歷過相信核能為安全、乾淨能源的時代，最終卻讓核能發電漸漸不受到人民的信賴，也讓此種發電的方式將走入歷史。從1978年核一廠商轉以來，核能發電在台灣運作將近四十年的時間，倘若2025年順利停止所有核電廠的

商轉，則等同宣告核能發電在台灣的運作不會超過半世紀，也宣告台灣的能源結構必然將面臨轉型。究竟是什麼力量讓核能發電走入歷史？未來台灣面對能源轉型之際，要如何在既有的基礎上尋求問題的解決？從立憲主義的價值觀之，此等公共事務的議題都與憲法理論有不可分割的關係，此等關係是本文希望進一步釐清者，對此，本文將從民主的內涵進一步剖析台灣核能發展的歷史及衰退的原因。在民主的內涵上，本文所著重的並非只是表面上的選舉及投票，而是更重視以公共議題的論辯來落實民主的精神[1]，故著重人民為了論辯而可以在公共空間或公共領域發表自己言論的言論自由[2]、民主國家中具共同價值觀的政黨政治、最終可以透過直接民主方式做決定的公民投票[3]，以及社會上如何與此等議題互動等面向做分析。

透過本文的研究，發現在資訊日漸透明及流通、民主轉型而使人民能夠對諸多公共議題表達意見、全球公民社會的成形的時代氛圍下[4]，讓人民對於核能的安全性打上了不小的問號，也醞釀更多的能量來推動核能發電的終結，更可以說台灣核能的興衰與政治民主化的發展具有相輔相成的關係。甚至可以認為是以廢除核能運作推動台灣的民主轉型，在此同時，也以民主轉型來推動廢核。於後核能時代，由於台灣民主發展達到一定成就，台灣所需要的是讓民眾更熟悉民主生活，讓民主於台灣社會更為深化，此等民主深化的能量蓄積，將有助於台灣這樣的共同體以同樣的價值觀共同面對能源轉型中核廢料處理、能源發展之際場址選擇的空間發展策略、能源價格等問題，並有助於台灣的永續發展。

貳、台灣核能發電的現況與廢核的進程

台灣核能的發展已有近四十年的時間，現階段也不乏有核能發電，在進行本文的討論之前，本文將先對台灣核能發展的現況做簡單的介紹，其

---

[1] 參照都築幸惠，〈熟議民主主義が前提とする市民像に関する心理学的考察：熟議リテラシーとしての批判的思考を育むための大学教育〉，《現代国家と市民社会の構造転換と法：学際的アプローチ》，日本評論社，2016年1月，頁96-106。

[2] See K. Sabeel Rahman, *Producing Democratic Vibrancy,* 25 J.L. & Pol'y 273, 275 (2016).

[3] See Henry Noyes, *Direct Democracy as a Legislative Act,* 19 Chap. L. Rev. 199, 202-204 (2016).

[4] 類似觀點，參照原田大樹，〈グローバル化時代の公法・私法関係論：ドイツ「国際的行政法」論を手がかりとして〉，《グローバル化と公法・私法関係再編》，弘文堂，2015年12月，頁19-20。

後，再回顧台灣廢除核能過程中幾個重要的歷史時刻。

一、台灣核能發電的現況

　　2016年台電系統發購電量為2,257.92億度，其中火力發電量占比達79.9%，分別為燃煤36.9%、燃油4.4%、燃氣36%、汽電共生2.6%（不含垃圾及沼氣），再生能源占比為5.1%（含水力及汽電共生中之垃圾及沼氣），抽蓄水力1.5%，核能占總發電量的百分比為13.5%。整體而言，有關核能發電，1978年核能加入發電行列，當年占總發電量的7.3%，占比例最高的是1985年的52.4%，其後，整體的發電比例是往下調整，到2006年跌破20%，之後僅有2009年的發電比例突破20%，為20.7%，之後就一路下修[5]。

　　目前台灣運作中的核能發電廠有三座，分別位於新北市石門區（1978年開始運轉）、萬里區（1981年開始運轉），以及屏東縣恆春鎮（1984年開始運轉）；已興建完成但目前封存的核四廠則位於新北市的貢寮區。2025年為目前所有機組商轉執照的到期日，只要既有機組沒有延役，法律規範也沒有修改，2025年後台灣將不會再有核能發電。

二、台灣廢除核電的重要進程

　　台灣核能發電始於戒嚴時期的1970年，並於1978年12月10日開始商轉，然廢除的聲浪伴隨著台灣政治民主化的進程，在廢除核能的過程中有幾個重要的時間點值得重視，其中核四廠的興建與停止商轉具有相當關鍵性的角色，在1978年籌建核四廠，1980年行政院原則同意，土地徵收計畫也都就緒後，因全球經濟不景氣，經濟部長指示核四不定期延後執行；1985年5月行政院長指示「在民眾疑慮未澄清前，核四計畫不急於動工」，其後，1986年4月26日發生車諾比核電廠爆炸事件；隔年7月立法院凍結核四預算，要求核四廠之恢復興建須經立法院預算委員會審查通過後方得動支。1988年3月26日環保聯盟等30個團體聯合主辦「一九八八年反

---

[5]　台灣電力公司網站，http://www.taipower.com.tw/content/new_info/new_info-c37.aspx（最後瀏覽日：2017/9/5）。

核行動」，爾後每年都有反核運動，並導入美國或德國反對核電的專家或政黨共襄盛舉。1990年12月14日也曾到台北市議會請願，要求通過反核四決議及核災疏散計畫；1991年5月5日近2萬名反核群眾上街頭示威遊行，派代表向總統府及行政院遞陳情書，同年7月3日鹽寮反核自救會及各環保團體前往原子能委員會（以下簡稱「原能會」）、國營會，抗議核四環境影響評估草率，並拜訪環保署，要求環保署爭取核四環評審查權。9月25日抗議原委會祕密開會偷渡通過核四審查，以一百萬仟瓦做為建廠標準的環評。鹽寮反核自救會於核四廠預定地搭棚，進駐核四廠門口長期抗爭。1993年7月9日立法院以76票對57票決議核四預算不重審。其後，值得注意的發展是1994年5月22日貢寮鄉公所首次舉辦核四公投，投票率58%，不同意興建者占96%；5月29日環保聯盟等團體舉辦1994反核大遊行，約2至3萬人參加，同年11月26日環保聯盟等團體再次舉辦「公投反核四、罷免作主人」大遊行，約3萬人參與；6月25日發起罷免台北縣擁核立委行動，此一行動於11月3日成立罷免台北縣擁核立委行動聯盟，但國民黨強行修法提高罷免門檻，9月21日「核四公投，千里苦行」開走，於立院門口舉行為民主守夜活動，慶祝台北縣罷免案連署完成，並於11月27日舉行台北縣公投罷免，進行第一次核四公民投票與罷免擁核立委，反核四者占89%，同意罷免者占85%，罷免案因投票率低於規定而不成立。此外，林義雄律師也曾於7月11日絕食，發起「核四公投、十萬簽名」活動；惟7月12日立院通過核四8年預算1125億元。另外一個值得注意的發展是1995年6月20日蘭嶼達悟族人於台電大樓前抗議台電擬增建核廢料貯存場壕溝。1996年3月23日時任台北市長的陳水扁履行競選承諾，於台北市舉行核四公投，投票率為58%，其中反核占53%，擁核占46%。同年5月24日立法院院會以76票比42票通過「廢止所有核電廠興建計劃」案，但台電仍於5月25日進行核四核島區決標。1997年則是讓國際反核行動注意到台灣的一年，1月3日南韓「綠色聯合」及「環境運動聯合」代表赴北朝鮮旅行社，抗議北韓與台電祕密簽約將核廢料送往北韓；3月3日反核人士赴日本東京抗議欲輸出核電到台灣，前往日立製作所、東芝、三菱重工株式會社抗議，出席日本參議院議員舉辦的「台灣核電」公聽會；此外，6月6日環保聯盟等團體赴陽明山國大會議請願，要求「非核條款」入憲。1998年12月05日則舉行「宜蘭核四公投」，投票率44%，同意48,365票，占36%，反對85,697票，占64%。1999年3月17日原能會核發核四建廠執照。同年28日環保團體舉辦反

核大遊行，民進黨中常會通過支持並參與，由黨主席林義雄擔任總領隊，發表「台灣承受不起任何一次的核能災變！」聲明。2000年則是反核運動具有轉折性的一年，1月31日立法院臨時會以134票贊成、70票反對，通過核四立即復工續建決議案。但3月18日民進黨籍總統候選人陳水扁當選，其政見包括反對核四和停止核能之使用；同年10月27日行政院長張俊雄宣布停建核四。此舉隨即引發一連串的政治效應，當時立法院多數黨的國民黨及親民黨等立法委員反對，並聲請大法官解釋，作成釋字520號解釋，2001年2月14日行政院長張俊雄只好宣布核四復工續建，並將成立非核家園宣導委員會，反核團體在隨後幾年只好再回到社會進行反核運作及宣導，蘭嶼也在隔年5月1日發動「全島罷工罷課反核」遊行。但在法律上值得重視的發展是2002年12月11日「環境基本法」公佈施行，其中第23條規定政府應訂定計畫，逐步達成非核家園目標。2008年2月26日蘭嶼檢整核廢料，發現有四千桶爆裂；2009年3月18日經濟部發佈「低放射性廢棄物最終處置設施場址遴選報告」，澎湖縣望安鄉的東吉島和台東縣達仁鄉並列「建議候選場址」。2011年3月11日的福島核災則再次喚起台灣人民對核能的重視，2013年3月9日的廢核大遊行，更號召約20多萬人走上街頭，高喊先終結核四、核電歸零。2014年7月台灣環保聯盟向中選會提交12萬份核四公投第一階段連署書；但同年8月22日公投審議委員會以13：0否決核四公投案。2015年2月3日原能會審查通過核四7月起封存三年。2016年的總統大選，三組候選人則都表達支持非核家園的立場[6]。直到2016年5月20日蔡英文總統上任，2017年1月11日修正電業法，於第95條第1項規定2025年以前所有的核能發電設備應停止運轉；包括國民黨及時代力量立法委員要求在2011年前將蘭嶼核廢料遷出的提案則未獲通過[7]。

參、廢除核電與台灣政治民主化的相輔相成

　　台灣在的廢核過程與民主發展具有絕對的關聯性，可以說民主的發展促成廢核理想的實踐，也可以說廢核的主張豐富並協助民主的發展。在

---

[6] 以上歷史進程回顧參照環境資訊中心網站，〈台灣反核運動大事紀〉，http://e-info.org.tw/node/10598（最後瀏覽日：2017/9/3）。

[7] 參照民報，〈電業法三讀／「很抱歉，不能說謊」！核廢遷出蘭嶼提案遭綠委封殺〉，http://www.peoplenews.tw/news/99cb2629-c0a7-4923-a72f-a46eb007d3ee（最後瀏覽日：2017/9/3）。

這過程中，可以從言論自由、民主制度中的公民投票及政黨政治等面向切入觀察，當中言論自由的保障本來即與民主發展具有極為密切的關聯性，可說是民主運作不可或缺的必要條件。在這樣的基礎下，促成廢核的法制化，充分展現出法律規範與社會部門的互動關係，當然，作為利益團體之一的反核團體，了解到時代的進展，掌握住「廢核時刻」也是成功廢核不可或缺的因素。

一、廢核主張與言論自由

　　從前述的回應中，可以發現台灣自1978年開始啟動核電後，到了1988年因為核一廠、核二廠及核三廠已經興建完成，並開始運轉，故反核的矛頭開始指向核四廠，並有許多反對核四廠的聲浪。回顧台灣民主的發展歷程，1987年7月15日正好歷經解嚴，儘管解嚴並沒有辦法一蹴可及地讓人民取得正常的政治權利[8]，但至少人民有機會從緊張的政治氛圍解放並適度表達自己在政治上的主張，並連帶解除黨禁及報禁，有機會循西方自由民主憲政秩序的價值過民主及法治的生活。

　　整體而言，在解嚴之後，主張反核者可以合法地組成團體，並與政治上的利益團體產生結盟的效果，反核的主張在此等時代氛圍下，就有機會透過言論的表達來達到與社會溝通的效果。反核的言論透過報禁的解除、出版品嚴密審查的鬆綁[9]，將較於以往有較多的機會將主張反應於媒體或出版品中，達到將主張向社會宣傳的效果。此外，在政治民主化之後，回復中央民意代表及直轄市長、省長，甚至總統的選舉，也讓反核的主張有機會在選舉的場合中提出，促進社會的論辯，讓反核的聲音始終有機會存在於公共空間中。

　　除此之外，另外一個值得注意的面向則是反核的主張透過集會遊行向社會宣達。從前揭社會事件的整理可以發現，從1988年起幾乎每年都有規模不等的全國或地方型反核運動，整體參與人數也有逐年遞增的趨勢，讓反核的社會能量始終不曾於社會輿論中消失，甚至有機會蓄積更強的能量等待適當的時刻讓理想成為現實。在多次的反核運動中，也可以發現

---

[8]　例如儘管在政治上解嚴，但在官僚系統沒有澈底改變的情況下，人民的言論自由仍受到限制，甚至1989年4月7日發生鄭南榕先生為捍衛百分百的言論自由而自焚的事件。

[9]　儘管如此，出版法仍對發行人、出版品的內容有諸多審查權，出版法的廢止則是1999年1月25日。

國際上反核團體的串聯也扮演相當重要的角色，包括德國、美國、日本的專家學者及團體發表廢核的主張更有助於吸引民眾的目光，讓人民了解各個「先進」國家的發展，強化廢核主張在論理上的強度。從風險社會治理全球化的角度來說，當核能發電發展呈現全球化的趨勢之際，NGO團體串連也以全球化之姿呈現，將更有助於作為主權擁有者的人民了解實際狀況，透過審議來達成風險溝通[10]，據以選擇一條適合台灣的能源路徑。

二、公民投票

　　相較於前述討論取徑於「權利」本位的觀察，在台灣邁向廢核之路近三十年的時間中，也可以從「民主」的角度來觀察台灣廢核運動的發展。就民主而言，廢除核四與公民投票兩者是不能夠切割的，甚至可以說是以廢除核四的主張作為起點來催生公民投票的。其中代表性人物為林義雄先生，其於1994年7月12日起六天禁食，並於同年9月成立核四公投促進會，1997年、2001年、2003年三度展開環島千里苦行，其中2003年3月17日林義雄等核四公投促進會成員，在行政院發動靜坐守夜行動，要求陳水扁政府實現非核家園理想的承諾，在2004年總統選舉前先行展開核四公投，最終促成立法院在11月通過公投法[11]。

　　在前述對反核歷史的整理中，可以發現在廢除核四廠的運動中，曾經有多次的地方性公民投票，如1994於貢寮鄉公所舉辦的核四公投，並於同年舉行台北縣擁核立委的罷免；1996年3月於台北市舉行核四公投；1998年舉行宜蘭核四公投，在此過程中也舉行多場訴求核四公投的集會遊行。但值得重視的是，由於台灣的公民投票法是2003年12月31日才通過，在該法中才有具法規範效力的公民投票，因此，此等公投充其量僅具諮詢或民意調查性質而已。無論如何，多次的地方公民投票及社會運動，也相當程度累積民間對於反對核四興建的能量與地方居民的共識，埋下後續核四停止商轉的種子，也成為推動公民投票法制法的契機。

---

[10] 參照辛年豐，《環境風險的公私協力：國家任務變遷的觀點》，元照，2014年2月，頁286-299。

[11] 2014年4月14日林義雄發表〈落實民主，停建核四─為「禁食」行動敬告親友〉公開信，以「落實民主，停建核四」為訴求，要求讓掌權者遵從多數國家主人的意志，宣布22日起在台北市義光教會開始『禁食』行動。同月27日，總統馬英九宣布核四廠1、2號機分採封存、停工。林義雄禁食進入第9天後，30日下午結束禁食。參照聯合新聞網，https://udn.com/news/story/6656/2409443（最後瀏覽日：2017/9/11）。

在反核人士及社會輿論的聲聲催促下，公投法在2003年通過，但2003年的國會在成員結構上仍屬國民黨居多數的國會，公投法的內容可說是政治妥協的產物，對公投的內容、程序、投票率及可決比例都有嚴格的限制，使社會領域難以透過公民投票來決定某些事物[12]。在前述的整理中，我們也發現即便公投法於2014年通過後，台灣環保聯盟也向中選會提交12萬份核四公投第一階段連署書；但卻遭公投審議委員會否決，而使公投石沉大海，可以發現要提核四公投又因為公投法的高門檻而被擋在門外，也因此主張公投的人士及反核團體再次主張2016年民進黨再次取得政權，同時取得國會多數之際，應再次修法來「補正公投法」[13]，2017年12月立法院修正公投法，相當程度放寬提起公投及通過公投案的程序及門檻，希望可以讓民主審議的想法可以進一步在台灣開花結果。

三、廢核與政黨政治

（一）分裂社會與政黨的核能主張

核能發電是戒嚴時期由國民黨政府所引進的政策，也曾名列「十大建設」之中，當初推動之際許多人才也是國民黨栽培或延攬的，任職於從國營事業轉型的台電或國家的原能會中，核四廠更是國民黨執政時期的政策。姑且不論核電廠興建及採購過程中有許多弊案的質疑，在這樣的時代背景下，國民黨過去在核能政策的論辯上是比較傾向擁核的。相反的，從草根民主發展的民進黨人士，有為取得政治上的能量，也有在理念上為反對核能所帶來的弊害，與當地民眾有更強的結盟關係，發動許多集會遊行及地方性公投，在核電的立場上是比較傾向反對的，其中代表人物就是曾任民進黨主席的林義雄先生。此等立場的歧異在台灣多次的政黨輪替所產生政策變革及法規範制定中是顯而易見的。

從公法學的角度來說，廢核的議題也提供諸多研究的素材。2000年第一次政黨輪替之際，民進黨宣布停建核四的政策與當時國會多數黨的國民黨有不同的立場，讓民進黨傾向反核的立場與國民黨傾向擁核的立場

---

[12] 參照吳志光，〈參政權：第三講參政權各論（二）公民投票〉，月旦法學教室，第86期，2009年11月，頁43-51。辛年豐，〈直接民主〉，《民主觀察：2014回顧》，2016年2月，頁157-182。

[13] 新頭殼網站，〈促轉條例、公投法等60項優先法案行政、立法今討論〉，https://newtalk.tw/news/view/2017-09-18/98076（最終瀏覽日：2017/10/1）。

從社會領域躍升到法律領域，國民黨團透過在立法院決議續建核四而使行政權及立法權在核四議題呈現不同調的現象，此一爭議最終由大法官以釋字520號解釋作出傾向支持立法權的解釋，迫使當時的行政院表達續建核四，也讓此一議題在當時未獲終局解決，而持續對後續十餘年的社會及核能政策產生影響。不同政黨對於核電的態度直到2016年才取得「表面上」[14]的共識。

（二）廢核成為法律規範

　　當社會上對於廢核已經成為一種共識，且不同政黨也未有杯葛的舉動，在法治國家中就可能將廢核的主張法制化，在台灣將廢核法制化大抵可以區分為兩個階段，這兩次的立法工程均為民進黨執政的期間，也可以發現此等立法與前述所論及的政黨輪替有關。

　　第一階段的立法是2002年12月11日所通過的環境基本法，在廢除核四的主張沒有辦法落實後，民進黨政府為彰顯其反對核能發電的價值，在所主導的環境基本法第23條中明白規定政府應訂定計畫，逐步達成非核家園的目標，並加強管制、防護、管理及偵測核能的工作。該法在定位上為政策性立法[15]，並未有直接手段的管制效力，也沒有規定如果違反該法規定會有何等法律效果，但至少揭示國家朝向非核的目標。事實上，台灣的核能發電在立法之後也沒有大規模成長的趨勢，甚至近年的依賴度也逐年遞減。

　　第二階段更為具體的立法則是2017年1月11日的電業法修法，其中第95條第1項規定2025年要達成非核家園目標，停止運轉核能設備，即為台灣廢核的明文規定。台灣涉及電力的立法除了電業法之外，也包括能源管理法、原子能法等立法，最後卻選擇從電業法著手，也不禁令人懷疑為何不對相關的立法進行修正？在國家高度掌控能源事業的國家中，原本廢核的主張不一定要有法律規定，也可以是一種政策，透過預算的不編列、人事的凍結，以及事實上的不執行也可以達到相同的目的。在這樣的背景下

---

[14] 之所以稱為「表面上」的共識，據本文觀察，國民黨在2016年之所以支持廢核，是因為廢核四在民意上取得過半的支持，故迫於政治現實才支持廢核四。在2017年的用電危機後，國民黨內部又浮現許多重啟核電的聲浪，顯示出國民黨於2016年的表意恐非出於真心誠意。有關核電政策的民意調查，參照台灣指標民調網站，http://www.tisr.com.tw/?p=6889（最終瀏覽日：2017/9/17）。

[15] 參照賴宇松，〈環境基本法制之理論與實踐〉，台灣環境與土地法學雜誌，第13期，2014年12月，頁119-120。

進行法律的規範與研修毋寧是對於廢除核電具有宣示意義的法制化工程。
此次對電業法修正的主要目的是希望逐步達成電業自由化的目標[16]，故第
95條規範所具有的意義是台灣自2025年起以核子進行發電的方法沒有辦法
在電業市場中繼續存在；亦即，核能發電將無法繼續在台灣的電力銷售
市場中繼續存在。在法規範強制介入市場來影響消費者需求的商品提供者
時，則沒有需求即不會有供給，就此而言，只要法規範沒有再修改，將確
實有助於讓台灣不再有核能發電。

四、掌握廢核時刻

　　世界上具有核能發電的技術已有數十年的時間，在這過程中曾經發生
過三浬島、車諾比及福島三起重大的核安事故，都對人類社會造成相當巨
大且不可逆的損失，這些災害所造成的污染往往是跨境的，而非僅僅是一
個國家所可以處理。每次發生核安事故時，由於人們對於災害的恐懼，往
往會產生相當強大的社會能量來主張廢除核能發電，特別在一個民主制度
相對成熟的國家中，社會上能量的蓄積並反應於輿論，影響選舉結果、政
策擬定，甚至法規範的修改都不是無法想像的。前述所提出的三起核安事
故中，三浬島事件發生於1979年3月，車諾比事件發生於1986年4月，福島
核災則發生於2011年3月；前兩起事件發生時，台灣的政治尚未民主化，
國家對於新聞報導的管制相當嚴格，人民的知識水準也普遍不高，因此並
未引起大規模反對核能運作的聲浪。然而，到了福島核災發生時[17]，已進
入網路時代，資訊流通迅速，人民的知識水準普遍提升，知道核能災害所
可能引發的嚴重後果，更重要的是，當時台灣已經政治民主化有30年左右
的時間，歷經兩次政黨輪替。因此，核安事件一發生就容易引發反對核能
發電的效應[18]，倡議廢核的團體也正掌握此等事件的發生，讓社會輿論回
頭正視核能發電的風險，爭取社會的認同，最終達到廢核的目的。

---

[16] 相關論述，參照蔡岳勳，〈評析二〇一七年新電業法：從管制機關定性與市場競爭管制面之觀
點〉，月旦法學雜誌，第263期，2017年4月，頁120-135。

[17] 福島核災的發生對日本風險治理的討論也產生根本的影響，參照大林啓吾，《憲法とリスク：
行政国家における憲法秩序》，弘文堂，2015年6月，頁7-14。

[18] 具2013年7月31日的民意調查，顯示有72.1%的民眾贊成廢核。參照環境資訊中心網站，〈民
調：逾7成反核但僅1成了解核四公投門檻〉，http://e-info.org.tw/node/87764（最終瀏覽日：
2017/9/17）。

肆、以核能終結作為民主深化的契機

核能發電在台灣的市民社會已有三十年以上的時間，在此一過程中伴隨著政治民主化的發展，在資訊流通及民主機制運作下，人民也越來越了解核能發電本身所具有的問題。特別核能發電所具有的剩餘風險及不確定風險的問題，在風險行政下都有賴更為民主的機制來進行風險溝通，並據以做成決策[19]。與能源相關的幾個議題，包括核電對經濟發展是否是最有效率的能源、族群與空間分配正義、隔代正義、能源價格等，這些議題都直指環境法討論的核心，也有待社會進一步的民主審議，對能源議題以深化民主的態度來採取實際的作為，厚實憲法的運作[20]。

一、最便宜的能源？：核污染與廠址設施的難題

以往許多人認為核能發電是廉價的能源，可以用低廉的方式來發電，然而在資訊透明化之後，卻發現核能發電或許在發電時便宜，但一方面在核廢料的處理上必須花費高昂的成本，另一方面，核能發電也必須讓社會承擔核子事故的風險。因此，核能發電是否是最便宜的能源也就引發出許多值得進一步討論的議題。

（一）少數與邊陲的原住民族

在前述的歷史回顧中，可以發現以往台灣將核廢料貯存在蘭嶼，也曾經運送到朝鮮而引發國際上的關注。對此，可以發現政府過往對於核廢料的處理議題選擇逃避而沒有認真面對，事實上對於台灣的內政而言，核廢料貯存的蘭嶼位處台灣邊陲的台東縣，蘭嶼本身又是台東縣外海的一個小島，可說是台東縣的邊陲；再加上島上所住的是達悟族的原住民族，原住民族在台灣於政治、經濟、社會力量上原本即居於弱勢，文化與多數族群也有根本的不同，加上達悟族到2015年止僅有約4,550人，在原住民族各族的人口數上也是少數。在此一背景下，於進行政治決策時往往容易被

---

[19] 參照辛年豐，前揭書，頁313-329。
[20] 參照大林啓吾，前揭書，頁14。

忽略與犧牲[21]，特別在本島不受歡迎與危險的核廢料，放在離台灣本島有一段距離的蘭嶼，對多數族群而言無疑是最安全的選擇，對政治人物而言也是最不得罪人的作法。對國家統治者而言，將核廢料置放於蘭嶼不但可以繼續發展核電，提供廉價的能源來發展經濟，確實是統治成本最低的決定；然而，對達悟族人而言，這樣的決定對居住於蘭嶼的人們不但蘊含嚴肅的人權問題，對環境保育也帶來相當嚴重的破壞。特別在爆出核廢料保存不善而有外洩並難以回復的消息傳出後，達悟族人及許多環境公民團體都質疑政府沒有做好把關的動作，也讓公民社會重新思索並討論核能發電真是廉價的能源嗎？政府主張核電為廉價能源的主張也面臨破功。這樣的發展也顯現出公民社會有能力對此等公共議題進行討論，對台灣的民主發展及問題處理的細緻度而言是具有正面意義的。

（二）核能設施的選址

對於核廢料處理及核子設施興建等選址的問題，2002年12月25日公布的低放射性物料管理法也相應做了一些處理，本於該法第8條第3項及第17條第2項之授權，原能會另外訂定放射性物料設施興建申請聽證程序要點作為後續對設施進行選址聽證的程序規範。從此等規範中可以發現核子原料、核子燃料生產或貯存設施之興建、放射性廢棄物處理、貯存或最終處置設施之興建都必須進行聽證程序。

聽證制度是最嚴格的行政程序機制，此一立法顯現出政治部門認為核能相關設施的興建在台灣社會具有高度的重要性，故希望將人民及團體的主張導入於行政決策之前，使決策本身可以考量到不同的需求與主張，並讓不同意見有機會在程序中進行實質論辯，決策者也可以透過程序中的論辯及證據調查釐清個案中的爭點，再據以做成決策。透過這樣的程序，不但有助於事實的調查，也可以讓決策更清楚考量到重要的主張，而使決策者的決定盡可能趨於正確，在此同時，更符合憲法上正當法律程序的要求。此等制度的另一個重點在於聽證程序的設計由於是對個案中的事實及證據進行論辯及討論，更有助於公民對核能設施興建的公共議題在法定程序中進行論辯及討論，讓決策的做成更符合民主原則的要求，而可以達到

---

[21] 類似的觀察，參照高橋哲哉，《犧牲のシステム：福島・沖繩》，集英社，2012年1月。

民主深化的效果[22]，更進一步提升台灣的民主發展。

二、永續的能源

　　台灣在確定於2025年停止一切核能發電設施的運作之後，緊接著必須因應的是能源要從何而來。目前台灣的能源供應以火力發電為大宗，然而一方面廢除核能發電，另一方面在氣候變遷的考量下，火力發電會帶來大規模的排碳量，與國際上減碳的趨勢亦背道而馳，因此，台灣的能源供應勢必面對挑戰。目前台灣政府的規劃是朝再生能源發展作規劃，但包括太陽能發電、風力發電等能源供給設施也同樣有必須考量環境、人民權利等選址問題。例如，在沿海不再發展鹽業的鹽田上架設太陽能板，因太陽能板的反光可能因此對棲息於鄰近濕地的鳥類飛行造成影響；又或者風力發電時風機的低頻噪音及光害對居住當地的人民生活帶來困擾。因此，符合永續發展的能源發展也成為台灣目前相當迫切的問題，此等涉及國家產業發展、世代正義的典型公共議題也有待進一步透過審議式民主的機制對能源的供給、節能、能源效率等問題進行討論。希望可以透過民主機制讓民眾可以了解台灣所面對的能源問題，特別在利害衝突最為嚴重的能源供給面向上，甚至將能源產業用地規劃導入台灣的國土空間規劃機制，在空間規劃的面向上提升人民的參與力道，讓合理的空間規劃引導能源產業的發展，藉以讓能源供給符合永續發展的要求。

三、合理的能源價格

　　在過往討論能源問題時，多有學者認為現行台灣的能源價格相較其他國家較為便宜，此等問題不僅僅出現在電力的供應，連自來水也有同樣的問題。究竟對台灣而言，合理的能源價格究竟如何設定？低價的能源價格，往往容易讓人民因為取得用電的低廉而不思節能，對排碳量的減少不利，但對傳統高耗能產業的發展及投資而言，無疑是一大福音。相反的，倘若調升能源價格，人民將因為市場價格的影響而更謹慎地使用能源，並

---

[22] *See* Richard J. Lazarus, *Congressional Descent: The Demise of Deliberative Democracy in Environmental Law,* 94 Geo. L.J. 619, 619-181 (2006).

降低碳排放，但連帶的，因為增加原物料生產的成本，帶來物價的上漲，在此同時，對傳統高耗能產業的發展不利，卻可能鼓勵節能產業的發展，有助於刺激產業的轉型。

從以上的討論中，可以發現能源市場的發展對產業型態及其成本有深刻的影響，也會影響到人民的日常生活，就此而言，無疑是一個重要的公共議題，在一個民主相對成熟的國家中，對此問題更適合透過審議式民主的方式來進行討論及決策，讓民眾了解其中的利弊得失，進行理性的溝通。從而，對能源價格本身運作審議式民主的機制將有助於台灣社會民主的深化，對市民社會素質的提升也將有實質助益。

伍、結語

台灣的廢核運動歷經將近四十年的努力，整個廢核運動不但與核四廠的爭議鑲嵌在一起，同時也與台灣民主化的進程有無法分割的關係。在台灣民主化的過程中，爭取言論自由、集會遊行、公民投票、解除黨禁及出版審查等核心內涵，在廢核運動推動的過程中都看得到這些制度的運作及主張，這些制度的共通點在於主張人民由下而上進行決策，並以市民社會的成熟及資訊的公開作為基礎，廢核運動的成功與這些訴求的達成具有相輔相成的關係，並進一步透過法律規範分階段將核能發電從台灣根除。在廢核的過程中，也同時可以發現世代正義、族群正義、環境風險的論述，讓核電這個燙手山芋更增加處理的困難性，也成為廢除核電的因素之一。事實上，這些困難的問題並沒有因為廢除核電而解決，核能發電所遺留的核廢料處理就是一大難題，此等難題加上能源價格及替代能源等永續發展的考量，仍將繼續考驗台灣社會的智慧。此等問題本身具有高度的複雜性與相互牽連性，光以「科技本位」，靠個別專業高超的技術恐怕也難以妥適解決問題。對此，唯有跨越個別科技的本位，朝向「人民本位」，以更為民主的方式，進一步深化民主，讓人民與政府、人民與人民間相互溝通及理解來進一步做好決策，才能成就台灣社會的永續發展。

從正義二原則論婦女參政保障名額合憲性

李孝悌
輔仁大學法學博士
國立高雄科技大學通識教育中心助理教授

壹、前言──研究動機

　　我國憲法從制憲以來至憲法增修條文中,皆存在婦女選舉參政保障名額,國內學者亦對於此種類型的性別上優惠性差別待遇提出質疑,認為違反憲法第7條平等原則,甚至可能對男性造成「反向歧視」。[1]此乃因國內通說對於平等概念論述時,依司法院大法官所詮釋,「平等,其內涵並非指絕對、機械之形式上平等,而係保障人民在法律上地位之實質平等;立法機關基於憲法之價值體系及立法目的,自得斟酌規範事物性質之差異而為合理之差別對待。」(釋字第589號)。而質疑婦女保障名額並非合理的差別對待,有違實質平等之虞。但晚近學說上開始對「實質平等」提出省思,認為歷來「司法院大法官的實質平等」,實際上一種形式空洞的用語,相當類似於美國學者所謂的「形式平等」(formal equality)[2]。所謂的「實質平等」(substantive equality)應該涉及特定平等價值或分配正義的理念,「等者等之」的公式本身不包含任何實質價值無法協助我們進行任何實質判斷,[3]「實質平等」所關切者應是更深層的價值觀──實現社會

---

[1] 通常質疑乃基於憲法第7條性別平等是保障男女在「法律上」的平等,而非事實上平等,婦女保障名額已屬於「事實上平等」或「結果的平等」,甚至有違憲法第7條「實質平等」的概念。相關批評可參見,蔡宗珍,「性別平等與女性保障名額制度」,司法院大法官九十五年度學術研討會憲法解釋與平等權發展,司法院主辦,2006年12月9日,會議手冊(下),115-138頁;吳煜宗,「婦女保障名額的違憲性」,月旦法學教室,第55期,2007年5月,6-7頁;洪家殷,「論我國婦女當選保障名額之規定」,東吳法律學報,第9卷第1期,1996年6月,151-189頁。

[2] 對於歷來「實質平等」概念的相關批評可參見,黃昭元,「國軍老舊眷村改建條例的合憲性」,台灣本土法學雜誌,第6期,2000年1月,24-25頁;黃昭元,「平等權與自由權競合案件之審查」,法學新論,第7期,2009年7月,23-34頁;廖元豪,「憲法平等權之意義」,月旦法學教室,第68期,2008年6月,51-54頁。

[3] 林子儀大法官,釋字第571號協同意見書,註釋六。資料來源:司法院網站,http://www.judicial.

正義與消弭群體壓迫。[4]

　　為處理此爭議，本文嘗試重新回到平等的核心概念—正義（justice）。吾人熟知「等者等之，不等者不等之」乃淵源於正義的概念，最早可追溯至古希臘時期伯拉圖、亞里斯多德便開始討論關於城邦事物的正義問題。正義的概念在西方哲學中佔有極重要的份量，不僅是整個社會道德價值體系及司法體系的基礎，亦為倫理學、政治哲學、社會哲學、經濟哲學、法律哲學的研究核心，其中與法律學「形式平等」最相關者，為亞里斯多德於倫理學一書中提出的「分配正義」概念。[5]分配正義涉及社會稀有資源如名譽、職位、財富等重要的分配，亞里斯多德的分配正義原理是「給予平等者平等的分配，給予不平等者不平等的分配」（giving equal shares to equal persons and unequal shares unequal persons）[6]，其與形式平等中所謂「相同事件相同處理，不同事件不同處理；等者等之，不等者不等之」概念一致。亞里斯多德認為分配正義至少涉及兩個人與兩件事的四角關係，因而分配可能出現四種關係與結果，（甲）兩人各方面條件都平等，分配給他們的東西也均等；（乙）兩人各方面條件都平等，但分配給他們的東西不均等；（丙）兩個人的條件不平等，但分配給他們的東西卻是平等；（丁）兩個人條件不平等，分配給他們的東西也不平等。其中（甲）和（丁）是符合亞里斯多德分配正義的原理，而（乙）就現代的例子而言，是職場上男女「同工卻不同酬」會引起性別歧視的爭議，（丙）的例子則類似現代共產體制中，不論個人資賦與努力，都獲得相同報酬。[7]然而，亞里斯多德的分配正義無法有效解釋「實質平等」的概念，如性別上優惠性差別待遇，參與選舉的候選人在實力、政經背景條件不同，卻基於「性別」保留給女性一定比例或男女各半的保障名額，猶如（丙）中兩者條件不同，卻基於性別給予均等的分配之質疑。

---

gov.tw/constitutionalcourt/uploadfile/C100/571-司法院.doc.pdf，最後參訪日期：2017/8/10。

[4] 廖元豪，註2前揭文，52-53頁。

[5] 對於亞里斯多德而言正義是具有分歧意義的名詞，廣義的正義是指一切合法的事情都是正義，法律與道德目標相同，此為「普遍正義」（universal justice）也是「全德」（complete virtue）代稱，廣義的正義與善的意義相同；此外，狹義的正義稱為「特殊正義」將其分為「分配正義」（distributive justice）和「矯治正義」（rectificatory justice）。有關亞里斯多德提出之正義概念介紹可參見，黃藿，「亞里斯多德的正義觀」，哲學與文化，第23卷第1期，1996年1月，1177頁以下。

[6] 黃藿，註5前揭文，1182頁。

[7] 黃藿，註5前揭文，1183頁。

　　直到近代的美國學者羅爾斯（John Rawls）提出以公平作為正義內涵（justice as fairness）出發，發展出「正義二原則」引起學界廣泛討論與注目。羅爾斯所提出的正義原則的第一個原則是，每個人都擁有自由平等的權利：在體系完備的社會中，每個人都享有平等的基本自由權利，且與其他人所享有的自由權並行不悖。（自由權平等原則）第二個原則是，在社會及經濟的不平等必須滿足下列兩個條件：（一）社會或經濟上的各種職位及地位必須在公平的機會均等條件下，對所有人開放（機會均等原則）；（二）差別對待必須是使社會中，處境最不利的成員獲得最大利益（差異原則）。[8]吳庚教授便指出在羅爾斯的正義理論中，含括了法律上形式的平等與實質平等，在我國憲法第7條平等原則和憲法的基本國策章中，表現出追求社會正義的規定，頗近似於羅爾斯的「差異原則」設計，而憲法第7條更是與正義直接相關。[9]本文將藉由探討羅爾斯的正義論，並對該理論加以應用，試圖找尋出優惠性差別待遇的「不平等手段」[10]，應能吻合正義論與平等原則之論據，並針對我國憲法選舉制度的婦女保障名額正當性加以檢證。

貳、羅爾斯正義論理論背景與基礎

　　在英語世界中，1971年羅爾斯出版的《正義論》（A Theory of Justice）一書，重新將哲學討論帶進社會中並引起廣泛討論。羅爾斯的正義論是要處理「分配的正義」，涉及社會成員中該根據什麼原則來分配他們所享有的權利、自由、物質方面的報酬、以及應該盡哪些義務，換句話說，何種分配方式是合乎道德的。有關此議題討論在西方傳統中，基本上有兩派不同的見解。一派是效益主義（Utilitarianism）與契約主義（Contractarianism），

---

[8] John Rawls, A Theory of Justice 302-303 （1971）.此處的正義二原則內容，已經是羅爾斯在正義論書中經過縝密討論過程後，修正所得出之觀點。

[9] 吳庚，「憲法的解釋與適用」，臺北，三民書局，2004年6月，第3版，180頁。

[10] 此處「不平等」，並非違反憲法或法律上平等原則之意，僅是描述「有差別待遇或差異」存在。政治哲學領域討論會出現所謂「不平等的平等」之語，乃因平等與「不平等」（差別待遇）兩者並非不相容，有時可透過「不平等」（差別待遇）的手段來實現平等，平等與「不平等」兩者並非衝突，只是狀似矛盾而已。因此，透過理論說明什麼樣的不平等是可以被容許的（justifiable），且差別待遇可透過論證證明符合羅爾斯的正義論。相同觀點的論證可參見，陸品妃，「不平等的平等」，政治與社會哲學評論，第19期，2006年12月，85-112頁。

但自18世紀以來效益主義幾乎籠罩整個西方倫理、政治及經濟思想領域，從休謨（Hume）、邊沁（Bentham）、亞當史密斯（Adam Smith）、密爾（Mill）等人所提出的理論，最後幾乎都歸結到效益原則。[11]羅爾斯在正義論一書序言中即認為，「因為過去尚未建立一種能與效益主義抗衡的道德觀，而導致我們必須在效益主義和直覺主義中選擇」，他不贊成使用效益主義，因效益主義不能真正說明正義，他亦不贊成直覺主義（Intuitionism），因為直覺主義只是靠我們覺得最接近正確的東西，來決定衡量公平正義[12]。因此他謙遜的提出自己只是回歸到洛克（Locke）、盧梭（Rousseau）、康德（Kant）的傳統，亦即羅爾斯所代表的是傳統的社會契約論，藉以來提供一套對正義更有系統的解釋。[13]

　　羅爾斯主要討論的對象是社會的基本結構（the basic structure of society），所謂社會基本結構是指各種主要社會組織間如何協調與構成一個系統，他們如何分配根本的權利與責任，以及如何將社會合作所產生的利益進行分配。因此，憲法、法律所認可的財產形式以及經濟組織都是屬於基本結構。[14]之所以需要探討社會基本結構，乃因社會基本結構對於我們每一個人影響都非常大，是實現理想人生非常重要的條件，且基本結構中的正義可以決定我們的行事原則，如此我們始能知道自己的行為是否符合社會德行。同時，正義是社會生活中所產生的問題，若離群索居單獨一人，就沒有正義的問題，因此正義原則要建立社會的基本原則，作為我們在社會中權利義務分配的指導。[15]因著羅爾斯正義論的提出，使沈寂已久的社會契約論觀點，再次受到學界重視與討論。

---

[11] 效益主義（Utilitarianism）國內早年多數著作翻譯為「功利主義」，學者石元康便指出「功利」二字在中文裡本身有負面的意涵，若形容一個人「功利」時，通常帶有鄙視與瞧不起，若使用「效益主義」更能顯示出Utilitarianism所強調的效率（efficiency），以及其目的論（teleology）的特性。近期國內大多文獻使用上多改採「效益主義」，故本文從之。石元康，「從原初的境況到公正的社會—洛爾斯的契約論」，全國律師，第7卷第1期，2003年1月，7頁。

[12] John Rawls, *supra* note 8, at 34.

[13] *See* John Rawls, *supra* note 8, at vii-viii.

[14] John Rawls, *The Basic Structure as Subject*, American Philosophical Quarterly, Vol 14, No 2, Ap. 1977, p.159.

[15] 石元康，註11前揭文，9頁。

一、基於自由主義的社會契約論

　　研究羅爾斯的學者認為，他承襲西方自由主義的哲學基礎傳統，堪稱接續了約翰密爾（John Stuart Mill）甚至康德的地位，雖然自由主義發展至今已經是個龐雜的傳統，基本上主要強調個人（individual）的權利與利益優先於集體價值，追求個人的幸福。大體上自由主義可謂具有幾個特點，如承認價值多元、肯定個人自由、人的平等性、政治體系中價值中立性；透過理性設計政治、社會制度與政策、容忍歧見，並主張以法治限制國家權限；以民主方式決定國家、社會制度，把民主作為保障自由、個體性及差異性之手段等。[16]然而，羅爾斯卻用「正義」作為表達自由主義的方式，而非選擇傳統的權利、自由等概念加以探討，因為他所設定的爭論對象是「效益主義」。羅爾斯開宗明義便主張，「每個人擁有一種基於正義不可侵犯的地位，即便是基於社會整體利益亦不可凌駕其上」，[17]其中所指「社會整體利益」就是指效益主義所追求的「大多數人的最大幸福」，因為追求效益主義的「跨個人」累積時，可能會傷害犧牲少數人的利益或權利。羅爾斯的正義論所關心的議題，已經從歐洲古典自由主義為對抗絕對王權、教會、貴族而爭取市民權利、市民社會與市場自主的焦點，轉而受到美國自由主義的時代發展啟發，反抗對象轉換為放任的資本主義及金權政治，是否要爭取平等與公平、公民的政治權利與社會權利，更由美國黑人的民權運動，令他提出一個更深刻而重大具體的課題：一個自由主義的社會，究竟能不能克服種族和階級所造成的剝奪，確實實現每個公民的自由與平等？[18]可否透過他所提出的「公平機會原則」與「差異原則」作為公平的正義之自由主義性格，亦即希望能夠成民主社會的道德基礎[19]，他提出一套自由主義的正義觀，也發展出一套平等主義形式下的自由主義。當自由與平等作為現今社會中極為普遍的基本政治要求時，如何兼顧兩者而發展出一種有原則的政治立場，讓自由與平等看似互相抵觸

---

[16] 如學者林火旺著書介紹羅爾斯正義論前，即花費相當篇幅簡介自由主義的概念，原因即在於羅爾斯正義論是植基於西方的自由主義思想，若不先理解自由主義將難以認識羅爾斯正義論內容。林火旺，「羅爾斯正義論」，臺北，台灣書店，1998年3月，初版，5-27頁。

[17] John Rawls, *supra* note 8, at 3.

[18] 錢永祥，「羅爾思與自由主義傳統」，全國律師，第7卷第1期，2003年1月，24頁。

[19] John Rawls, *supra* note 8, at vii.

的價值，能同時加以實現。[20]

　　羅爾斯明白指出他乃採用社會契約論的傳統論證，並且希望帶到一個更抽象的層次上。在傳統的社會契約論中，建立契約之目的在於設立政治組織，契約內容是人與人之間達成建立政府的協議。羅爾斯的契約論是要提升向另一個層次，立約者之目的在於建立一套道德或正義原則，當政府建立或憲法制定時必須建立於此原則上，他觀察美國憲法與憲政民主制度建立的四個階段，以此作為正義原則的運用。在第一個階段需先建立正義原則，其次是根據正義原則來制定憲法，第三階段是由國會負責進行立法階段，但國會所制定的法律不能與憲法衝突，最後階段是具體政策的制定與發生具體個案的法院裁判。[21]羅爾斯認為當社會的基本結構與制度，若能依照立約者所選擇的正義原則而設計，可使社會的多元和差異找到凝聚點，而社會也就可形成一個整合的整體（unity），讓社會內部產生自我支持的力量，形成一個穩定理想的社會。因此，社會正義不只是消極的約束個人的公共行為，更積極保障每個社會成員最起碼的基本權利和自由，它的價值必須具有優先性，因為它是其他價值成為可能的必要條件。[22]

二、純粹程序正義與契約論

　　羅爾斯所欲建構的正義理論是確立一個適當的正義原則，讓各種不同價值主張的人都能合理的接受，因此他所建立的是一種「純粹程序正義」（pure procedural justice），純粹程序正義不同於「完全程序正義」與「不完全程序正義」。完全程序正義有兩項特點，對於公平的分配存在一個獨立的標準，而且標準獨立且先於程序；另外一個特點是可能發明一個運作程序，此程序可保證達到所要的結果。他舉切蛋糕為例，當八個人要分享蛋糕，每個人都希望越多越好，但沒有人對於蛋糕有特殊貢獻或優先的權利，我們可以確立分配標準是「八等分」或者「讓切蛋糕的人拿到最後一塊」。不完全程序正義則是對於正確結果有獨立標準，但是缺乏可行的程序能保證實現這個結果，他舉出刑事審判為例，雖然對於正確結果有獨立標準（判斷犯罪者有罪），但是缺乏可行的程序保證實現這個結果。

---

[20] 錢永祥，註18前揭文，25-26頁。

[21] See John Rawls, *supra* note 8, at 195-201.

[22] 林火旺，「羅爾斯的自由主義與人的理想」，美國月刊，第8卷第9期，1993年9月，115頁。

法院訴訟中所依據的訴訟法條文標準是明確的，但是不論規範多麼周延，總有人可找到法律漏洞利用不完全程序正義的缺失。[23]

　　純粹的程序正義對於「正當結果」雖然缺乏獨立標準，但是可以確立一個「公平或正確的程序」，只要程序被人們適當地遵守著，其所得出的結果也會是正確的或公平的。羅爾斯舉賭博為例，若賭博程序是公平的、沒有作弊，最後分配賭金的結果就是公平的。[24]因為每個人的正義觀不同，社會基本結構的指導原則又必須得到社會全體同意，故而羅爾斯的正義論是希望藉由公平的程序，以決定適當的正義原則，這個程序中沒有對任何一個人特別有利或特別不利。為了達到建構一個決定正義原則的公平程序，羅爾斯採取契約模式來決定。[25]

三、設計原初狀態與無知之幕

　　傳統契約論者的起點都會先假設「自然狀態」（the State of Nature）存在，雖然每個契約論對於自然狀態描述不同，基本上都會假設在社會建立前，以自然狀態作為契約締結的起點，因為在此假設的狀態中，每個人是依據自己的方法和行事準則來達成自己的目的，人與人之間沒有共同的行事規則，當互相發生衝突時，最後終究是訴諸武力。在這種「前社會」時期，沒有道德上對錯的問題，只有在每個人都接受了一組共通的行事原則後，我們才能談論對錯是非。[26]

　　正義論的形成類似前述契約論者所提出的「自然狀態」，羅爾斯則是認為立約者必須是立於「原初狀態」（The Original Position），[27]在以公平作為內涵的正義中，平等的「原初狀態」不能看做一種實際的歷史狀態，亦非文明之初的真實原始狀態，僅為用來表達某種正義觀的「純粹假

---

[23] *See* John Rawls, *supra* note 8, 83-85.

[24] John Rawls, *supra* note 8, 86.

[25] 林火旺，註16前揭書，36-37頁。

[26] 石元康，註11前揭文，9頁。

[27] 羅爾斯的原初狀態是用來取代原本傳統社會契約論者，如霍布斯、洛克、盧梭及康德所主張的「自然狀態」（the State of Nature），對於羅爾斯的原初狀態與其他契約論者自然狀態之比較，可參見，范振乾，「約翰羅斯的正義理論」，思與言，第22卷第6期，1985年3月，608-612頁；曾慶豹，「試探洛爾斯的『原初狀態』－一個契約傳統之理解」，哲學與文化，第18卷第10期，1991年10月，942-945頁。

設狀態」，[28]主要目的在於為了使人們出發點達到平等而創設，在此狀態中以確保所達到的基本契約是公平的，而引導出「以公平作為內涵的正義」（justice as fairess）。[29]在羅爾斯所設計的原初狀態中，他假設了以下幾種主觀與客觀的條件。[30]

（一）立約者的動機

在原初狀態中立約者完全缺乏利他的動機，立約者之所以會參加定立這個契約完全是為了自利，別人的利益不在立約者考慮範圍內。因此，假定立約者在原初狀態中，各方是相互冷淡，不願為了別人犧牲他們自己的利益。因為羅爾斯認為假如立約者像是聖賢團體一般，大家抱持共同的理念、無私地位，為共同宗教或共同目標而努力，正義的實踐就不會出現，只有在相互冷淡的條件下對於社會利益劃分提出相互衝突的要求，如此方可能出現正義環境（the circumstance of justice）的適用。[31]

（二）無知之幕的遮蔽

在原初立場中為了要建立一個公平程序，使任何一致決定的原則都是符合正義的，且必須排除人們陷入偶然因素爭論的影響，引導人們利用社會和自然環境以適於他們自己的利益，故羅爾斯認為立約者必須要在「無知之幕」（veil of ignorance）後面。這個無知之幕讓立約者對於具體事件的知識加以剝奪，處於無知之幕後面的立約者，不知道自己的社會地位、階級、出身、信仰、興趣、能力、性向、性別、天生自然資質等，甚至不知道自己的具體人生計畫、心理特徵。他只知道普遍性的知識及原則，瞭解政治、經濟、社會等理論中普遍原則。[32]羅爾斯利用無知之幕來限制定約者，主要是在此程序中他們必須選擇出一些原則，無論最終他們屬於任

---

[28] John Rawls, *supra* note 8, at 10.

[29] John Rawls, *supra* note 8, at 17.中文譯作中有將"justice as fairess"翻為「作為公平的正義」、「正義即公平」，較完整的能傳遞羅爾斯的想法則是「以公平作為正義的內涵」，正義的內容是以公平的程序所決定，林火旺，註16前揭書，35-36頁。

[30] 石元康，註11前揭文，11-13頁。

[31] *See* John Rawls, *supra* note 8, at 126-130.

[32] 在羅爾斯寫作正義論年代尚無「角色扮演」電腦遊戲，對於無知之幕後方立約者的預設條件，猶如角色扮演遊戲每個玩家雖然具備從事遊戲的基本、普遍性知識、角色中戰鬥、完成任務技巧知識，但是尚不知道自己會成為遊戲中任何角色前如同處於無知之幕，所有的玩家（立約者）一同參與討論整個角色扮演遊戲中比賽規則，所得出遊戲規則將作為遊戲中的社會基礎結構。

何世代，他們都必須在自己所決定的原則而導致的結果下生活。[33]

（三）立約者具有理性

羅爾斯設定在原初狀態中的人們是有理性的，在選擇原則時他們每個人都試圖盡可能全力推進自己的利益。[34]具有理性之人，可能會採取三項理性的原則作為選擇行事的方式：[35]

1.最有效手段以達成目的原則

當我們存在一個既定的目標，應該會選擇一個消耗最小、最有效的方式來實現這個目標，如有A或B兩種行為方式都可以達成同一個目的，而A所需花費的效益較小，則一個理性的人會選擇A而不採取B。或者已經確定手段，一個人應當會理性的選擇在最大可能性內實現這個目的，經過審慎思考後會採取這種方式。

2.包含性原則

當有一個計畫的實施，除了能實現另一個計畫所有預期的目標外，還能實現一個或更多的其他目標，我們會認為這個計畫就比另一個計畫更可行。例如要做A和B兩件事情，A除了同樣能達到B所能達成目的外，尚能達成B以外之目的，而B卻不能達成A所能達成以外的任何目的，則一個理性的人會選擇A而不做B。羅爾斯舉例說明，若計畫要去巴黎或羅馬，假若不可能兩地都去，我們很清楚知道去巴黎（A）能做我們想在羅馬（B）做的一切事情，而且還能做其他事情時，我們應該會選擇去巴黎，這就是包含性原則。

3.機率較高的原則

當兩個計畫實現的目標是相同時，某些目標由A計畫實現的機會較大，由另一個計畫B實現的機會較小，A計畫實現其餘目標之可能性亦不低時，我們會優先選擇A。亦即，當A和B所能達成目的差不多，或兩者

---

[33] See John Rawls, *supra* note 8, at 136-137.

[34] See John Rawls, *supra* note 8, at 142-145.

[35] See John Rawls, *supra* note 8, at 411-413；羅爾斯並未清楚為三個原則加以命名，本文此處三原則名稱部分參酌學者石元康的用語，石元康，註11前揭文，12頁。

能帶給我們的滿足是差不多時，完成A計畫的機率、可能性是比較高的，一個理性之人會選擇採取A計畫。

從具有理性的選擇觀點，羅爾斯認為採取種族和性別歧視，必然是預先設定了某些人在社會體系中佔有優越的地位，他們想利用這地位來促進自己利益，但從同處於原初狀態中的人們的理性立場來說，這種性別、種族歧視的理論不僅是不正義而且非理性。[36]因為比起性別、種族歧視的手段，選擇對性別、種族給予平等對待的手段，當揭開無知之幕後，立約者發現自己是身為女性、或屬於少數種族而受到平等對待時，採取對性別、種族採取平等對待的手段，顯然是比較理性的選擇。

參、正義二原則

除了前述條件外，羅爾斯認為在原初狀況中每個人都是自由並且平等的，所謂的自由是指立約者可以任意提出，他所認為大家應該採納作為分配的準則，在提出原則上沒有任何人可對別人加以限制。而人與人間的平等是指沒有任何人在這情況中比別人佔便宜，每個人都可對於別人提出的原則加以否決的權利。因此，在這個出發點上所有人是公平的，沒有人比別人站在更有利的地位上。在這些條件下，立約者將面臨一個理性的選擇（rational choice），並且會願意選擇接受羅爾斯所提出的正義二原則。

一、正義二原則提出

羅爾斯先試著提出正義二原則的暫時形式，他認為的正義二原則如下：

第一個原則：每一個人所擁有的最大的基本自由權利，都和他人相等。

第二個原則：社會和經濟上不平等的制度設計，將以下列兩個原則安排：

（一）、它們對於每一個人都是有利的；並且

（二）、相關連的地位與職位必須對所有人開放。

---

[36] John Rawls, *supra* note 8, at 149.

　　羅爾斯認為這些原則主要是適用於社會的基本結構，它們要支配「權利與義務的分配」，以及「調節社會和經濟利益的分配」，第一個原則適用於「權利與義務的分配」；第二個原則是適用於「調節社會和經濟利益的分配」。第一個原則稱為「自由權平等原則」，主要在處理公民的基本自由，包括政治自由（選舉和被選舉權）、言論自由、結社自由、宗教和思想自由、人身自由、私有財產權、依法不得任意逮捕的自由等，要求這些自由能讓每一個人都是平等的享有，這是正義社會中每個公民皆可擁有同樣的基本權利（same basic right），[37]因而可稱為「自由權平等原則」。正義的第一個原則所要表達的是，在正義社會必須賦予每位公民相同的基本自由，不能因為身分、地位、財富、所得、智力、膚色、種族、性別的差別而有所不同，其精神在於凸顯一個正義制度必須把每個人都當成是一個平等、尊嚴的存在者。[38]

　　第二的原則可以稱做「差異原則」（the difference principle），內容較為複雜又可分為兩個部分。第一個部分處理經濟、社會上地位不平等的設計，但不平等必須對於所有人都有利，這是真正的差異原則；第二個部分則是地位（position）和職位（office）必須對所有人開放，因此是強調機會的均等（fair equality of opportunity）。例如，社會是一個合作的體系，在社會分工下會有不同職位、地位、權威、待遇所形成的階級與所得不平等，在自由社會是正常且不可避免，但對於不平等狀況不加以任何限制，不平等差距擴大最後會危及社會合作與穩定。因此，社會和經濟上不平等設計必須是對每一個人都有利，且職位必須對所有人皆開放，例如部門主管擁有較大權威、收入、地位，對於這個職位必須給能力較佳者擔任，此外必須讓任何一個有能力之人，都可以公開、公平地競爭這個職位，若一個人表現能力傑出卻因制度設計無法升遷，依據正義第二個原則這就是不正義的設計。[39]

　　由於正義的兩個原則各有所司，為避免適用上發生相互衝突狀況，羅爾斯認為正義二原則有適用順序，其排列像字典式的字母排列順序（lexical order）。首先，正義的第一個原則優先於第二個原則，不可為了得到較大的社會、經濟的利益而違反「自由權平等原則」，故又稱為

---

[37] John Rawls, *supra* note 8, at 61.
[38] 林火旺，註16前揭書，78頁。
[39] 林火旺，註16前揭書，79-80頁。

「自由優先原則」（the priority of liberty）[40]；社會上財富和經濟的不平等分配必須同時符合「自由權平等原則」且「自由的限制只能為了促進自由」。其次，在第二個原則中的「機會均等原則」必須優先於「差異原則」適用，在不阻礙或限制某些人、團體公平的參與職位和地位競爭的前提下，雖然財富和收入分配無法做到平等，但競爭的機會公平開放下所安排的社會和經濟的不平等，可使每個人都因此獲得利益。[41]

二、解析正義的第二原則

羅爾斯正義的第二個原則中「機會均等原則」是指機會「對所有人都公平的開放」（equal open to all），以及差異原則中不平等對「每個人都是有利」（everyone's advantage），羅爾斯這兩個用語會產生分歧的看法，加以排列組合可能出現四種解釋的可能性，羅爾斯將其製成下列圖表：[42]

對所有的人開放	對每個人都有利	
	效率原則	差異原則
工作職位對有能力的人開放	自然自由系統	自然的貴族系統
公平的機會平等	自由主義式平等	民主的平等

若將「對所有人開放」解釋為「職位對有能力者開放」，而「對每個人都有利」解釋為「效率原則」，我們可以得出「自然自由系統」。在自然自由系統中對於正義的第二個原則的解釋將會是「一個社會基本結構如果可以滿足效率原則，而這個系統中，職位和地位是對於有能力且願意爭取的人開放，則將會導致一個正義的分配」。[43]羅爾斯這裡所謂的「效率原則」是指帕雷妥的「最高效益」（Pareto Optimality）[44]，例如當社會上大多數人都覺得某個分配可以獲得最大效益且對每個人有利時，則我們可能會贊成奴隸制度的存在；而所謂的「機會對有能力的人開放」則是強

---

[40] John Rawls, *supra* note 8, at 302.

[41] John Rawls, *supra* note 8, at 61.

[42] John Rawls, *supra* note 8, at 65.

[43] 石元康，註11前揭文，15頁。

[44] *See* John Rawls, *supra* note 8, at 67-70.

調「形式的機會平等」，所有人在法律上都有同樣的權利進入有利的社會
地位。羅爾斯不贊成「自然自由系統」，因為雖然職位是對有能力的人開
放，但是「能力」（talents）是由天生和後天的社會因素造成，一個人的
聰明才智有很大部分是源自於遺傳或個人的生長家庭、社會環境所形塑，
因此資源分配（如典型的市場競爭經濟）一開始，就會受到自然或社會的
偶然因素影響，在這些條件下導致某種有效率的結果。[45]

　　羅爾斯認為「自由主義式的平等」對於上述的缺失會加以修正，在
「對所有人開放」的解釋上必須是「公平的機會平等」（fair equality of
opportunity），在具有相同能力、資格水準之人，不論他立於社會體系中
的任何地位，不論他來自任何的階層都有機會參與。羅爾斯認為雖然自由
主義式的平等可以消除社會偶然性因素，但每個人天生的資格、能力與家
庭出生背景有關，因此仍舊容許財富、收入分配的受到能力和天賦的自然
分配影響。[46]而「自然的貴族系統」就是具備形式的機會平等外，不再調
整任何的社會偶然因素的努力，在貴族或封建制度中有良好自然天賦的人
們的利益，被限制在有助於社會比較貧困的範圍內，因此，對於處在社會
上層的人給的較少，處於社會下層的人所得的東西亦會減少，在法律的觀
點上也會認為是正義的。[47]

　　「民主的平等」是要儘量將自然及社會環境對於人所造成的不平等
因素，降低到最小的程度，使大家在平等的出發點上開始競爭，因此，包
括在福利或教育上的特別措施，讓出發點較落後者能儘量趕上，讓造成機
會上不平等的因素加以消除。因為羅爾斯認為個人的才智、聰明是集體所
擁有的資產，不平等唯有在對於大家都是有利的情況下才能接受，當幫助
對於社會上最不利者改善他們的社會、經濟狀況後，對於社會上所有人整
體而言是有利的。因此，羅爾斯將正義的第二原則差異原則內涵略加以修
正，社會和經濟的不平等安排，在公平的機會平等前提下，職位和地位向
所有人開放，讓社會上最不利益者獲得最大利益。[48]民主的平等觀點主張

---

[45] John Rawls, *supra* note 8, at 71.

[46] *See* John Rawls, *supra* note 8, at 73-74.

[47] 羅爾斯在此所謂理想的貴族制度採取Santayana在《理性與社會》一書的觀點，John Rawls, *supra* note 8, at 74.

[48] 羅爾斯在此提出「鏈之連結」（chain-connection）的概念，當我們提出某個利益有效提升社會
上最不利之人（worst-off），當他們生活改善之時，會發生由下往上推移的效果，社會上其他人
的生活可以因之改善，可提升窮人和富人中間各種地位之人的生活。*See* John Rawls, *supra* note

消除個人能力差異的根源與條件，政府應該致力於縮小貧富差距、改善社會弱勢階級的生活條件，不應該由後天社會的機運（social fortune）或自然的偶因（natural contingency）來決定個人在社會中的利益與負擔分配，因為在公平的機會還是有利於有先天或社會地位上具有優勢者，因此，羅爾斯的正義二原則就是要減輕此自然的偶因和社會機運二者的影響。[49]

　　民主的平等是羅爾斯的差異理論，其中內涵之一就是將所有社會成員天生稟賦的分佈視為社會的共有資產，因此一個人發揮個人天賦與資質，在此意義上是屬於社會的；而在道德上來說，不是當事人「應得」的，而是需要與其他人互補與配合才可能發揮作用。因而，只有在鼓勵有才能者更加鍛鍊、發揮其才能，以便有利於弱者的條件之下，有才能者才有獲得比他人較多報酬或獎勵的理由。換言之，羅爾斯的理論已經一反傳統自由主義將分配問題，與有才能或有貢獻者直接結合起來的「賢能體制」（meritocracy）的趨勢，而反其道而行從社會合作的公平條件著眼，替分配的不平等建立限制。[50]

三、透過小中取大而決定正義原則

　　完成正義二原則假設後，接著必須要證立（justification）立約者從原初之境在無知之幕與純粹程序正義中，如何得出立約者會願意選擇羅爾斯的正義二原則。在透過契約論和「反思的平衡」（reflective eguilibrium）的方法，立約者將會選擇他所提出的正義觀點。所謂「反思的平衡」是指我們對於常識道德判斷和已經建立的道德理論作反思，而不僅是對道德概念進行分析和演繹，並用理論修正常識判斷中的虛假不實之處，再修正我們所修正的道德理論，從而得出最合乎我們道德感的理論，羅爾斯認為這是一種修正思考的雙向過程，也是過去效益主義只用來修正常識，卻缺乏用常識判斷修正效益主義。羅爾斯透過反思的平衡就能讓立約者，在原初情境和無知之幕下進行深思熟慮的判斷，最後深思熟慮的結果會與正義原則相符合。[51]

8, at 75-83.

[49] John Rawls, *supra* note 8, at 96.

[50] 錢永祥，註18前揭文，24頁。

[51] *See* John Rawls, *supra* note 8, at 150.

　　在原初之境中立約者受到無知之幕的作用，讓每位立約者對於自己的知識變得極為有限，立約者無法計算自己進入社會後會成為那個階級，因此羅爾斯認為在不確定的情況下進行選擇時，最明智的方法是採用「小中取大」的規則（maximin）作為指導，[52]當我們有幾個不同選擇時，小中取大規則讓我們會做的選擇是，所做決定中最壞的結果還會比其他決定的最壞結果來的好，羅爾斯舉出下列這個例子加以說明：[53]

決定	情況		
	C1	C2	C3
D1	-7	8	12
D2	-8	7	14
D3	5	6	8

　　D表示不同的選擇，C表示可能出現的情況，假如我們選擇D1最壞的情形是可能損失700元；最好的情況是賺得1200元，以此類推。透過「小中取大」的規則我們最可能會理性的選擇D3，因為雖然最好的情況出現時我們只能賺800元，但是即使最差的情況出現還能賺500元。在無知之幕的遮蔽下，立約者最合理的選擇將會是採取「小中取大」的規則，而這個規則將引導立約者選擇羅爾斯的「差異原則」。[54]我們可以想像兩個具體的社會做為例子，一個是羅馬時代的奴隸社會，另一個是現代的北歐福利社會。在羅馬社會中，統治階級擁有極大的權力、享受美好的生活；奴隸階級則是如同貨物般對待與販售，過著非人的生活。在現代的北歐社會福利國家中，雖然社會上也存在著不平等但沒有羅馬社會那麼大差距，最好的生活就是大資本家，而最差的生活就是出賣自己勞力擔任勞工。如果立約者在原初狀態中，若對於自己的身分、地位、具體的知識具備時，將可能透過計算自己成為統治階級或奴隸的機率高低，來決定要選擇羅馬社會

---

[52] maximin有譯者翻為「最大化的最小值」，林火旺，註16前揭書，92頁。羅爾斯解釋the term "maximin" means the *maximum minimorum*，文中並提及這是依據每個選項的「最壞結果」（worst outcomes）來排列，我們會從每個選項最壞的結果中，選擇比較好的壞結果，雖然這不是一般情況下我們會採用的選擇方法，但是在無知之幕下是我們最可能採用的方式。本文採用學者石元康意譯的翻法「小中取大」，石元康，註11前揭文，15頁。*See* John Rawls, *supra* note 8, at 152-154.

[53] John Rawls, *supra* note 8, at 153.

[54] John Rawls, *supra* note 8, at 155.

或北歐社會，但是在原初狀態中如羅爾斯所假設的條件下，立約者無法計算此機率，最理性的將會是採用「小中取大」規則來選擇，願意選擇北歐的福利社會。[55]立約者就是在這樣的情境下，願意接受羅爾斯的差異原則，不平等的對待只有在對於社會上最不利的情況中的人們，才能被允許。

在無知之幕的籠罩、遮蔽下，我們不會選擇一般「可期待利益的最大化」，理性地把每個選項的所得相加，找出可期待的最大利益，因為在不知道成功機率與自己地位前提下，冒險選擇的後果可能將會失去更多，且最壞的命運可能會臨到我們。[56]當然並非所有的情況下我們都會採取「小中取大」規則，羅爾斯提出此觀點是強調適用於某些大規模的選擇，而在原初狀態是一種非常特殊的情況搭配下，其設計用來作為保證不管選擇的結果是什麼，都將會是公平的。

四、正義原則的運用

羅爾斯以憲政國家制度形成的四個模擬階段，作為正義二原則的運用說明，[57]分別依序為設計原初狀態的正義原則、透過制憲會議制定符合正義程序內涵的憲法、立法制定階段、最後進入法院判決及行政機關用作實際例子階段，過程中「無知之幕」漸漸揭開。首先在原初狀態中無知之幕完全遮蔽下，立約者將決定一些正義原則作為社會基本構造的依據，立約者進入制憲會議後無知之幕可以揭開一部分。但是此時立約者仍舊不知道有關自己的個人社會地位、具體的價值觀、自然環境、資源經濟發展、政治文化水準等，立約者們只知道社會理論的一般性原則。制憲過程中立約者必須處理設計一個正義的政治程序，以保障平等公民的自由能融

---

[55] 石元康，註11前揭文，19頁。

[56] 例如，日常生活中假日是否要選擇開車出遊，最壞的結果是出車禍死亡或者選擇在家裡度過寧靜的假日，但在家中可能有不速之客來訪叨擾我們，若採「小中取大」原則會選擇在家被朋友叨擾，但這不符合我們通常日常生活作決定的思考。可見「小中取大」屬於保守的悲觀主義思想，並非所有環境下我們都會採用此種選擇模式。

[57] 這四個階段只是運用正義二原則的設計，屬於羅爾斯正義理論的一部分，而不能當作現實憲政會議和立法的實際運作情形。實際生活中的理想是，參與立憲者想像自己是理性的立約者，在上述這些條件下如何為社會選擇憲法、立法者假設自己在第三階段，會如何制定法律，因為在允許範圍內，有許多可能的正義制度可以選擇，對於社會和經濟政策上許多問題可幫助我們回到純粹程序正義的概念來制定，在正義憲法授權下，法律和政策在可允許範圍內所制定出來的結果就是正義的。林火旺，註16前揭書，113-114頁。

入憲法並受憲法保障；同時設計一個有效的政治程序能產生一個正義的法律體系。當進入立法階段程序，法律內容必須符合憲法與正義二原則，在兩者之間反覆來回調整，通常正義的第一原則作為憲政會議的標準以保障個人自由，第二原則通常在立法階段開始發生作用，指導社會及經濟政策制定，使法律在維持平等的自由權利和公平的機會平等的條件下，透過「差異、不平等」的手段，能使社會上最不利益的階級獲益而增進所有人利益，到最後的第四階段無知之幕就完全揭開。無知之幕對立約者限制的資訊量，主要是每階段中面臨正義問題必須明智地解決，讓任何會導致偏見、曲解和敵視他人關係的知識加以排除，所以到最後階段就不再需要無知之幕。[58]羅爾斯希望達成的是可提出一系列的觀察點，在憲法、法律或政策上將如何安排，雖然不確定但是透過「準純粹程序正義」（quasi-pure procedural justice）的觀點，讓各種可能的法律或政策在正義的憲法授權允許範圍內制定，所得出的法律、政策就是正義的，雖然這樣的正義論內容不確定，但以公平作為內涵的正義可協助我們指出社會應該避免的嚴重錯誤。[59]

（一）平等的自由權運用

羅爾斯所討論的自由是與憲法和法律的限制相聯結，限制某個自由必須要能達到整體自由的平等性，以及為了公共秩序的安全才能具備合理性，因此運用正義第一原則平等的自由權至憲法制定的政治程序中，必須符合「平等參與原則」（the principle of equal participation）。[60]平等參與原則要求所有公民都有平等權利參與並決定建構法律的憲法程序，而在現代憲政民主設計中通常採用代議制度，因此除了特殊例外情形必須保障所有成年人都有參加政治事物的權利，並且基於一人一票、票票等值，以公平、自由、規則的方式進行選舉，劃分公平的選舉區。所有的公職至少形式上平等地對所有人開放（an equal access ,at least in the formal sense, to public office），每個人皆可加入政黨、參與公職選舉。而限制人民參與必須與職位的工作性質有關、基於公共利益考量，而非為了歧視某些人或團體。[61]

---

[58] See John Rawls, *supra* note 8, at 195-200.

[59] John Rawls, *supra* note 8, at 201.

[60] John Rawls, *supra* note 8, at 221.

[61] John Rawls, *supra* note 8, at 223-224.

政治自由的價值在於,憲法必須提升所有社會成員參與的平等,保障每個公民有相同機會(the same chance)參與和影響政治過程,不論其經濟、社會地位如何,透過保障如言論、集會、思想和良心等自由,此正為正義第一個原則所要求。避免私人利用財力、社會地位影響公共論壇的參與公平性,甚至有必要採取補償性步驟以保護公平的價值,以免擁有較多私人資源者以優勢掌控公共議題討論方向。參與原則除了要求取得政治上職位的公平競爭形式,民意代表必須能反映選民利益、在實質意義上能代表選舉區的選民,且設法通過正義的、有效的立法,即便只有少數人全時間投入代表人民從事政治,但他們應該盡可能的平等地來自社會各個部分。[62]

(二)差異原則的運用

社會制度與設計影響到每個公民的生活,差異原則運用於社會和經濟結構時採用羅爾斯的社會契約論,馬上面臨社會制度會影響公民的理想和對自己的看法,如此看來以契約論的方法建構正義原則似乎不當。因此,在選擇正義原則時,如何尋找一個「阿基米德點」來評估基本結構,通常評估社會的基本制度需要一個客觀的標準作為依據,這個標準必須先於將受到評價的社會制度。羅爾斯則認為,尋找阿基米德點不需要訴諸先驗性原則或完美主義的原則,立約者在原初狀態中訊息是一種「社會基本善」,只要假設對於社會基本善的欲望、適當定義立約的最初情境,就可以找到獨立於對既存環境的客觀標準。[63]

正義第二原則既然涉及社會和經濟的基本結構,它可用來處理公共部門和規範經濟活動的制度之正當性,其中將涉及公共部門涉及私有財產經濟或是社會主義,但羅爾斯認為兩者皆可包含在其正義理論中。[64]社會和經濟制度的設計通常涉及分配正義的問題,依據正義第二原則,社會和經濟基本結構必須達成兩個目的,(一)保障社會成員公平的機會平等,除了維持社會經常性的資本外,政府必須保證教育的機會平等,透過補貼私立學校、設置公立學校;(二)保障社會最低收入者,例如以家庭津貼和傷殘就業補助或設計「負得」所得稅等方式,以實現差異原則。政府可

---

[62] See John Rawls, *supra* note 8, at 225-228.

[63] John Rawls, *supra* note 8, at 230.

[64] See John Rawls, *supra* note 8, at 230.

以透過設置各種政府部門來維持市場經濟效率，保障市場合理競爭、充分就業、訂定社會生活條件的最低標準，考量生活必需品、適當合適的最低收入，甚至透過課稅和財產權的必要調整以保障社會趨於正義。[65]只要滿足於正義的第二原則，則公民的所得和財富分配是正義的。但差異原則並不僅限於社會及經濟領域，即使因為金錢對於政治和立法的不平等限制亦可適用，羅爾斯在之後的《政治的自由主義》書中，便基於差異原則對美國聯邦最高法院Buckly v. Valeo[66]一案判決加以批評，美國聯邦最高法院認為限制私人捐助選舉廣告之立法違憲，侵害美國憲法第一修正案所保障人民的言論自由。羅爾斯則認為美國聯邦最高法院未重視捍衛基本政治自由的公平價值，因而未能認識到憲法言論自由必須參照憲法其他規定進行調整，本案中捐助選舉廣告經費的限制，就是為要求保障各種政治自由的公平價值。[67]否則看似公平的選舉，卻因為私人贊助廣告費用越高，透過選戰中經濟力多寡將影響選舉公平競爭，個別候選人的社會經濟實力背景越強者，越容易在選戰中脫穎而出獲得勝利，自然不可能達成平等的政治自由權。

（三）正義原則作為自由主義的政治哲學

　　經過嚴謹繁瑣的討論，且不斷修正後，羅爾斯在1971年版的正義論書中所得出正義二原則的結論是：

　　　　第一個原則：每一個人對於所有人所擁有的最廣泛的平等的基本自由體系相同的類似自由體，都應擁有一種平等的權利。
　　　　第二個原則：社會和經濟上不平等的制度設計，將以下列兩個原則安排：
　　　　一、在公平的機會平等條件下，職位和地位向所有人開放；並

---

[65] 羅爾斯將政府部門分為四個部門：一、配置部門：其任務在於使價格體系確保競爭力，防止不合理的市場力量；二、穩定部門：致力於協助人民充分就業。此二類部門屬於維持市場經濟效率。三、移轉部門：制定最低的生活標準、生活必需品、最低收入標準；四、分配部門：主要是稅捐機關任務，透過課徵遺產稅、贈與稅、限制繼承達到財產、財富的重新分配，避免貧富差距過大不利於平等的政治自由和公平的機會，避免使代議制度形骸化，同時以課稅制度增加國家稅收，讓國家能獲得社會資源以生產公共利益。*See* John Rawls, *supra* note 8, at 275-281.
[66] *Buckly v. Valeo*, 424 U.S. 1 (1976).
[67] John Rawls, Political Liberalism 62 (1993).

且，二、與正義原則一致的情況下，適合於最少惠者最大利益。[68]

　　綜觀羅爾斯的正義論，是其政治哲學核心的部分，他企圖以公平作為正義的內涵來取代效益主義的政治性正義觀。羅爾斯此種政治性的正義觀是屬於自由主義式，因他特別強調基本自由的優先性，需優先於整體利益考量，並且主張個人應該享有適當額度資源，以滿足這些基本的自由。其理論具有下列三項特徵，展現了一種平等主義式的自由主義（an equalitarian form of liberalism）：（一）政治自由的公平價值必須得到保證；（二）人生前景的差異必須以公平的機會平等為前提；（三）不同職位和工作間報酬不平等的調整，必須讓社會合作中最不利益者（the least advantaged）獲得最大利益，這不僅是吻合我們在深思熟慮後對於社會所做的各項判斷，而且為憲政民主社會提供了更為恰當的道德基礎。[69]

肆、正義論之修正

　　羅爾斯的正義論問世以來，掀起學界和各方廣泛熱烈的討論，本文並無意深入其哲學或政治理論論戰，[70]整體而言，羅爾斯並沒有實質修正正義二原則的內涵，主要是對於論證說理的修正與補強，以下僅針對羅爾斯於《作為公平的正義》一書中，重新說明與修正正義二原則的論證部分，加以簡介。

---

[68] John Rawls, *supra* note 8, at 302.

[69] 謝世民，「後啟蒙的哲學計畫；羅爾斯的政治自由主義」，全國律師，第7卷第1期，2003年1月，30頁。

[70] 羅爾斯正義論所代表者為自由主義的陣營，與此相對者為「社群主義」（Communitarianism），對於大多數的批評羅爾斯本人鮮少回應，但是許多研究羅爾斯的學者皆認為羅爾斯後期為文主要是回應Michael J. Sandel的批評，Sandel在「自由主義與正義的種種限制」（Michael J. Sandel, Liberalism and the Limits of Justice, Cambridge University Press, 1982）一書，對羅爾斯理論進行深入的批評。相關批評與回應之中文介紹可參見，林火旺，註16前揭書，195-225頁；余桂霖，「論羅爾斯的正義論」，復興崗學報，第56期，1996年9月，10-18頁；葉永文，「J. Rawls的正義觀以及M. Sandel的批評：一個自由主義與社群主義的爭辯」，國家發展學刊，第4期，1998年2月，86頁以下。

一、適用於多元社會政治哲學的正義論

透過羅爾斯的正義論，當代政治哲學的討論主題已經從自由變成平
等，對於羅爾斯而言，自由和平等都是非常重要的政治價值，僅解決自
由的問題並不足夠，平等的問題必須連同一起解決，且對於羅爾斯而言，
自由和平等的價值是緊密關連，欠缺平等的自由僅是形式的自由。相對
而言，自由的問題比較容易解決且在一定程度上已經解決，而現在必須
認真對待平等的時候，羅爾斯正義論的重大意義在於實現了政治哲學意
義的轉換。[71]羅爾斯在《作為公平的正義：重述》（Justice as Fairness：A
Restatement）書中，[72]一方面仍為堅持的基本理念辯護，回答人們對於他
的一些批評，另一方面是修正原本《正義論》中的缺點。羅爾斯重新闡明
他的正義論不是全面性的道德哲學或倫理學，而是屬於政治哲學，他承認
在現代民主憲政的時代存在「合理多元主義」的事實，政治哲學必須關注
高度爭論和衝突的問題，儘可能在實踐上的縮小分歧，作為追求理性和反
思目標的觀念，雖然無法消除合理多元主義的事實，但是有助於人們接受
合理多元主義，使我們相信將來有可能實現合理的、正義的民主政體的存
在。[73]實際上從1980年代以後，羅爾斯就放棄正義論作為「普遍有效性」
的原則，原本他主張正義理論可以對所有社會和所有時代都可有效適用，
但後來修正為是面對「立憲民主的社會」所提出的正義論，至於對於可否
適用於其他社會，羅爾斯則持保留態度，因為形而上的哲學或道德秩序的
真理，無法為民主社會提供眾人所能接受的一個正義的基本政治體系。[74]

實則，羅爾斯在《政治的自由主義》書中已經開始補充闡明其想
法，西方社會自從宗教改革之後已經成為多元化社會，面對多元化社會

---

[71] 姚大志，「從「正義論」到「正義新論」」，全國律師，第7卷第一期，2003年1月，36頁。

[72] 羅爾斯為了回應正義論所引起的批評，陸續有發表文章加以回應與修正理論，之後集結成專書
的部分，主要則是1993年所出版的「政治的自由主義」（Political Liberalism, Columbia University
Press, 1993）、1999年「萬民法」（The Law of Peoples, Harvard University Press, 1999），及最後
2001年出版的「作為公平的正義：重述」（Justice as Fairness：A Restatement, Harvard University
Press, 2001）。整體而言，羅爾斯這幾本著作主要環繞在政治自由主義的政治哲學領域，孜孜不
倦耕耘了50年。對於羅爾斯著作的政治哲學分析簡介，可參見謝世民，註69前揭文，27-34頁。

[73] John Rawls, Justice as Fairness: A Restatement 2-4 (2001).

[74] John Rawls, *Justice as fairness: Political not Metaphysical*, Philosophy and public affairs, 14 (1985),
p230.

的政治秩序與政治穩定，已經不可能建立在所有人都接受的同一價值或同一個全面性學說之上。若是由「暫定的協議」（modus vivendi）來獲得政治上穩定也相當脆弱，因為暫定的協議是雙方或多元勢力平衡所獲得的穩定，由於會隨著彼此勢力的消長而破壞原本協議。因此，羅爾斯希望提出比傳統自由主義的全面性學說弱一點（weaker），但比「暫定協議」稍微強一點（stronger）的自由主義，比傳統的自由主義弱一點是因為它是一種政治的正義觀，運用的對象限於政治領域（the domain of the Political）。因此，正義理論所運用的對象是社會基本結構中憲政的本質事物（constitutional essentials）和基本正義（basic justice）有關的事物。[75]因而，大家只有在「公領域」（public sphere）的事務上接受這個正義觀的規範，至於在非公領域中（non-public sphere）每個人仍然可以保有自己原本的道德、哲學及宗教信念或信仰，在西方社會中對於人和社會的看法，可已有足夠的資源對於各種合理的宗教、道德、哲學及信仰，找到人們可共同接受的政治正義觀，這樣的正義觀有相當合理的論證基礎，不會隨著彼此勢力消長而破壞共識。[76]

羅爾斯認為在民主社會中會產生許多歧見的原因在於，人們可能彼此利益分歧、非理性、愚昧或誤謬等因素造成，但仍有許多歧見的形成無法用這些理由說明，作為合理而理性之人面對問題仍然會有嚴重分歧，且雙方彼此言之成理，即使經由充分溝通、討論後，歧見依然存在。[77]主要原因在於民主社會中基於自由制度運作的結果，自然會產生合理多元主義的存在，此一事實使得我們無法寄望社會上每位成員都接受同一價值觀來達成社會的秩序和穩定，因此，必須尋覓其他合理的途徑來讓社會能「異中有同」，分歧中仍可達成共識。

二、基本理念與交疊的共識

羅爾斯認為在民主社會的公共信念文化中存在一些基本理念，一方面是被當作眾所皆知的，另一方面是經過深思熟慮所產生，因此基本理念是

---

[75] See John Rawls, *supra* note 67, at 227-230.

[76] See John Rawls, *supra* note 67, at 147-148.

[77] 羅爾斯甚至提出六種造成意見紛歧的原因，See John Rawls, *supra* note 67, at 56-57.

相互一致處於有秩序的狀態。[78]同時將「反思的均衡」與深思熟慮判斷的範圍縮小，不再是所有時代、所有社會中人的判斷，而「僅是處於民主立憲社會文化」中人們的判斷，由於大家處於共同政治文化中，對於民主制度施行已經有三個世紀左右的經驗，才可能有一套大家所能共同接受的判斷。而社會乃是一個公平合作的體系，人們會依據基本承認的規則和程序來互相協調與彼此的行為，在這些合作條款中具有互惠性（reciprocity）和相互性（mutuality），此合作理念包含每位社會參與者的理性利益和善的理念。[79]在良好秩序社會（well-ordered society）中每個人都接受相同的政治正義觀，社會的主要政治結構與社會制度使他們結合為一個合作的體系，公民在通常情況下他們會具有正義感，正義感使他們理解和應用正義觀。[80]同時羅爾斯修正了原初狀態，他認為在原初狀態中是一種代表的設置（device of representation）是為了公眾澄清或自我澄清的目的所為的思想實驗，在原初狀態的條件下作為自由和平等公民的代表，就公平合作的條件達成一致的協議，並且在公平的條件下各方可適當的提出某些政治上正義原則。[81]立約者是自由平等的從事社會合作的人，他們具有兩種道德能力，一個是擁有正義感的能力，可以理解、應用和實踐政治的正義原則，而政治的公平原則作為公平社會的合作條款；第二的道德能力是擁有善的觀念（conception of the good）能力，使人們可以追求、擁有、修正和理性地追求善的觀念，使立約者可以在合作體系中履行和遵守各種權利義務。[82]

　　既然在民主憲政社會中，政治哲學的功能已經不再是追求真理，羅爾斯對政治哲學目的提出了「交疊的共識」（Overlapping Concensus）的概念。因為在民主社會中的人民不再有共同的宗教信仰、哲學主張、人生目標和理想，因此在多元的社會中難以建立一種統一的思想，只能透過一種政治上的正義思想體系，可以讓不同宗教信仰、哲學與人生觀者的支持，才能達到某種程度上的共識。這些民主多元社會中人民的共識僅限於政治正義的共識，羅爾斯因而稱其為「交疊的共識」，「交疊的共識」概念可以做為維護民主社會的穩定秩序。[83]政治上的正義觀所適用的

---

[78] 姚大志，註71前揭文，39頁。

[79] John Rawls, *supra* note 73, at 6.

[80] John Rawls, *supra* note 73, at 8-9.

[81] John Rawls, *supra* note 73, at 14-17.

[82] John Rawls, *supra* note 73, at 18-19.

[83] John Rawls, *supra* note 73, at 32-33; John Rawls, *Justice as fairness: Political not Metaphysical*,

課題既然是近代民主社會的基本結構，因此會期待社會中主要的政治、經濟及社會制度，特別是在憲政根本與基本正義有關的事物上，能符合正義理論的要求。同時，正義理論不需要表明依附於某個合理的全面性學說，亦無法說明正義的內涵，正義理論呈現出的樣式是一種自立自恃的觀點（freestanding view）。[84]因此，羅爾斯正義理論的特色在於「中立性」（neutrality）及「透明性」（transparency），國家對於各種合理學說、信仰與價值觀一視同仁，嚴守中立性；對於社會秩序穩定性的維持不依靠意識型態或虛假意識（false consciousness），而是經由公民透過對於社會基本結構，尤其是憲政基本要素與基本正義有關事項，是否能符合羅爾斯正義二原則的要求，可以自由而公開的接受隨時檢驗。[85]基於公開性和透明性增加公民之間彼此的信任，以及對政治體制的信任會逐漸強化，從內部產生一種穩定的力量，猶如羅爾斯所稱「在公共的政治生活，沒有任何事物需要加以隱藏」[86]。

當秩序穩定良好的社會無可避免發生衝突時，公民訴諸他們共同接受的、公開認可的正義原則，並應用這些原則來調解衝突和歧見，作為檢驗基本結構是否合乎正義的標準，因此必須界定出一套公共理性（public reason）[87]作為調解衝突的公共判斷準則，必須要能調解衝突與歧見，否則便非穩定的正義觀。穩定的正義觀必須具備三個基本要件，一、必須能為大多數公民所共同接受；二、能培養出有效的正義感；三、必須能使公民公開認可，並且能作為調解衝突與紛爭的公共判別準則。[88]羅爾斯透過將正義論適用集中於政治哲學領域，並且限縮反思平衡的範圍與補強「交疊的共識」，為合理多元主義的民主社會建構一套維繫民主憲政的正義原則。[89]

Philosophy and public affairs, 14 (1985), p246.

[84] John Rawls, *supra* note 67, at 11-12.

[85] 國內學者張建福所提出之看法認為，羅爾斯的政治自由主義具有「中立性」與「透明性」兩項特質，可參見，張建福，「多元主義與合理的政治秩序：羅爾斯的《政治自由主義》初探」，全國律師，全國律師，第7卷第1期，2003年1月，59-61頁。

[86] John Rawls, *supra* note 67, at 68.

[87] John Rawls, *supra* note 8, at 5,454; *see* John Rawls, *supra* note 67, at 213-254.公共理性概念運用於法律理論可參見，顏厥安，「公共理性與法律論理，收錄於氏著幕垂鴞翔—法理學與政治思想論文集，臺北，元照出版社，2005年7月，初版，289-325頁。

[88] 陳宜中，「羅爾斯與政治哲學的實際任務」，政治科學論叢，第14期，2001年6月，51頁。

[89] 司法院大法官釋字第499號指出：「憲法為國家根本大法，其修改關係憲政秩序之安定及全國

三、正義二原則的微調與再詮釋

在《作為公平的正義：重述》書中，羅爾斯重新對正義二原則做了闡述如下：

> 正義的第一原則：每一個人皆可主張享有一個完備體系下（a fully adequate scheme）的各項平等的基本自由，而其所享有的自由與其他人在同體系下所享有的各種自由相容；以及正義的第二原則：社會和經濟的不平等應該滿足下列兩個條件：
>
> 第一，關於社會和經濟的各項職位和地位應在公平的機會平等條件下，對所有的人開放；
>
> 第二，這種不平等為使社會上最不利的成員（the least-advantaged members）獲得最大的利益。[90]

羅爾斯仍舊強調正義二原則適用有優先順序，首要追求人民平等的政治自由，再者公平的機會平等原則是優先於差異原則。正義的第一原則之目的在於確保「基本自由」，所謂的基本自由是指思想自由、良心自由、政治自由、結社自由，以及法治原則下所涵蓋的自由與權利，同時羅爾斯強調這些基本的自由是複數的「各種基本自由」（basic liberties），而這些自由必須跟歷史處境結合在一起，自由雖然擁有某些程度的優先性，但並非絕對的。而過去人們對於羅爾斯正義二原則的理解，會認為第一個原則是表達政治價值，而第二原則表達的則不是政治價值，羅爾斯認為這樣理解有誤，因正義二原則間所表達的都是政治上價值，只是在社會基本結構中具有兩種功能，第一原則確立的是正義的立憲體制，透過正義第二原則的功能則對於自由和平等的公民，提供了最適合的社會正義和經濟正義的制度背景。羅爾斯並重申所謂的「公平的機會平等」不是形式上平等，

國民之福祉至鉅，應由修憲機關循正當修憲程序為之。又修改憲法乃最直接體現國民主權之行為，應公開透明為之，以滿足理性溝通之條件，方能賦予憲政國家之正當性基礎。」針對第5次憲法增修程序部分違憲的論證理由中，本號釋字中就展現出羅爾斯所強調的「公開透明與理性溝通」理念。

[90] John Rawls, *supra* note 73, at 42-43.

而是他所採取的「民主式平等」。[91]

正義二原則中最複雜的部分是差異原則,因此羅爾斯重新詮釋主要集中於差異原則。對於羅爾斯而言,正義總是意味著平等,他提出差異理論意圖解決分配方面的不平等,差異理論並非要消除一切的不平等,而是試圖解決「什麼樣的不平等是一個良好秩序社會所能容許的」,依其理論當社會不平等和經濟不平等能讓最不利益者能獲得最大好處時,這些不平等就是可容許的。而主要問題癥結點在於如何區分誰是最不利益?如何區分比較有利和比較不利?羅爾斯因而認為應該根據「基本的善」所分享的配額來判斷誰是最不利,因此,羅爾斯提出五種基本的善:一、基本的權利和自由:例如良心、思想和其他自由,能使道德能力能全面性發展和利用;二、當擁有各樣機會平等的條件背景下的遷徙自由和選擇職業自由,這些機會允許他們可追求各種目標,亦容許和修正它們;三、能擁有職權和權威的地位的權力和特權;四、收入和財富,因為收入和財富是達成眾多目標的通常手段;五、自尊和社會基礎,這些是組成社會基本制度的部分,對於公民能否強烈感受到自身價值,且能帶來自信推動其目標,因此自尊和社會基礎通常是極其重要。[92]

一個人作為合作社會中的成員,必須具備基本的善,這些代表了公民的切身利益,但是在評價是否擁有某些基本的善時,存在非常大困難。因此,羅爾斯認為在良好秩序社會中,所有公民的平等的基本權利、自由和公平機會都獲得保障,最不利益者通常指「最低收入和財富」的階級。但他特別補充有時一些特殊的情形亦可列入考量之列,例如某些不平等的手段為了修復天生因素(natural characteristics)帶來的不平等,過去基於這些因素而造成某些人無法享有平等的基本權利,甚至比其他人擁有較少的機會,這些因素是無法改變且造成他們地位的基本結構應重新受到檢視。例如,基於種族和性別上(race and gender)所為的不平等就是屬於此種類型,過去歷史上這些不平等的產生,通常起因於政治上權力和經濟上資源的不平等。羅爾斯特別舉例,若要給予男性比女性更多的基本權利和機會時,此種不平等手段必須要對女性有利且讓女性可接受,方可具有正當性。[93]

---

[91] John Rawls, *supra* note 73, at 44.

[92] John Rawls, *supra* note 73, at 58-59.

[93] John Rawls, *supra* note 73, at 65.羅爾斯對於性別的差別待遇(不平等手段),例外可允許而符

羅爾斯在正義論的修正上，面對民主立憲社會中的多元事實，坦承不可能有放諸四海皆準的正義觀，將其理論限縮於自由主義的政治哲學中，強調透過「重疊共識」與「反思的平衡」以理性方式獲得穩定社會基礎的正義觀，但並未修正「以公平作為正義」內涵所推導出的正義二原則，並強調正義二原則僅是諸多「自由主義的政治性正義觀」的其中之一。凡是能符合界定出民主憲政體制的基本權利、基本自由、基本機會；且讓這些基本權利、自由、機會能具有特別優先（special priority）於其他各種價值；並保障公民基本需求而能有效保障基本權利、自由、機會的正義觀，都可算是自由主義的政治性正義觀。[94]在自由民主憲政國家中，羅爾斯的正義二原則仍不失可作為我們判斷差別待遇手段，是否符合正義與平等內涵的基準。[95]

伍、以正義二原則檢驗優惠性差別待遇

在性別、種族平等的諸多爭議問題上，羅爾斯早期的作品中討論並不明顯，以致於學者質疑羅爾斯對於民主社會中的尖銳議題似乎避而不談、論述極為抽象，或一筆帶過。諸如「種族和性別乃是我們最基本的問題，這些似乎是不完全相同性質的問題，而需要不同的正義原則來處理」，令人覺得似乎只是一種從社會和世界中撤退的政治哲學，缺乏說服力。[96]實則，羅爾斯並非完全逃脫於種族或性別的尖銳議題，如在其晚期作品《作

合正義二原則的「差異原則」之說明，本文認為以「給予男性較多權利」解說，相當容易令人誤解。如我國兵役法第1條規定，「中華民國男子有服兵役的義務」，給予男性「較多義務和機會」去從事保家衛國和軍事戰鬥任務，雖然有利於女性且女性亦可能贊同，但兵役法並非給予男性比較多的權利。若依據正義二原則的論述方式，男性履行服兵役義務後，考取公職後擔任公務人員時，服役期間可併入公職年資計算的權利比女性較多，似乎就屬於符合差異原則的不平等的描述。

[94] John Rawls, *supra* note 73, at 6.

[95] 羅爾斯理論的修正與適用範圍的退守，並限縮到美國社會的民主憲政經驗，當然更容易遭質疑其正義觀不見得絕對比其他正義觀優勢，只要存在其他合理的正義觀在多元主義的民主社會中，都可與羅爾斯的正義二原則並存。甚至其正義觀的任務可能只是為美國憲政體制開創出可長可久的穩定與和平。但本文認為，羅爾斯理論的建構是提供一套「正義觀的思考邏輯方法」給我們參考，協助我們在自由民主憲政國家的大千世界中，立基於保障人民自由與平等的前提下，對於各項社會制度、法律規範乃至於憲法的合理性與正當性的重新加以審視。相關批評可參見，陳宜中，註88前揭文，62-70頁。

[96] 張建福，註85前揭文，63頁。

為公平的正義：重述》書中，說明正義二原則的差異原則時，羅爾斯直接
以性別的不平等對待作為例子加以解說。

一、性別議題具有公共性

　　性別上優惠性差別待遇可否以正義二原則加以分析，首先應確認性
別議題是否在羅爾斯的正義原則所探討的範圍。正義二原則經過羅爾斯逐
步修正後，羅爾斯的正義論是適用於民主憲政社會中的自由主義政治哲學
理論，且屬於公領域（public sphere）的議題是否符合正義的討論。但許
多涉及性別平等相關的議題上，諸如涉及家庭關係、照護、家事勞動、育
兒、婚姻關係、夫妻財產、生產..等等諸多議題，傳統上會將這些議題劃
歸為「私領域」（private sphere），也因此羅爾斯的正義理論過去遭受女
性主義學者諸多批評。再者，在原初狀態中的定約者對於自己的性別、身
分、地位在無知之幕遮蔽下，定約者可能缺乏性別平等的認識、或欠缺對
女性過去歷史上所遭受結構性、社會性歧視的意識，此種預設的定約者的
形象與同為社會契約論者的盧梭步上相同的誤謬，看似中性的定約者，其
實就是男性。

　　實則，羅爾斯建構正義論初期就強調，他的正義理論是一種「純粹程
序的正義觀」，透過傳統的社會契約論，以理性思考和反思平衡來論證出
正義二原則，即便後期有鑑於民主憲政社會的多元化，理論限縮為政治哲
學的正義觀並補強「交疊的共識」理論，羅爾斯仍強調以正義論維繫社會
基本結構的穩定性和發展，因此在理論假設上，原初情境階段必須要排除
特定價值觀以避免發生偏頗。尤其，在正義二原則中優先適用的第一個原
則「平等的自由權利」主張中，強調人人平等地擁有相同的自由和權利，
反而先宣示原則上不得基於性別為差別對待，不論男女皆擁有同樣的自由
和權利。

　　羅爾斯的正義論屬於政治哲學理論，基於民主憲政社會的合理多元主
義，因此需要在「公共領域」上，互相協調尋求重疊共識作為正義觀的基
礎，在「公共領域」事務之討論，若受限於公／私領域二元區分，恐怕將
導致性別上差別對待的部分議題予以排除，無法經由正義二原則檢驗其正
當性。然而，公／私領域二元區分並非無法克服，猶如1970年代女性主義
者所提出「個人即是政治」（personal is political）的看法，或如聯合國世

界婦女會議中所提出的「女性權利是人權」的見解，[97]基於性別的差別待
遇存在於社會制度或立法上時，即為可讓公眾關注與討論對象，不論生理
假、家事勞動分擔、夫妻財產制度、夫妻稱姓、夫妻住居所決定、子女
管教、家庭暴力、陪產假等等議題，已從私領域進入公共領域論壇，透過
立法形成社會與法律制度一環，應可認為性別議題已轉換為具有公共性質
而進入公領域範圍，因此，羅爾斯的正義原則並未排除性別上差別待遇的
適用。

二、優惠性差別待遇是否符合正義二原則

　　首先，讓我們來思考性別上優惠性差別待遇的制度本身，是否可能成
為定約者所考慮的選項。若依照羅爾斯對於正義二原則假設的四個過程，
在原初狀態下的無知之幕遮蓋下，理性的定約者不會馬上選擇採用優惠性
差別待遇手段，應該會先選擇性別上採用形式平等，不論任何性別皆保障
其在憲法中各種基本權利、自由都應該平等的享有，而接受正義的第一個
原則。但隨著無知之幕逐漸慢慢揭開後，定約者發現社會上基於歷史因
素、社會地位權力結構、以及性別角色刻板印象、生理差異等因素，在參
政、就業、升遷上對於女性存在相當多不利的情形時，採用優惠性差別待
遇的「不平等手段」就極可能成為選項。

　　所選擇的優惠性差別待遇「不平等手段」，仍須通過正義論的第二
原則加以檢驗，羅爾斯強調對於社會或經濟上的不平等是為了調整基於天
生或社會、經濟性地位造成競爭上的不公平，必須在「公平的機會平等」
條件下對所有的人開放，所謂公平的機會平等並非形式機會平等而是「民
主的平等」。「民主的平等」是要儘量將自然及社會環境對於人所造成的
不平等因素，降低到最小的程度，使大家在平等的出發點上開始競爭，因
此，包括在福利或教育上的特別措施，讓出發點較落後者能儘量趕上，讓
造成機會上不平等的因素加以消除。性別上優惠性差別待遇所採取手段對
於女性給予更加公平的競爭機會，減少基於性別所產生的天生和社會經濟
上不平等，將不悖於「公平的機會平等」原則，但不可「完全阻斷」特定

---

[97] 女性人權在國際上發展之歷史可參見，辻村みよ子，「ジェンダーと人権—　史と理論から学
　ぶ」，東京，日本評論社，2008年3月，第1版，2-26頁。

性別參與競爭的機會，否則將違反在公平的機會平等下，職位或地位「對所有人開放」的要求。

　　若再就差異原則加以分析性別上優惠性差別待遇措施時，必須面對「誰是社會或經濟上收入或財富最不利益」，性別通常可分為男性與女性。[98]若從較為中性的方式判斷角度應該是女性相對於男性，或男性相對於女性，在某個「優惠差別待遇」手段上所涉及事項上，予以優惠待遇的性別者是否屬於「最低收入或財富」的階級，從基本善的觀點則指處於最弱勢最不利益的階級。然而，不論任何階級、種族或社會經濟弱勢者中，仍舊可能存在性別差異，社會經濟或財富最不利益者中的女性，相較該族群中的男性通常仍舊屬於更加弱勢。[99]因此，基於性別的區分給與女性（最不利益者），在參政上的婦女保障名額或就業、任職、升遷上一定性別保障比例，是給與女性社會經濟地位與資源的有效提升方法，而可使女性和整體社會獲得最大的利益。

三、我國憲法婦女保障名額之檢驗

　　我國憲法第7條首先闡明，「中華民國人民，無分男女、宗教、種族、階級、黨派，在法律上一律平等。」憲法第17條並賦予人民有選舉、罷免、創制及複決之權。關於選舉權之行使，憲法第129條亦規範，「憲法所規定之各種選舉，除本憲法別有規定外，以普通、平等、直接及無記名投票之方法行之。」其精神即在於「一人一票、票票等值」之理念。此即羅爾斯正義論的第一原則所謂，「每一個人皆可主張享有一個完備體系下的各項平等的基本自由，而其所享有的自由與其他人在同體系下所享有的各種自由相容」，我國人民不分男女在憲法上，均享有相同選舉、參政的基本自由。從憲法或法律的「字面上」而言，看似我國已經達到「法律

---

[98] 從性別多樣性的觀點，嚴格說來現實存在我們社會的性別不只「男性和女性」，其區分又涉及從生理學上性別（sex）的區分或是社會性的性別屬性（gender）來區分，此處為了討論上方便僅先針對兩大性別族群男女來加以比較。

[99] 從國際女性權利發展角度普遍化觀察，國際女性人權發展甚至希望對原住民族、黑人中的女性地位提昇與援助，顯然在一般社會中弱勢族群或原住民族中的女性，相較於其中的男性更顯弱勢。可參見阿部浩己，「ジェンダーの主流化／文明化の使命」，收錄於島田征夫、古谷修一、今井貴編国際法の新展開と課題：林司宣先生古稀祝賀，東京，信山社，2009年2月，初版，273-278頁。

上男女平等」，但實際上我國婦女在現實社會中長久以來的社會、家庭、經濟、受教育機會乃至於法律上地位，多處於受到歧視狀態，尤其參政權之爭取最為不利。我們可先回顧我國婦女參政權取得之歷史，便可知悉婦女保障名額產生的契機。

（一）憲法的婦女保障名額規定

創建民國之初至行憲之前，基於女性智識不足；男女角色與特質不同，女性特質不宜參政；女性若投身政治，家庭生活將難以維持；甚至夫妻政治意見不一，恐破壞家庭和諧等，以此諸多理由反對婦女享有參政權。[100]至五四運動之後，倡導女性解放運動爭取女性權利的角色，主要訴求為：一、爭取男女教育機會的平等，反對男女分校要求男女共學。二、要求職業平等與經濟獨立，如此才能恢復女性人格、提高女子地位。三、主張從婚姻自由到家庭革命，讓青年男女正常的公開社會交往活動，進而自由戀愛與婚姻自主，同時為了改造社會將改造家庭制度聯繫起來。因為傳統家庭制度中三從四德等觀念，會壓抑女性摧殘個性，使女性處於附屬的地位且受不平等教育，讓女性永遠無法獨立。[101]顯然在我國歷史經驗上，長久以來我國女性相較於男性，是處於最不利益地位的族群。

訓政時期國民政府為了準備行憲，開始由立法院起草憲法，訓政時期立法院的立法委員是由國民政府指派，歷屆委員人數大約40至80餘人不等，其中第一屆至第四屆女性立委大約2至3位，女性代表比例大約僅5%。民國25年5月5日所通過的中華民國憲法草案（通稱五五憲草）第8條明定：「中華民國人民在法律上一律平等」，可以期待將來行憲後選舉權與被選舉權的行使，將不再僅限於男子。[102]至抗戰時期國民參政會中25位委員所組成的「憲政期成會」，對於五五憲草進行修正建議，女參政員史良認為，女性地位在社會上不平等，又無經濟能力，但又擔心直接在憲法中保障女性當選百分比，可能與「人民在法律上一律平等」相牴觸，環顧各

---

[100] 鮑家麟，「晚清及辛亥革命時期」，收錄於陳三井主編、張玉法校訂，近代中國婦女運動史，臺北，近代中國出版社，2000年10月，初版，154頁。

[101] 呂芳上，「五四時期的婦女運動」，收錄於、張玉法校訂，近代中國婦女運動史，臺北，近代中國出版社，2000年10月，初版，177-270頁。

[102] 張玉法，「二十世紀前半期中國婦女參政權的演變」，收錄於呂芳上主編，無聲之聲（Ｉ）：近代中國的婦女與國家（1600-1950）」，臺北，中央研究院近代史研究所，2003年5月，初版，63頁。

國憲法頂多規定女性選舉權、被選舉權與男性相同,絕無在憲法中對於女性代表當選人數明文規定。但與會委員皆認為婦女應該參加國民大會,但明文保障席次確有不妥,於是修正草案第28條第5款規定:「在實行憲法三十年內,國民大會特設婦女代表,其名額以法律定之。」形同前五屆國民大會可以法律規定婦女當選席次或比例,待30年後社會進步女性與男性平等競選,可公平競爭於選舉場上,自然無須特設名額。[103]最終至制憲國民大會時,女性代表紛紛提出憲法中關於選舉制度應有婦女保障名額之規定,[104]憲法中乃明文的國民大會代表(憲法第26條第7款)、立法委員(第64條第2項)選舉的女性保障名額,憲法第134條並規定,「各種選舉,應規定婦女當選名額,其辦法以法律定之。」因此,目前我國憲法第26條與第64條的國民大會代表與立法委員選舉制度,雖已經透過增修條文而停止適用,但各級地方自治團體選舉中,皆以法律規定婦女保障名額。[105]

之後,雖歷經憲法增修條文數次修正,皆於憲法增修條文中保留國民大會代表或立法委員選舉之婦女保障名額,至正式廢除國民大會代表後,依據第七次憲法增修條文將立法委員選舉制度進行重大變革成為單一選區兩票制,現行則僅將婦女保障名額保留在全國不分區立法委員的部分。依據憲法增修條文第4條規定,全國不分區及僑居國外國民共三十四人(第1項第三款),依政黨名單投票選舉之,由獲得百分之五以上政黨選舉票之政黨依得票比率選出之,各政黨當選名單中,婦女不得低於二分之一(第2項)。

(二)婦女保障名額與公平的機會平等

給與婦女一定當選名額或比例之保障,最常遭受質疑違反「機會平等」,且本質上來講為「絕對的配額保障」,不問分配過程只問分配結果的保障方式,甚至可能導致最後席次或職位的分配讓女性佔有優勢,且實際上許多選舉的女性當選人數早已超過最低保障名額,甚至可能讓得票數較低的女性優先當選。[106]實則此處的批評乃是著眼於選舉「形式的機

---

[103]雷震著,薛化元主編,「中華民國制憲史—制憲的歷史軌跡(1912-1945)」,臺北,財團法人自由思想學術基金會,2010年1月,初版,98-118頁。
[104]林紀東,「中華民國憲法逐條釋義(四)」,臺北,三民書局,1981年3月,初版,223頁。
[105]如公職人員選舉罷免法第65條之一、地方制度法第33條第4項、地方立法機關準則第5條第3項等。
[106]相關批評可參見,蔡宗珍,註1前揭文,128-129頁;洪家殷,註1前揭文,154-155頁。

會平等」，一定比例或保障名額的方式直接涉及到羅爾斯第二原則中所討論的「機會均等原則」，機會「對所有人都公平的開放」（equal open to all），而所謂的機會對「有能力的人開放」則是強調「形式的機會平等」，表面上所有人在法律上都有同樣的權利進入有利的社會地位，不論男女都可登記參與選舉，但實際上女性在選舉上透過形式機會平等競爭的結果仍舊無法提升參政比例[107]。

羅爾斯不贊成這種「自然自由系統」，因為雖然職位是對有能力的人開放，但是「能力」（talents）是由天生和後天的社會因素造成，一個人的聰明才智有很大部分是源自於遺傳或個人的生長家庭、社會環境所形塑，因此資源分配（如典型的市場競爭經濟）一開始，就會受到自然或社會的偶然因素影響，在這些條件下導致某種有效率的結果。對女性參政者而言，更是如此，雖然與男性候選人有相同的學歷、學識、經歷背景，除天生生理因素外，社會上基於性別角色分工的觀感與結構性因素，並不利於女性政治參選[108]。羅爾斯所主張「民主的平等」主張消除個人能力差異的根源與條件，政府應該致力於改善社會弱勢階級的生活條件，不應該由後天社會的機運（social fortune）或自然的偶因（natural contingency）來決定個人在社會中的利益與負擔分配，因為「形式的機會平等」還是有利於有先天或社會地位上具有優勢的男性參選人。即便今日女性與男性受教育比例、經濟地位接近，在擔任公職上仍存在有看不見的「玻璃天花板」（glass ceiling）阻礙女性，[109]因此，透過差異原則讓女性保障名額的存在，提高女性在政治的參與進而改變國家的法律與政策以實現「公平的機會平等」。

---

[107] 最顯著的例子便是我們的鄰國日本，如日本近年的統計，2009年8月眾議院選舉，女性候選人僅佔16.7%，當選者僅佔10.9%；2010年7月參議院選舉，女性候選人佔22.8%，當選者僅佔18.2%，因此，日本女性法學者辻村みよ子乃積極建議應採取優惠性措施保障婦女當選，以實質有效改善日本女性參政。辻村みよ子，「ポジティヴ・アクション―「法による平等」の技法」，東京，岩波書店，2011年9月，第1刷，139-155頁。

[108] 國內學者實證研究國內地方性政治活動參與便發現，性別刻板印象會認為政治是男性活動的領域，且家庭教育與家庭活動影響女性政治參與度，一般人甚至刻板印象認為男性比女性更具領導力，而影響女性當選。嚴祥鸞，「女性在地方的政治參與」，政治與政策，第1卷第2期，2011年10月，54-59頁。

[109] 所謂「玻璃天花板效應」是指一種無形卻實存的障礙，可能基於態度偏差或組織偏差所造成的人為障礙，會對女性任職升遷向上流動造成一定的障礙，例如台灣女性勞動參與率雖然達到45%，但是大多分佈在中低階層的職位，形成不平等的現象。在我國文官體系的實證研究可參見，黃煥榮，「突破玻璃天花板―女性行政菁英事業生涯發展的問題與展望」，國家菁英季刊，第3卷第4期，2007年12月，85-103頁。

（三）婦女代表是否為「最不利益者帶來最大利益」

對於婦女保障名額最直接的質疑與批判為，女性民意代表應是「代表全國人民」在行使立法權（憲法第25條、憲法第62條），並非「僅代表女性」的利益或只為女性發聲，反之，男性民意代表也是代表全民在行使職權，可替女性謀取福利。[110]但在我國實證研究中發現，女性立法委員確實較願意為婦女權益努力，民間婦女團體在許多改善性別平等法案推動上，必須結合女性立委才可能積極推動修法，男性立委則相對態度消極，甚至表決時會跑票。同時實證研究亦顯示，男女因為社會化與生命經驗的不同，女性議員會更傾向於與婦女、兒童、家庭、教育、照護有關的議題，加以優先處理。[111]

這些實證研究正是回應羅爾斯的「差異原則」，因為「婦女參政保障名額」的不平等手段，是為了對於最不利益的女性族群給與最大的利益。進而，因為「鏈之連結」（chain-connection）而發生改變，亦即當我們提出某個利益有效提升社會上最不利之人（worst-off），當他們生活改善之時，會發生「由下往上推移的效果」，社會上其他人的生活可以因之改善。保障女性名額讓我國在國會或地方議會中，有女性代表可針對女性的教育、居家照顧、家庭經濟、勞動待遇、民法夫妻間權利義務關係的整體法律性別平等制度進行變革，進而真正實現我國憲法增修條文第10條第6項要求國家「維護婦女之人格尊嚴，保障婦女之人身安全，消除性別歧視，促進兩性地位之實質平等。」

陸、優惠性差別待遇的未來──代結論

近期國內學者開始力倡變更過去司法院大法官所稱的「實質平等」的概念，「實質平等」不應僅強調形式上「相同事件、相同處理」與「基於事物本質可為合理差別待遇」，應追求社會正義或分配正義。因此，憲法基本國策中扶助弱勢團體與憲法增修條文第10條第6項的促進兩性地位的

---

[110]蔡宗珍，註1前揭文，131-133頁；洪家殷，註1前揭文，170-174頁。
[111]我國相關實證研究與理論分析可參見，楊婉瑩，「性別差異下的立法院」，政治科學論叢，第15期，2001年12月，135-170頁。

實質平等，都是為了促進弱勢族群的「社會地位」的事實平等，[112]可惜卻未說明何謂社會正義或分配正義的內涵。本文藉由政治哲學思想家羅爾斯所提出的「正義二原則」作為優惠性差別待遇與平等間的「搭橋功能」，雖然「正義二原則」未具體說明「什麼是正義」，但卻是通常理性人所能接受的一套程序性正義觀。當我們可接受正義二原則成為自由民主憲政國家的政治哲學內涵，將其內化成為自由民主憲政國家對於自由與平等的保障準則後，我們便可肯認性別的優惠性差別待遇與正義二原則並無相悖。

　　本文所採取的「實質平等」已經放棄過去「基於事物本質合理差別待遇」的內涵，轉而主張「實質平等」是要積極消除歧視與追求社會正義，實質平等所要保障的「特定弱勢族群或人民、團體」，可能因具有「不可改變的不利特徵、或政治結構或程序上的弱勢地位、或存有歷史性或社會性歧視」而遭受歧視，實質平等在手段上，進而容許國家積極保障以實現平等。優惠性差別待遇與婦女保障名額可符合羅爾斯的正義二原則之檢證，成為實現實質平等目標的重要手段。

　　同時，各種性別上優惠待遇措施的採用仍應注意其界限之問題，當優惠性措施積極提升與改善婦女權益後，達到實質平等之境，女性族群已經不再屬於「最不利益」者，即應該停止繼續採用優惠性待遇措施。聯合國的《消除對婦女一切形式歧視公約》第4條第1項即規定，「締約各國為加速實現男女事實上的平等而採取的暫行特別措施，不得視為本公約所指的歧視，…；這些措施應在男女機會和待遇平等的目的達到之後，停止採用。」由此觀之，我國憲法在草案討論時期，史良代表所提出「先試行30年」的婦女保障名額制度的觀點，極為正確。同時憲法第136條對於婦女保障名額採用「法律保留」的方法規範，也是基於此理念，可隨著女性實質地位的提升，透過修法的方式逐步減低或廢除婦女保障名額。但我國現行憲法增修條文第4條不分區立委的二分之一婦女保障名額，則因為直接規範於憲法增修條文中，囿於現行憲法修改的高難度與高門檻，將來實現男女參政與社會地位實質平等時，婦女保障名額反而可能有違憲之虞。優惠性差別待遇的未來是帶我們走向實質平等而符合社會正義的社會，當暫時性階段任務完成時，仍應使其適時功成身退，以維持民主憲政社會的自由與平等，讓我國形成一個持續穩定且理性的社會。

---

[112] 黃昭元，註2前揭文，31-33頁；廖元豪，註2前揭文，53頁。

修憲程序及公民參與

曾建元

國立台灣大學國家發展研究所法學博士

中華大學行政管理學系副教授

凱達格蘭基金會新台灣國策智庫諮詢委員兼兩岸關係組召集人

摘要

2014年3月太陽花學生運動，提出了「召開公民憲政會議」的訴求，而結束了佔領行動，進而發表〈新憲運動宣言〉，呼籲推動大規模修憲。民主進步黨和中國國民黨先後響應，立法院修憲委員會成立，各種民間團體就憲改議題開始展開集結，其中以公民憲政推動聯盟與全國憲改聯盟態度與行動最為積極，新一波的憲法時刻乃儼然到臨。

《憲法》規定的修憲程序，係由立法院通過憲法修正提案，送交公民複決，因而關於修憲議題的選擇和修憲草案內容的擬定，關鍵在於立法院，惟因修憲需經複決，台灣人民對於修憲是否支持，乃至於是否願意投票贊成，亦關乎於修憲最終之成敗，然此則必須使人民對於修憲議題普遍認識並對於修憲具有參與感和義務感。

修憲是憲法學專業知識和政治力量策略互動的辯證過程，當中與政治權力有關的遊戲規則，自為憲法學者和政黨所關切者，但人民作為國家之主權者，實擁有最終之決定權，惟憲法議題未必與公民個人或特定群體之權益利害相關，而修憲之研議過程又遠非一般人民所得任意參與者，故而如何使公民參與由價值和概念的設想落定於公民實際參與的程序和過程，則需要依照修憲之法定程序和制度外機制的設計規劃和協調，然則，這儘管有助於強化修憲之正當性，卻可能因相關機制法源之欠缺，而無法形構出具有共識性與拘束力的程序；而縱使欠缺法源，如果修憲機關願意開放公民參與，亦可達致其目標。

依我國歷次修憲經驗，政黨和政治菁英多在制度外機制中形成修憲共識，修憲程序之作用，則主要為修憲共識之落實與確認。第一次修憲時之

國是會議和第四次修憲時之國家發展會議，皆由總統召開而廣納社會賢達和公民領袖參與，實為公民參與之著例，其意義在於容納未經政黨或選舉政治篩檢或隔絕之公民意見，使修憲得有更為普遍和周詳之思考。兼顧公民和菁英參與之修憲過程，誠可謂我國修憲之成功方程式。

　　惟當時我國係以國民大會為修憲機關，與現行修憲程序和立法院和公民複決二者有所不同，故而當前之修憲成功方程式，當別有其他形式之呈現。總統具有主權之高度，國、民兩大黨於修憲具有程序上之否決權，對於公民在修憲政治過程中的討論與參與，乃皆具有其政治決定上的重大影響力，本文對之深切期待，亦盼立法院修憲委員會於公聽會主題得納入對於公民參與形式之探討。

壹、前言

　　2014年3月太陽花學生運動，提出了「召開公民憲政會議」的訴求，而結束了佔領行動，6月9日，十數個公民團體和學生團體共同發表了〈新憲運動宣言〉，呼籲推動大規模的修憲。民主進步黨和中國國民黨先後響應，立法院修憲委員會隨之成立，各個民間團體乃就各自關懷的憲改議題展開集結，其中則以公民憲政推動聯盟與全國憲改聯盟態度與行動最為積極，前者即揭櫫「由下而上、全面憲改」之訴求，新一波的憲法時刻儼然到臨。

　　這一波的憲改運動，乃特別突出了「公民」的角色，如果要對「公民」做出定義，則當指涉積極關懷公共事務的個人和團體，其特點在於其非政治性，不屬於國家機器，也不屬於政黨，縱然參與者本身可能具有政黨認同，或者對於政治參與具有高度熱忱，但當下其並不具有任何公職或政黨黨職之身分，因此公民在憲改運動中的角色，是作為觸媒，用以誘發政黨和修憲機關的改革動機與作為，畢竟政治力量才是國家機器的運轉者。但公民如何進一步進入修憲程序中實際參與修憲之決策，則又是另一層次的問題，涉及修憲機關在何種範圍何種程度下願意讓渡其一部權力與公民社會，使之對於憲改結果擁有更多影響力。

　　這種非政治力量之參與修憲程序，對於立憲民主乃構成一個悖論，民選的修憲機關已足以代表人民，何以需要非民選的公民來充實其民主正當性？這正暴顯出選舉民主的某種制度性偏差，即政黨的過度動員，反而造

成社會多元聲音遭到排擠，將社會多元聲音找回國家，讓國家更能公平且普遍地代表人民、反映人民中各個族群或階級的需求，則正是公民參與修憲程序所要追求的目標。所以，如何讓不同的公民聲音真正有機會發出，則更是公民參與在修憲程序中所要克服的問題。

貳、中華民國修憲史上的公民參與

《中華民國憲法增修條文》第12條規定的修憲程序，係由立法院立法委員全體四分之一之提議，四分之三之出席，及出席委員四分之三之議決提出憲法修正案，再經中華民國自由地區選舉人投票複決，有效同意票超過選舉人總額之半數，即為通過。在此一修憲程序中，法定之公民參與，僅惟於公民複決之階段，但公民複決只能對於立法院之修憲案表達同意或反對，關於修憲案的內容，乃無法更動一字。如以羅爾斯（John Rawls）關於原初狀態（Original Position）中正義之立法的理想情境主張而論，（John Rawls, 1971: 136）即立法的參與者之視界為無知之幕（veil of innocence）所覆蓋，沒有人在選擇正義原則時，得因其自然的機緣或社會情境的偶然因素，而使自己處於特別有利或不利的選擇情境。無知之幕的目的就是使所有立約者都具有相同的處境，排除特殊訊息，而只能以理性的選擇方式建立起一個社會契約。立約者對於立約後的利害得失無從計算無從預知，如此方能擯除私心，秉公論事。如是，則由立法院職司修憲案之起草，便無異於使修憲程序向立委個人或所屬政黨，乃至於立法院的機構利益（institutional interest）大門洞開。我國歷次修憲經驗，便可證明這一點。

在第六次修憲廢止常設性的修憲機關國民大會之前，國大即有藉修憲尋租揩油的歷史，由《憲法》本文的非常設機構，在動員戡亂時期演化為常設機構，並挾修憲權以及國大創制複決權威脅立法院的最高立法機關地位，而到1990年代幾乎轉化為割裂立法權的太上國會或國民議會，甚至到了改制為以政黨比例代表制選舉產生的任務型國大的階段，又變成了政黨的工具。

由民選公職擔當立法或修憲的任務，主要係為滿足民主正當性的需要，但憲法為政治共同體的社會契約書，國家之根本大法，涉及國民對於其主權的保留，因此最終必須得到國民全體的批准認可。在此修憲研議的

階段，如果全然放任由民選公職壟斷其決定，由於選舉的政治動員過程，極易排除掉非政治性的公民團體或社會力量，加以政客、政黨和機構各有其政治計算，則極可能會使進步議題以及民主審議精神被排除在修憲研議的過程之外，所以基於修憲的正義性或實質正當性的需求，公民參與的適當形式與安排，是對於選舉民主下以所謂資產階級民主作極端例證的代表性偏差問題的補償。單以目前第九屆立法院的政治生態觀之，總席次113席，民進黨佔68席，國民黨佔35席，時代力量黨5席、親民黨3席，依修憲程序，憲法修正案草案之提案，需至少28席立委連署，因而僅有民進黨與國民黨兩大黨始有單獨提案之可能，但還不止於如此，修憲需有全體委員四分之三之出席，亦即需有84席之出席，而國、民兩黨立委即佔103席，以此而言，第三勢力乃毫無否決修憲的能力，而這就形成了台灣團結聯盟所稱之「兩黨圍標修憲」之情況，（公民憲政推動聯盟編，2015: 12）亦即惟有國民兩黨合作，方能完成修憲。國、民兩黨在政治上為競爭者，對於涉及權力遊戲規則調整的修憲，當各有其盤算，兩黨修憲既有其利害的計算，則修憲就不可能在政治行動者的無知之幕下進行，因而必然帶有政治交易之色彩。公民力量雖然在現實上難以成為修憲的政治動力，卻可以中和修憲的政治交易色彩，而賦與修憲以正義性，此則可以激發出公民的義務感，而對於最後的公民複決具有召喚的作用。其意義在於容納了未經政黨或選舉政治篩檢或隔絕之公民意見，使修憲得有更為普遍和周詳之思考，而兼顧公民和政治菁英的共同參與。

　　蓋我國歷屆重大修憲雖主要仍由國民兩大黨控制的國大為之，但在修憲程序之外，則另有總統召集的圓桌會議之召開，在兩黨民選公職之外，廣納少數黨、社會菁英和公民團體代表參與實質的討論，而使正式的修憲程序成為全民修憲共識合法化落實的過程，此之成功著例，如1946年的政治協商會議奠定了制憲國大議決通過〈中華民國憲法〉本文的基礎；1991年的國是會議奠定了第一至第三階段修憲由國民黨主導國大修憲的正當性基礎；又如1995年的國家發展會議，又為第四至七次修憲國民兩黨合作修憲的局面奠定了正當性基礎。（曾建元，2012: 122-125）筆者即將此一成功經驗，歸納為基於雙重正當性的成功方程式，（曾建元，2012: 130）即民主正當性與修憲議題的正義性皆不可或缺，前者依賴選舉和投票建立，後者則依賴公民力量的參與和支持。總而言之，依現行修憲程序，關於修憲議題的選擇和修憲草案內容的擬定，關鍵在於立法院，但台灣人民對於

修憲是否支持，乃至於是否願意投票表達贊同，亦關乎修憲最終之成敗，
然此則必須使人民對於修憲議題普遍認識，並對於修憲具有參與感和義
務感。

參、太陽花的憲改主張

　　太陽花運動提出之公民憲政會議，較之政治協商會議、國是會議和國
家發展會議，又更具新意。關於憲改程序與實質議題的具體核心主張，憲
動盟乃提出了四大訴求：（公民憲政推動聯盟，2014）

一、民主審議有程序：重申「公民廣泛參與」和「民主審議程序」的積極
　　意義：要求立法院將「公民審議、草根由下而上的參與」納入憲改程
　　序中落實，並由修憲委員會推動、監督完成。

二、憲改主體是人民：自1991年以來歷經七次的憲改，台灣民眾並沒有機
　　會參與，甚至淪為替政黨協商背書的工具。反對過去精英主導、密室
　　協商的修憲程序，主張一個全民參與及審議思辯的憲改模式。

三、憲政改革要全面：堅決反對將憲改議題窄化為「政府體制」，並重申
　　2014年4月6日於立法院議場外所召開公民憲政會議草根論壇之意見書
　　所提出的五大議題面向：包括：一、憲政體制；二、選舉與政黨體
　　制；三、兩岸關係法治基礎；四、社會正義與人權保障；五、經濟政
　　策與世代正義。

四、拿出誠意先修法：要求立法院應當先修改影響憲政體制的相關法律，
　　例如《公職人員選舉罷免法》、《公民投票法》等。

　　憲動盟等公民團體主張修憲應擺脫「政治菁英操控議程與內容的修
憲模式」，代之以「政治菁英與全民共同參與的憲改模式」，認為憲改議
題應當全面涵蓋，全面檢討，就憲改的範疇在問題診斷後進行界定，而不
應受制於政治菁英的設定和操控，其乃將全國人民親手繪製國家前進的藍
圖，作為這一波憲改運動的核心工程。（陳俊宏，2014）公民團體的陳義
甚高，此一理想目標亦值得追求，惟既主張政治菁英與全民的共同參與，
仍不免亦將受制於政治菁英，畢竟未能得到政治菁英的響應，公民的參與
及其所關心的憲改議題，就不可能被政治菁英納入依修憲程序展開的修憲
過程當中。無論如何，公民如欲對於修憲內容有所主張，則應當在立法
院研議修憲案的過程之間提出，而其表達，則有非結構化的公民討論和結

構化的公民審議兩種方式，前者泛指一切匯集個人資訊的過程，後者則進一步要求建構理想程序，以便以公開論理（reasoning）作為合法論證的基礎。（Joshua Cohen, 2010: 270-271）。

肆、公民參與修憲機制之設計

現行制度下公民參與修憲所可利用的程序有二，一為院外，一在院內。院外也者，即創造一公民參與之平臺，經由政黨間之政治契約，賦與其一定之正當性基礎，使其決議或共識得對於立法院之議決產生事實上的拘束力；在院內者，即利用立法院已有的公聽會制度，提供公民對立法院表達意見的機會，而作為立法委員議決之參考。在此之外，在比較法上，則尚有以特別法創設一公民審議機制者，而使其決議對立委之修憲決議在法律上具有拘束力。以下則分述之。

在院外程序中，憲改圓桌會議的召開，一定要有總統以全國團結和統一象徵的領袖地位進行政治宣示。憲改圓桌會議因為並非法定機關，成員亦非民選，所以需要憑藉民選總統的民主正當性建立起其權威，同時也可由總統協調政府部門提供相關經費，在此之外，至少一定要得到立法院兩大黨的支持，並且承諾願意依照圓桌會議的結論進行修憲。圓桌會議的成功與否，端賴受邀與會的人選是否能兼顧到專業性、多元性和代表性，因而總統或其授權之主辦單位，乃必須將具有公信力的公民團體代表納入其中。而如同政治協商會議、國是會議和國家發展會議的作法，為了促成最大的憲改共識，關於最後結論的形成，則是採取共識決（一致決）而非多數決，使少數黨和獨立人士的意見得以受到接納。修憲的研議最終總要完成其合法化之程序，因此，爭取修憲機關或修憲政治行動者的支持相當重要，就此而言，由憲動盟聯合全憲盟於2015年5月2日假立法院共同舉辦的2015台灣憲改藍圖會議，並未得到國民黨的支持，國民黨籍立委的參加亦不踴躍，這就注定了這將會是一場失敗的集會。

憲改議題的社會宣導，也是促進公民參與的一種方式，1994年至1996年間，南非制憲國會（Constitutional Assembly）制訂〈制憲國會公民參與新憲〉（The Constitutional Assembly Public Participation Programme），通過六個委員會的工作，而以公聽會、媒體宣傳教育等方式，向全國各族公民徵求新憲建議，總計獲得250萬份書面建議，（Susan De Villiers, 2001）

然事實上,這一方式則並未賦與南非公眾在制憲過程中的直接參與角色。
(李怡俐,2006: 49)

在院內程序,立法院各委員會為審查院會交付之議案,本有權召開公聽會,邀請正、反意見相當比例之政府人員及社會上有關係人士出席表達意見,並將其意見提出報告,送交立法院全體委員及出席者,作為審查該議案之參考。故而立法院修憲委員會亦可召開公聽會,廣泛邀請公民團體代表出席提供建言。第八屆立法院修憲委員會則自2015年4月10日起一連召開了十場的公聽會。公聽會的進行形式,則係由受邀者與立委一一個別陳述意見,而由於每一場公聽會的受邀者不盡相同,彼此間不進行也很難進行意見的交換和辯論,但亦可大略計算出個別意見的比率。公聽會舉行的目的,主要是協助立委對於修憲議題形成判斷,僅有參考作用。第八屆立法院修憲案提案,在公聽會結束後全部出爐,除非加開,否則公民團體要就這34個修憲案草案和立委進行審議,乃無期待之可能性。前述太陽花團體所提出之公民憲政會議,便是主張利用立法院修憲委員會的公聽會制度,而改變其會議進行的方式,直接納入公民審議,此議不涉及修法,只要立法院修憲委員會願意接納即可,但可惜,終究未能實現。

關於公民參與,近來則在比較法上出現了公民審議此一特別修憲程序的設計,這一設計係以立意抽樣找出的公民代表組成憲改研議機構,而尤其對於憲改各項議題,在政策利害關係人的公平且充分的意見陳述後,自行決定最終選擇之方案。這一制度允許各個政黨或不同立場、觀點的菁英,在公民代表全體面前進行辯論,而主持會議的議長,則需具有歸納爭點為與會者凝聚出共識的能力。這一制度的特點在於,隨機抽樣產生的公民代表,具有較之選舉或推舉之社會菁英更能具有普遍性地代表全體公民,而於這些公民代表未必對於修憲議題先前有所認識,也未必對於政治熱衷,所以正好是完全帶著無知之幕而毫無偏見的最佳決策者。關於公民審議在憲改中的運用,(陳俊宏,2014)加拿大卑詩省、渥太華省兩省憲法中的選舉制度改革,又如荷蘭(Mark E. Warren and Hilary Pearse, 2008: 1)、愛爾蘭(David M. Farrell, 2013)與比利時(Min Reuchamps, Didier Caluwaerts, Vincent Jacquet, Jonathan Moskovic, 2014)均運用在修憲,冰島的制憲則直接由25公民組成制憲委員會,而以所謂群眾外包(crowdsourcing)的方式徵詢和蒐集民意,草擬新憲法。(Marco Bani, 2014)這些國家公民審議的實施,皆另訂有特別法,規定其組成、程序和決議之效力。

伍、與孫中山理論的對話

　　我國《憲法》本文所設計的修憲程序，係由國民大會以政權機關之地位包辦提案與議決之過程，而關於國民大會之定位，以往三民主義與憲法學界頗多爭論，蓋以孫中山權能區分理論，所謂人民有政權，政府有治能，乃係將人民權力和政府權力對立起來看待，而謂人民有管理政府的力量，治理國事的能力則歸政府所有，（孫中山，1989: 121-123）如參照盧梭（Jean Rousseau）之人民主權論，謂國家的最高權力乃屬於人民全體，並且當永遠保留於人民之手，人民則成立各種國家機關以執行其總意志，（Jean Rousseau, 1987: 39-42）則相當於人民主權的政權此一人民權，乃只能由人民自己行使，一旦交付特定國家憲政機關，則不應當稱之為「人民權機關」或「政權機關」，（曾建元，2002: 180）正如「主權機關」之概念不可能存在一般，執行人民總意志之國家權力執行機關，就必然從屬於「大政府」的概念之下，因而以政權機關建制的國民大會，作為國家最高權力機關，便不可能受其他國家機關的制衡。《憲法》本文將修憲權賦與單一國家機關，從主權或政權的視角固然無誤，但由此而生的機關自主性與自利性，則遺患無窮。2005年第七次修憲凍結了國大，將修憲提案權交由立法院專屬，而將修憲複決權回歸人民以公民投票方式直接行使，固然無違於人民主權論，但仍有值得討論之處。

　　美國學者埃爾斯特（Jon Elster）即曾就審議民主在憲改中的運用，從美國和法國制憲經驗中，歸納出七個公民參與憲改的規範性建議：

一、為了降低機構利益的影響，憲法的制定應由特別召開的議會來制訂，而不應該讓制訂一般法的組織負責該項工作，也不應該讓這個組織在批准憲法的過程扮演要角；

二、行為受到憲法制約的其他機構或行動者，都不應該參與制憲的過程，最簡單的原則是：行政部門不得介入，此外也包括司法部門和軍隊；

三、制憲的過程必須包括祕密性（委員會討論）與公開性（全體大會討論）。完全保密會出現黨派利益和互投贊成票的交易，完全公開則會鼓勵譁眾取寵與信口開河。但從另一方面來看，祕密性會帶來嚴肅的討論，公開性則是確保各種條交換都能接受民眾的檢驗；

四、制憲議會的選舉必須採行比例代表制而非簡單多數決。不論簡單多數

決對於普通議會的組成有多大的好處制憲議會應當有廣泛的代表，理
由跟選擇陪審團的成員一樣；

五、為了降低民眾透過示威活動威脅或影響審議的範圍，制憲會議不應當
在首都或主要的城市召開，而軍隊也不應該駐紮在開會地點的附近；

六、憲法應當交付民眾公民投票通過；

七、為了克服短視近利與黨派利益的問題，議會必須在憲法加上一些原
則，比如說憲法在正式通過後二十年再具體實施。這個過程可以製造
出一個人為的無知之幕，也會迫使每個制憲者能夠設身處地為每一個
人著想」。（Jon Elster, 2010: 159-160）

埃爾斯特對於修憲機關的超然性與中立性，有相當程度的期待，就
其觀點則可知，由制訂一般法的組織──此在我國即立法院──負責修憲
工作，便難以迴避機構利益的問題，特別是有關立法院權力、席次和選舉
制度的問題，有意尋求連任的立委，心理上必然傾向於支持有利於其連任
的修憲方案。其次，受憲法制約的其他部門，也同樣因為存在機構利益的
問題，而不宜介入修憲。關於此一問題，埃爾斯特在他處曾指出，機構的
自廢武功（self-denying），可以緩解甚至反駁機構自利的嚴重性。（Jon
Elster, 2010: 158）行政文官、司法部門和軍隊，在立憲民主國家中都有政
治中立性的要求，所以不必太過擔心其自利介入修憲的問題，需要防範
的，主要還是民選的政治部門，這就包括了立法部門和行政部門中的政務
部門，如果在民選公職任期屆滿之前進行修憲，面對多少不確定的選舉結
果，民選公職人員會更加謹慎於他們在修憲中的作為，以便以公正的形象
和修憲的成果作為政治資本贏得選民認同而得以爭取連任。2000年第六次
修憲得以藉由第三屆國大之手凍結國大還政於民，不正是因為國民黨在總
統大選中敗選丟失政權，又不想讓親民黨趁第四屆國代選舉之勢崛起之
故，（曾建元，2002: 256-258）這說明當修憲機關已無維持其機構利益的
動機時，其修憲決定之無限可能性。因此，在民選修憲機關行將任滿改選
之前進行修憲，是相對而言最能解消機構利益的時機了。但我們亦不妨設
想，如果恢復以政黨比例代表制選出之任務型國民大會，但僅尤其專事修
憲案之提出，任務完成即解散，修憲案仍交由公民複決，則此一制度是否
較之由立法機關兼掌修憲提案，更合乎修憲機構超然與中立性的理想呢。

審議民主強調公開論理，既欲公開論理，則應全力排除一切的利誘
和威脅，讓參與審議的公民代表能平心靜氣地認識和分析問題，討論和抉

擇。修憲審議的結果，經合法化程序轉化為修憲案，最後則要獲得全體人民的批准，這是基於社會契約論和人民主權論而來的修憲最後階段的政治行動。

陸、結語

　　參照過去修憲成功的經驗，落實公民與政治菁英共同合作修憲的作法，就是由總統召開公民憲政會議，而由總統邀請社會賢達或由公民團體和政黨推薦人選與會，而以共識決做為決議之方法，力求修憲之協商，能在公民社會力量的制衡下，擺脫政黨和機構利害的綁架。令人遺憾的是，不再有連任考慮，而且也不再兼任國民黨主席的馬英九總統，未能正視到憲法規範檢討的重要性，而在其政治生涯最具有超然性的時刻，坐視國、民兩黨主席朱立倫和蔡英文對於修憲的呼籲不管，讓憲法時刻平白流失。

　　退而求次，立法院修憲委員會的公聽會也正是凝聚朝野政黨和公民力量的次佳平臺，但公聽會的實施，一如歷屆修憲立法院亦召開之修憲公聽會，從來都未能成為修憲政治的重心。其原因正在於各政黨從未將之視為政黨與公民社會協商修憲的平臺，在公聽會舉行的程序上，主題過於發散的發言，缺乏修憲焦點議題的深入對話和交鋒，只會讓公聽會成為行禮如儀、各說各話的學者講臺。

　　如果在修憲研議的過程中，整體公民社會毫無參與感，要激發公民在高門檻的複決投票中支持的熱情，就很難有其施力點。就此而言，第八屆立法院已於修憲一事無成，第九屆立法院要提出修憲案，甚或要在2020年與總統大選同時進行修憲案複決的前景，著實令人感到悲觀。

　　2016年，全憲盟參考各國採用公民審議方式修憲的經驗，而基於我國修憲制度，提出了《公民參與憲法改革程序法草案》，（公民憲政推動聯盟，2016）其特點有二：一，賦予公民憲政會議修憲結論對立法院議決修憲提案的拘束力，也就是立法院必須依照公民憲政會議結論通過修憲案，事實上形成公民憲政會議提案而交付公民複決的結果；二，該草案則對於公民憲政會議的組成做出規定，「由立法院院長籌設，成員包含區域公民代表一百四十六人，原住民族公民代表十六人，國會代表三十五人。區域公民代表由全國各區域立法委員選區抽樣選出女性、男性代表各一名；其年齡層組成需反映全國十八歲以上人口之年齡結構」，「原住民族公

民代表由各族抽樣選出一名，女性、男性各佔二分之一」。這是一個澈底的審議式民主模式，我人認為法定審議式民主決策方式尚需要經過推廣和試辦，才有可能在程序上達到各方信任的地步。但這和歷年修憲所採取的菁英圓桌會議並沒有相互排斥、衝突，因為憲政改造的議題為何，仍是一個重大的政治決定，議題選擇的政治風險，需要各個政治和社會力量的共同承擔，而這就需要來自總統高度的發動，並且也要掌握好共識民主的精神。以當前台灣政治生態來看，涉及政治權力分配的立法院席次調整以及中央政府體制問題，最有可能吸引政治力量投入憲改的興趣，至於制憲，要凝聚的國民共識程度當然要更高，但一旦制憲和宣布獨立成為國家正當防衛手段，則完全可以憲法革命的方式來展開，我認為總統發動國家緊急權就可以做了。（曾建元，2017）這是另一個問題，在此就略過不表了。

參考文獻

公民憲政推動聯盟，2014，〈憲改如果玩真的，請你跟我這樣做〉，臺北：公民影音行動資料庫，2014年12月18日。

公民憲政推動聯盟編，2015，《2015台灣憲改藍圖會議會議手冊》，臺北：公民憲政推動聯盟，2015年5月2日。

公民憲政推動聯盟，2016，《公民參與憲法改革程序法草案》，臺北：公民憲政推動聯盟，2016年4月19日。

李怡俐，2006，《憲法修改的公民審議機制》，臺北：國立台灣大學國家發展研究所碩士論文，民國95年6月30日。

陳俊宏，2014，〈打破公民參與的憲改模式〉，《自由時報電子報》，臺北，2014年12月29日。

曾建元，2002，《一九九零年代台灣憲政改革之研究——民族主義與民主轉型的觀點》，臺北：國立台灣大學國家發展研究所博士論文，民國91年7月31日。

曾建元，2012，〈中華民國過去的修憲經驗〉，許志雄、李明峻主編，《台灣制憲之路——邁向正常國家》，臺北：新台灣國策智庫有限公司，2012年2月。

曾建元，2017，〈被逼迫的正義與獨立革命——重讀袁紅冰《決戰2016》〉，《蘋果日報》，臺北，2017年6月17日。

孫中山，1989，〈民權主義〉，第六講，秦孝儀主編，《國父全集》，第1冊，臺北：近代中國出版社，民國78年11月24日。

台灣團結聯盟，2015，〈台灣團結聯盟參加2015台灣憲改藍圖會議憲改主張〉，公民憲政推動聯盟編，《2015台灣憲改藍圖會議會議手冊》，臺北：公民憲政推動聯盟。

Bani, Marco, 2014, "Crowdsourcing Democracy: the Case of Icelandic Social Constitutionalism", In Jonathan Bishop and Ashu M. G. Solo eds., *Politics and Policy in the Information Age,* New York: Springer.

Cohen, Joshua（柯亨），2010，〈民主與自由〉，埃爾斯特（Jon Elster）主編，李宗義、許雅淑譯，《審議民主》，臺北：國立編譯館、群學出版有限公司，2010年8月。

De Villiers, Susan, 2001, "A People's Government, the People's Voice: A Review of Public Participation in the Law and Policy-making Process in South Africa", Pretoria: Institute for Democracy in Africa

Elster, Jon（埃爾斯特），2010，〈審議與制憲〉，埃爾斯特主編，李宗義、許雅淑譯，《審議民主》，臺北：國立編譯館、群學出版有限公司，2010年8月。

Farrell, David M., 2013, "Deliberative Democracy, Irish Style Ireland's Constitutional Convention of 2013", *Free Online Library,* Huntingdon Valley: Farlex, Inc.

Rawls, John, 1971, *A Theory of Justice*, Oxford: Harvard University Press.

Reuchamps, Min, Didier Caluwaerts, Vincent Jacquet, Jonathan Moskovic, 2014, "The Macro Political Uptake of the G1000 in Belgium", Conference *Constitutional Deliberative Democracy in Europe*, Louvain-la-Neuve.

Rousseau, Jean（盧梭），1987，何兆武譯，《社會契約論》，臺北：唐山出版社，民國76年3月。

Warren, Mark E. and Hilary Pearse, 2008, "Introduction: Democratic Renewal and Deliberative Democracy", In Mark E. Warren and Hilary Pearse eds., *Designing Deliberative Democracy: The British Columbia Citizens' Assembly*, Cambridge: Cambridge University Press.

政策實施過程的全球化與公法理論
——以日本為例

林彥宏

國立中正大學戰略暨國際事務研究所助理教授

摘要

　　將以討論市場的全球化與處理全球層次問題的必要性為背景，並瞭解到國際合作的發展與國際基準領域的擴大及政策實現過程中的全球化，於各領域正如火如荼的進行中。行政活動超越國境的現象，並不陌生，早在19世紀就存在，以這個為對象的公法學研究也不勝枚舉[1]。相對的，當今全球正在發生的事件中，最大的特色在於對國家國民的存在造成很大威脅。本論文主要目的，欲了解當今的全球化政策制定・實施的過程中，對日本國內的政策實施與公法學有何影響，將進行分析與檢討。

　　本論文將用以下方式進行考察。首先，舉出政策實現過程的全球化顯著例子，例如地球環境保護・國際金融市場的規範等，說明這兩項的現狀。除此之外，分成法領域的現狀，全球化政策形成・實施的過程，共三類型，指出公法上的問題點。

壹、政策實施過程的全球化現狀
一、地球環境保護
（一）政策制定過程

　　①於地球環境保護，政策制定的過程中，存在許多特色，例如：框架公約是採多元性。框架公約意旨，在於公約本身僅制定國

---

[1] 代表性的研究有，Karl Neumeyer, Internationales Verwaltungsrecht Bd.4 1936; Harrop A. Freeman, *International Administrative Law*, 57 YALE L.J. 976, 978（1948）。以國家主權的角度來針對此問題研究的有，石川健治「国家・国民主権と多元化社会」樋口陽一『講座憲法学2主権と国際社会』（日本評論社・1994年）71-108頁。

家的一般性義務，其具體的內容規定與方式等，採議定書的形式
來決定[2]。1976年地中海污染防治公約（Barcerona Convention for
the Protection of the Marine Environment and the Coastal Region of
the Medi）為開端，1985年臭氧層保護公約（Montreal Protocol on
Substances that Deplete the Ozone Layer）以及1992年氣候變動框
架公約（Kyoto Protocol）等，近年來被廣泛的運用。框架公約在
於，屏除各國之間的利害對立，或是科學證據不足的情況下，採取
緊急應變的手段來處理[3]，另一方式，在公約締結後，於締約國大
會，透過彼此政策的協商，採用比較有彈性的方式來形成共識[4]，
達到公約的目標。

②地球環境公約對於締約國來說，課有相當性的義務。日本國憲法
中，公約若批准，將享有國內法的法規範性格（憲法98條2項）。
但是公約上的義務對象是國家，也不會過問實施的手段，也是所謂
的課以「結果義務」為多，但在實際操縱上，為了要讓公約在國內
實施，必須採立法作為，通常採「擔保法」為慣例[5]。例如，為了
要控制有害廢棄物越境轉移，於1989年所批准的「有害廢棄物越境
轉移與處置的巴賽爾條約」（Basel Convention），為了要實施此
公約，於1992年特別制定了「控制有害廢棄物等進出口等相關法
律」[6]。擔保法的功能在，解除國內法規與公約牴觸關係，明確公
約的實施組織與實施基準，也可透過司法的途徑來解決問題[7]。

2　兼原敦子「国際環境保護と国内法制の整備」法学教室161號（1994年）42-43頁，西井正弘編
　『地球環境条約』（有斐閣・2005年）33頁。
3　久保はるか「国際環境条約の国内受容に關する一考察」甲南法学（甲南大学）48巻4號（2008
　年）631-702頁。高倉成男『知的財産法制と国際政策』（有斐閣・2001年）268-272頁。
4　鶴田順「国際環境枠組条約における条約実践の動態過程」城山英明＝山本隆司編・融ける境
　超える法5『環境と生命』（東京大学出版社・2005年）207-232頁。
5　北村喜宣「国際環境条約の国内的措置」横浜国際経済法学（横浜国立大学）2巻2號（1994
　年）89-122頁、松田誠「実務としての条約締結手続」新世代法政策學研究10號（2011年）301-
　330頁。
6　鶴田順「日本におけるバーゼル条約の実施とその課題」新世代法政策學研究9號（2010年）
　105-127頁。
7　小森光夫「条約の国内的効力と国内立法」村瀬信也＝奧脇直也編・山本草二先生古希記念
　『国家管轄権』（勁草書房・1998年）541-571頁。

（二）政策實施過程

①關於地球環境保護，於國際法規範的實施內容中，根據公約設立的常駐機關（例如，公約秘書處等），秘書處可要求締約國必須提出該公約的執行報告書，秘書處對報告書進行審查，報告的審查制度是相當健全。（例：華盛頓公約·氣候變動框架公約）。公約的實施機關，對於國家責任與解決紛爭手續等傳統的履行確保制度不同，對於不遵守公約的締約國進行協調，並採非司法的方式，說服他遵守合約，也就是說不遵守的締約國甚多。例如華盛頓公約，秘書處預定可採取，建言→調查·警告·命令公開→停止商業交易行為勸告等，3個階段的方法，另外替公約秘書處進行監督的非政府組織的秘書處也可進行支援[8]。再者，關於實施京都議定書的CDM（Clean Development Mechanism），聯合國設置的CDM理事會，各國的行政機關不介入，發行排出刪減量，由民間為主體的指定營運機關（DOE）來主導，並形成一個制度[9]。

②地球環境公約於國內實施時，它的慣例是透過國內擔保法的立法與根據其行政執行方式來實現。但，根據公約的內容與擔保法，以及行政機關上的執行方式，要確保這之間的整合性並不容易。例如，關於巴賽爾條約，條約上對於管制對象的物質，是由締約國大會中所制定的附屬文件來做規定。巴賽爾條約的管制對象，也委託公約的附屬文件（同法第2條），能不能對附屬文件的進行修正，以目前國會的現狀，對此是不進行干預，如此一來，容易被指責跟法治主義間存在一種緊張的關係[10]。另外巴賽爾條約第14條所規定的行政命令要件中，含有「特別是被認為必要時候，人的健康或是關於防止生活環境受到危害等」這樣的要素。如此的內容並沒有包含在條約內容上。若要確實實踐國內法化，並加上比例原則的考量時，原本期待條約會有一定的法執行上的水準，但往往都令人大失所望[11]。

---

[8]　西井正弘編·前揭書412頁。磯崎博司『国際環境法』（信山者·2000年）258-264頁。

[9]　原田大樹「多元的システムにおける行政法学－日本法の観點から」新世代法政策學研究6號（2010年）115-140頁。

[10]　山本隆司「日本における公私協働」稻葉薫＝亘理格編·藤田宙靖博士退職記念『行政法の思考樣式』（青林書院·2008年）171-232頁。

[11]　島村健「国際環境条約の国內実施」新世代法政策學研究9號（2010年）159頁。

二、國際金融市場的規範

（一）政策制定過程

①於國際金融市場的規範，政策制定過程中最大的特色，根據條約所設立的國際型組織體，擔負政策制定的重責，但此機構不具備國際法上，法人的資格。在金融領域內，國際清算銀行裡所設置巴賽爾銀行監管委員會[12]制定許多基準，各國的中央銀行與金融管制局的職員都參於其中。在證券市場內，設立證券監管者的國際機構（IOSCO: International Organization od Securities Commissions），在保險領域，設立保險監管者的國際機構（IAIS: International Association of Insurance Supervisors）也同樣，擁有國際基準制定的功能，各國管制當局的職員也參與其中。這類型的組織，各國的行政機關的代表在他們的權限範圍內，互相協助，簡稱政府間行政合作機構[13]（TRN: Transnational Regulatory Networks）。這些非正式的機構，對於國際金融市場的規範擁有強大的影響力，並且制定各項政策基準。（例如：巴賽爾Ⅲ・信用評比機構的基本行動規範・保險監控的基本原則）

②另外，與證券業相關的企業會計基準，有國際民間組織的國際會計基準審議會（IASB： International Accounting Standards Board），制定國際會計基準（IFRS：International Financial Reporting）。1999年歐盟（EU）規定，區域內全面採用國際會計基準後，各國的會計基準，慢慢朝向國際會計基準的方向進行，也可看出，在各國國內的會計基準與國際會計基準合為一體化的趨勢。這類型的國際金融市場規範，在國際性的各項準則中，利用國內的行政基準與不確定法的概念，這些基準幾乎都能夠被接受。類似像TRN及民間組織，並不具有相當民主的正統性，雖然這類的準則不受到國內議

---

[12] 關於兩者的關係請參閱，Enrico Leonardo Camilli, *Basel-Brussels one Way?*, in GLOBAL ADMINISTRATIVE Law AND EU ADINISTRATIVE Law323, 327.

[13] Pierre-Hugues Verdier, *Transnational Regulatory Networks and their Limits*, 34 YALE J. INTL'L. 113, 118(2009)

會的控制，但是對國內金融行政規範有很大的影響力[14]。

（二）政策實施過程

①金融業的特色在於，容易更改它所處的地點，如果發生重大事件，
亦即造成國際性重大的影響，國際金融市場規範的領域內，必須在
國際性的規範水準內，提高它的平準化。但是執行這項規範，均委
託各國的行政機關，國際性規範的組織也並不健全。也因為如此，
為了維持國際金融市場的規範，需要靠各國共同協力才能完成。
另外，在證券規範有關的IOSCO，保險規範有關的IAIS，很明確的
發揮它的功效。例如：為了處理跨越國界不正當的行為，IOSCO
於2002年，制定了各國證券監管機關的協議‧協力以及資訊交換
的備忘錄（Multi-MOU: Multilateral Memorandum of understanding
concerning Consultation and the Exchange of Information）。內容包
含，資訊交換的範圍‧手續‧資訊處理的方式等。2005年於IOSCO
大會，鼓勵會員國簽署，日本在2008年也簽署此備忘錄[15]。同樣
的，IAIS也制定了備忘錄[16]。關於銀行規範，巴賽爾銀行監管委員
會於1975年制定了巴賽爾合意（Basel Concordat），其內容為，針
對在國際性活躍的金融機關，分擔監督工作及相互執行等相關的
行為準則。此外，2008年金融穩定論壇中（FSF: Financial Stability
Forum）提案[17]，金融系統上各重要金融機關，母國的規範行政機
關與東道主國的行政機關，設置了共同監管的監督組織，同一年金
融危機後，日本，在金融廳督導下，設置了MIZUHO金融集團。
②在證券業領域中，與其說在政策執行上有多大的效果，不如說他們
在自我管理上有相當好的成效。對證券市場，與監督的行政機關雙
軌並行的證券交易所，有嚴格的自我管理系統，這兩者呈現一種互
補的關係[18]。證券交易所，因為有電子交易商的出現，獲利不像以
往那麼可觀，也因此，造成交易所必須進行國際性的改組，透過自

---

[14] 原田大樹「本質性理論の終焉？」新世代法政策學研究11號（2011年）259-282頁。

[15] 水川明大「IOSCO‧マルチMOU（多国間情報交換枠組み）への署名について」月刊資本市場
274號（2008年）55-66頁。

[16] 来住慎一「国際保険監督規制の現状と課題」共済と保険51巻9號（2009年）30-37頁。

[17] 佐藤隆史『金融行政の座標軸』（東洋経済新報社‧2010年）311頁。

[18] 原田大樹『自主規制の公法学的研究』（有斐閣‧2007年）151頁。

我管理,來進行跨國的商業活動[19]。另一方面,跨國型的交易所合併,有可能會造成該國的利益受到損害,所以導致新加坡交易所與澳洲證券交易所的合併計畫,還有倫敦證券交易所與加拿大的TMX集團的合併計畫,2011年以後相繼被宣告停止進行[20]。

貳、全球化政策實現過程中類型的分析

透過前述兩項的說明,以下將對全球化政策實現過程中,公法學所關心的領域,並分成兩項類別,整理出公法學上的問題點。第一,「國際建制」,多國間的條約・國內法化・履行擔保,為最典型的例子。第二,「國際網路」,行政上的國際約束・方針指標,為一種非正式的政策實現手段。

一、國際建制

所謂國際建制,泛指在特定的領域中,以解決問題為目的,擁有國際水準的規範群體,其包含國際組織・手續・制度等概念。這一詞原為國際政治學的用語[21],與一般國際法所不同的,有獨自的法規範・法制度,典型的例子就是貿易・貨幣體制分析等,有包含國際法學的概念[22]。本論文,採用與國際公法・國際關係論稍微不同的觀點,用這樣的概念,當作全球化政策實現過程的一種型態[23]。

屬於國際建制,最具代表性應該是WTO所代表的自由貿易建制。此機構的特色在於,除了各國的利益以外,賦予一個概念,在國際範疇中,透過共同利益,以此為基礎建制一個組織,以這個為首的基本原則,可從各項的規則進而演變,可看出它的階段性變化。

全球化政策實現過程中,國際建制對國內公法學,投射的問題點,

---

[19] 大崎貞和『證券取引所の競爭と統合』法律時報81卷11號(2009年)22-27頁。

[20] 「ロンドン・カナダ證取　合弁合意を撤回」日本経済新聞2011年6月30日夕刊。

[21] Stephen D. Krasner, *Structural Causes and Regime Consequences*, in INTERNAYIONAL REGIMES 1, 3 (Stephen D. Krasner ed., 1983)

[22] 山本吉宣『国際レジームとガバナンス』(有斐閣・2008年)35頁,同「国際社会の制度化」国際法外交雑誌109卷3號(2010年)391-420頁。

[23] 日本国際政治学会編『日本の国際政治2　国境なき国際政治』(有斐閣・2009年)57-74頁。

可整理出3項要點。第一，政策形成過程的自律性與動態性。國內公法學
存在對國際法規範，特別是對公約印象，在公約的締結過程中，確定國際
法關係上的權利義務後，其規範內容經過批准手續，變成國內法，或是把
它國內法化，屬於靜態的。但是在國際建制中，公約所制定的內容被具體
化，或者被追加‧變動，稱作動態的2次法制定過程的制度也非常完善。
與公約有所不同，2次法不需要締約國大會全體會員一致同意，當作成立
的要件，也就是說日本並沒有同意政策的基準，其內容有可能被更改。假
若，國內法對公約的2次法採連動性的立法政策，作為規律對象的話，不
需透過議會的干涉，國內法所規範的內容將會被修正。（巴賽爾法）。第
2，自我政策實施過程的形成。傳統的國際法規範，是規定國家之間的權
利義務關係，國際機構組織與個人，並沒有形成直接法的關係。以目前國
家採不介入手段，而讓國際組織自行實施其政策（例如：京都議定書的
CDM）。第3，透過國際建制的政策，實現正統性。透過國際建制所形成
的政策與實施，若對國內法與個人，有強大的影響力的話，國家的民主政
治過程與國家權限行使間，將會提升彼此的緊張關係。在國際法中，受到
廣泛所探討的「立憲化」的議題[24]與國內法層次，對超越國家組織範疇的
「主權轉讓」的議題，成為典型的例子。另外，在國際建制成立時，為基
礎的共同利益，究竟是誰？經過什麼樣的程序來認定？國內公法學中，國
家所追求的「公共利益」到底有什麼不同，也是不透明。

二、國際網路

　　所謂國際網路，在特定的領域中，以解決問題為共同的目標，並不隸
屬國際法上的行為主體，所聚結而成的連帶關係，為了彼此間相互調整，
而成立的組織。這並不是法學固有的概念，是以社會學，國際政治學為前
提的網路概念[25]。

　　國際網路的具體例子有，國際金融市場的TRN（巴賽爾銀行監督委
員會‧IOSCO‧IAIS），透過民間組織的國際自我管理[26]。其他例子在，

---

[24] 篠田英明「国境を超える立憲主義の可能性」坂口正二郎編‧岩波講座憲法5『グローバル化と
　　憲法』（岩波書店‧2007年）99-124頁、石川健治「『国際憲法』再論」ジュリスト1387号。
[25] 安田雪『ネットワーク分析』（新曜社‧1997年）4-8頁。
[26] Kal Raustiala, *The Architecture of International Cooperation*, 43 VA. J. INT'L L.1,44 (2002).

環境領域中，國際環保護執行網路（INECE： International Network for Environmental Compliance and Enforcement）與在競爭法國際競爭網路（ICN: International Competition Network）[27]等。與國際建制比較，國際網路的特色在於，它是屬於非正式性與分散性。首先在政策形成過程中，因為它未擁有國際法上的法人格組織，國家所管轄行政機關等職員集聚一起，在正式合意文書尚未出爐前，幾乎都在進行不公開的審議。他們所做的最後決定，多採全體共識的方式，其合意文書在國際法上，法的效果並不被認同。接著，在政策實施過程中，由各國的行政機關擔任執行的動作，合意文書在國際網路上的組織，通常不會有不履行的程序[28]。國際網路在各國的行政機關之間，因為採取共同執行的方式較多，政策實施的過程也變得比較分散。

全球政策實施過程中，國際網路對國內公法學，投射的問題點，可整理出3項要點。第1，政策形成過程中，缺少民主性[29]。因為在國際層次中，促成政策內容形成是靠行政機關的職員，但民主主義的正統化相當薄弱。國際自主規範的場合，人的正統性是不可能存在的。如此的審議過程，缺乏透明性與開放性，跟國際建制比較起來，很容易看出它缺乏民主性。另外，國際層次的政策基準，並沒有法的規範性，國內政策的形成單單只用誘導的程度，問題也不會太大。但是，國際金融市場規範中，常常可以看到，TRN國際層次的政策基準，在國內是透過不確定法的概念與行政基準來執行，而不透過國會的判斷。第2，對政策實施過程中，國際平準化是種壓力。因國際網路，是透過各國行政機關分散式的執行，但在執行過程中，對於國內法的規範，從國際層次來看，似乎並未帶來些許影響，但為了讓執行的互助體制健全，共同的行政上法制度的準備，可想像它是急迫需要。第3，責任的分散所伴隨的規範控制有困難性。國際網路與國際建制不同，它是規範群體而不是關係群體，在那裡所形成的規則，是依據現實社會的事實。另外，國際網路，是由所管行政機關職員與民間人員，來達成政策內容，但這些機關並不十分充分受到各國外交部的管

---

[27] Juliane Kokott, *Soft Law Standards under Public International Law*, in INTERNATIONAL STANDARDS AND THE LAW 15, 22 (Peter Nobel ed., 2005).

[28] See, Anne-Marie Slaughter, *Governing the Global Economy through Government Networks*, in THE ROLE OF LAW IN INTERNATIONAL POLITICS 177, 185 (Michael Byers ed. 2000)

[29] 藤田勉＝野崎浩成『バーゼルⅢは日本の金融機關をどう変えるか』（日本経済新聞社・2011年）185-188頁。

轄，比國際建構[30]中存在國際法規範的分裂化，更加嚴重，也更容易有上下的關係，具有封閉性。結果導致，不受民主的控制，只透過事實的層次，採用意義比較重大的，這樣的方式就容易進入國家政策實施過程，其危險性就會比較高。

參、政策實現過程的全球化與公法學的將來
一、國際化與全球化

　　從以上的分析了解到，多國間的政策調整，目前正在進行的事情—本論文稱之為「全球化」，與原本公法學中所存在的「國際化」，在本質上有稍微不太一樣。在此，將針對政策實現過程的「全球化」與「國際化」，有何不同，進行整理。並說明在過往公法學會中，關於「國際化」報告的看法與變化。

　　1980年的廣部報告中，以國際規則對國家立法政策的影響為分析的中心，特別是對自動執行的公約與非拘束的合意產生興趣，其報告內容的精髓為，說明國際法規範對國內政策形成過程中的影響具有多樣性。另外，特別是國家對立法者的國際法與國內法之間中間人所形成的架構，並不對此產生懷疑，也因此在其中，為了讓國際協調順利，必須不斷的摸索，何謂好的立法政策內容。1992年田村報告[31]・大橋報告[32]・藤原報告[33]中，所討論的議題對象為，EC法的發展對日本公法學造成的影響。在此被當作討論的重點是，EC法對國內法的優位，直接適用，EC法的法形式（規則・指令）等特色。在此階段，國際的法規範對國家法體系所造成的強度作用，此現象被當作討論的議題，從公法學的角度來對問題進行分析。但這僅僅是隔岸觀火，理解到這對日本的法體系沒有直接的影響。2001年的北村報告[34]中，針對全球化標準對國內立法有何影響，舉出許多例子，也一併考察國內法要朝哪一個方面進行改革，才能符合全球化標準。在此階段，從國際政策基準的看法，與本論文對「全球化」的定義近似相同。另

---

[30] 奧脇直也「現代国際法と国際裁判の法機能」法学教室281號（2004年）29-37頁。

[31] 田村悅一「国際社会と公法の統合」公法研究55號（1993年）19-37頁。

[32] 大橋洋一「国際ルールの形成と国内公法の変容」公法研究55號（1993年）52-63頁。

[33] 藤原靜雄「国際化の中の個人情報保護法制」公法研究55號（1993年）64-78頁。

[34] 北村喜宣「『グローバル・スタンダード』と国内法の形成・実施」公法研究64號（2002年）96-111頁。

外，「全球化中，所了解的政策・方法・想法，國際意見一致」來作為全
化標準的定義。但是，這樣的過程是如何形成的？形成的要素是如何？這
些都不當作考察的對象。

　　以上公法學會的眾多報告內容中，與本論文所指出的內容相比較之
後，在現今政策實現過程中，可指出「全球化」有以下三個特色。第1，
全球化不只是單純的「市場化」乃至於「市場脫離國家化」，在一定的政
策實施過程中，是含有政策基準的國際層次轉向國家層次的統一作用。在
此以公法學來說，不能只是單想到全球化標準在國家外形成，所賦予的事
實上的標準，必須對它形成的過程，著眼進行了解才是重要。第2，全球
化，伴隨著主體的多元化。從傳統的公法學來看，只有依據國際條約所成
立的國際組織，但是在全球化中，對國際建制的營運有很大的影響，尤其
是非國際法上的法人格，例如公約實施機關，國際網路，甚至私人主體，
在多元的公共管理空間中，一部分是有自律性，另一部分是相互連結，積
極活動。

二、國民國家與多元系統

　　近代公法學的理念，是建立國家與私人的二元的對立構造中，國家的
定位，是在領域內獨占公共任務的執行方式。但是現實上，水平方向中，
非營利組織正如火如荼錯綜複雜的進行各項公共任務（民營化・自我管
理），另外，垂直方向中，國際機構與自治組織中政策形成與執行，存在
的多層次化。也就是說，必須了解到在現實上，公共部門的制度設計與公
共任務的執行者，佔有多數，且成為一種型態。多元化的系統論述中，在
公共空間的多層次化與複雜化下，必須檢討，要如何才能提升全體公共空
間的管理[35]。在這情況下，最重要的是，①存在公共空間中的多元主體，
必須考慮到，要給予哪一主體什麼樣的任務，並且檢討個別的主體存在著
什麼樣的特性[36]。②水平與垂直的控制相混在一起，各主體間的交涉・調
整過程中必須透明化，且引導各個主體在彼此間有著良好的溝通管道。③

---

[35] ハンス・クリスティアン・レール（大橋洋一訳）「多層的システムにおける行政法学」新世
　　代法政策學研究6號（2010年）87-114頁。
[36] Hiroki Harada, *Special Economic Zones as a Governance Tool for Policy Coordination and
　　Innovation*,31 Z.JAPAN.R./J.JAPAN.L 205 (2011).

若專注於公共空間內部各式各樣的主體制度配置，將會累積法的手續，各主體間相互政策調整‧法規範效力調整的法技術等，來提升公共部門內部的政策決定品質[37]。若採取這樣的手法，作為國際網路主體的代表，將會在法形成上獲得支援，並給予一定民主的正統性。

肆、結論

　　現今，國家與公共政策的實現過程產生巨大的變化，公法學必須針對這樣的變化進行理論的修正。屬於法律學的公法學，不單單只是認同目前的現狀而已，應該對現狀公法學的理論與言詞，負起誘導的責任。如此，要如何取得現實的描述能力與抗事實性的平衡點，將是目前最大的難關[38]。

　　本論文，針對環境法‧國際金融法等具體的法領域為素材，在政策實現過程中全球化如何進行，進行了分析。也針對這些問題，在解決時於公法上碰到的問題點，進行了提示。礙於篇幅限制不進行深奧的理論考察，但現今「全球化」的事實，急速的進行中，也因此公法學必須認知道這樣的嚴重性。透過個別法領域的實證研究，更加深對國際法學，國際政治學‧國際行政學等研究，學界所討論出來的論點必須早點符合全球化，重新架構公法理論的重大工作刻不容緩。

---

[37] 大橋洋一編『政策実施』（ミネルヴァ書房‧2010年）77-98頁。

[38] MATTHIAS RUFFERT & SEBASTIAN STEINECKE, THE GLOBAL ADMINISTRATIVE LAW OF SCIENCE 28 (2011)

社會科學類　PF0230　Viewpoint32

國家・憲法・人權

編　　者 / 台灣憲法學會
責任編輯 / 杜國維
圖文排版 / 楊家齊
封面設計 / 葉力安

發 行 人 / 宋政坤
法律顧問 / 毛國樑　律師
出版發行 / 秀威資訊科技股份有限公司
　　　　　114台北市內湖區瑞光路76巷65號1樓
　　　　　電話：+886-2-2796-3638　傳真：+886-2-2796-1377
　　　　　http://www.showwe.com.tw
劃撥帳號 / 19563868　戶名：秀威資訊科技股份有限公司
　　　　　讀者服務信箱：service@showwe.com.tw
展售門市 / 國家書店（松江門市）
　　　　　104台北市中山區松江路209號1樓
　　　　　電話：+886-2-2518-0207　傳真：+886-2-2518-0778
網路訂購 / 秀威網路書店：https://store.showwe.tw
　　　　　國家網路書店：https://www.govbooks.com.tw

2018年6月　BOD一版
定價：480元
版權所有　翻印必究
本書如有缺頁、破損或裝訂錯誤，請寄回更換

國家圖書館出版品預行編目

國家.憲法.人權 / 台灣憲法學會編. -- 一版. -- 臺
　北市：秀威資訊科技, 2018.06
　　面；　公分. -- (Viewpoint ; 32)
　BOD版
　ISBN 978-986-326-545-0(平裝)

　1. 中華民國憲法　2. 憲法制定　3. 憲法修改
4. 文集

581.27　　　　　　　　　　　107004164

讀者回函卡

感謝您購買本書，為提升服務品質，請填妥以下資料，將讀者回函卡直接寄回或傳真本公司，收到您的寶貴意見後，我們會收藏記錄及檢討，謝謝！如您需要了解本公司最新出版書目、購書優惠或企劃活動，歡迎您上網查詢或下載相關資料：http:// www.showwe.com.tw

您購買的書名：_____

出生日期：_____年_____月_____日

學歷：□高中 (含) 以下　　□大專　　□研究所 (含) 以上

職業：□製造業　□金融業　□資訊業　□軍警　□傳播業　□自由業
　　　□服務業　□公務員　□教職　　□學生　□家管　□其它_____

購書地點：□網路書店　□實體書店　□書展　□郵購　□贈閱　□其他

您從何得知本書的消息？

　□網路書店　□實體書店　□網路搜尋　□電子報　□書訊　□雜誌

　□傳播媒體　□親友推薦　□網站推薦　□部落格　□其他_____

您對本書的評價：（請填代號　1.非常滿意　2.滿意　3.尚可　4.再改進）

　封面設計____　版面編排____　內容____　文／譯筆____　價格____

讀完書後您覺得：

　□很有收穫　□有收穫　□收穫不多　□沒收穫

對我們的建議：_____

_____

_____

_____

11466
台北市內湖區瑞光路 76 巷 65 號 1 樓

秀威資訊科技股份有限公司 　　收
BOD 數位出版事業部

....

（請沿線對折寄回，謝謝！）

姓　　名：＿＿＿＿＿＿＿＿＿　年齡：＿＿＿＿＿　性別：□女　□男

郵遞區號：□□□□□

地　　址：＿＿＿＿＿＿＿＿＿＿＿＿＿＿＿＿＿＿＿＿＿＿＿

聯絡電話：(日) ＿＿＿＿＿＿＿＿＿＿(夜) ＿＿＿＿＿＿＿＿＿＿＿

E - m a i l：＿＿＿＿＿＿＿＿＿＿＿＿＿＿＿＿＿＿＿＿＿